KB260202

임동석중국사상100

유학경림

幼學瓊林

程登吉 撰·鄒聖脈 註 / 林東錫 譯註

〈鷄雛待飼圖〉宋, 李迪, 北京故宮博物館

"상아, 물소 뿔, 진주, 옥. 진괴한 이런 물건들은 사람의 이목은 즐겁게 하지만 쓰임에는 적절하지 않다. 그런가 하면 금석이나 초목, 실, 삼베, 오곡, 육재는 쓰임에는 적절하나 이를 사용하면 닳아지고 취하면 고갈된다. 그렇다면 사람의 이목을 즐겁게 하면서 이를 사용하기에도 적절하며, 써도 닳지 아니하고 취하여도 고갈되지 않고, 똑똑한 자나 불초한 자라도 그를 통해 얻는 바가 각기 그 자신의 재능에 따라주고, 어진 사람이나 지혜로운 사람이나 그를 통해 보는 바가 각기 그 자신의 분수에 따라주되 무엇이든지 구하여 얻지 못할 것이 없는 것은 오직 책뿐이로다!"

《소동파전집》(34) 〈이씨산방장서기〉에서 구당(丘堂) 여원구(呂元九) 선생의 글씨

책머리에

　명대 격언서와 몽학서 중에 가장 중요하며 훌륭하다고 널리 알려진《명심보감》,《채근담》,《증광현문》을 역주하여 마치면서 필자는 매우 신기한 행복감에 젖어 있었다. 즉 나이 들어 이들 처세명언집을 완전히 새롭게 샅샅이 파고들면서 '그래, 맞아!' 하고 감탄이 절로 나올 때가 한두 번이 아니었고, 나아가 구절마다 문장마다 바로 나를 두고 하는 말임을 절감했기 때문이었다. 나도 모르게 공부한 보람이 이런 것이려니 하였던 것이다. 그러나 그것조차 사치요 거만이었다. 춘추시대 거백옥蘧伯玉이라는 사람은 공자도 무척 칭찬한 인물이었는데, 그는 나이 쉰이 되어서 마흔아홉까지의 삶이 그릇되었음을 알게 되었다고 스스로 후회하였다. 그런데 내 나이 망륙望六이 훨씬 넘었는데도 이제껏 내 잘난 줄 알았고, '나는 그렇게 못되게 살지 않았어'라고 독선을 부린 엊그제를 생각하면 부끄럽기 그지없고, 나아가 깨닫지 못하고 살아온 것이 그믐밤에 촛불 하나 들고 어두운 산길을 헤맨 것임을 자인할 줄 몰랐다는 것이 더욱 안타깝게 느껴질 뿐이었다.

　물론 이《유학경림》이라는 책은 문학서는 아니다. 더구나 역사서도 아니며 무슨 아름다운 작품도 아니다. 그저 어린아이가 익혀야 할 필수적인 상식이라는 뜻을 가진 하찮은 책일지도 모른다. 게다가 고대 봉건적 사회, 명대 중국 전통적인 몽학서에 불과하다. 그럼에도 나는 또 다시 이 책을 역주하면서 앞서 말한 다른 책을 작업할 때처럼 무한한 기쁨과 또 다른 발견에 스스로를 고맙게 보는 기회를 갖게 되었다. 지혜의 바다에 풍덩 빠지고, 지식의 숲 속을 실컷 헤맨 느낌이었으며 '학해무애學海無涯'의 순박한 감동이 기대보다 많이 내게 다가왔다.

하늘의 섭리와 땅의 이치, 우주의 생성과 만물의 순환, 그리고 삼라만상의 인간을 위한 명칭과 인류의 정도正道는 도리어 사회화된 규범어일 뿐, 실제는 그저 생활 그 자체이며, 앉아서 천리를 보고, 서서는 만리를 보며, 누워 상상하면 천년을 꿰뚫고, 굽어 내려다보면 만년을 직시할 수 있는 어린 아이의 발견의 기쁨, 그런 것이 들어 있었다. 그래서 물건을 닫을 때는 왼손가락으로 해야 한다. 그래야 그보다 큰 힘의 오른손으로 풀 수 있다. 마찬가지로 내 가슴의 문을 잠글 때는 어린아이 힘으로 해야 하리라. 그래야 어른의 힘으로 풀 수 있다. 나아가 이 삶의 소중한 인연을 어쩔 수 없이 닫아야 한다면 내 가장 약한 눈물로 닫으리라. 그래야 다시 풀 때 시원한 함박웃음으로 열지 않겠는가?

이 천지 자연에 내가 해 준 것이 무엇이 있다고 계절은 나에게 그 때마다 꽃을 보여주고 구름을 얹어주며 바람으로 옷깃을 흔들어주고, 아니 매서운 추위를 주고 견딜 수 없는 폭풍우까지 선사해주는가? 산길 능선을 걷도록 해주고 더덕과 삽주 뿌리를 알게 해주었으며, 잔설 속의 산동박으로 환희를 만들어 가슴에 부어주고 진달래로 선녀의 옷자락을 만들어 눈 안 가득 하늘거리는 치졸한 시상을 떠올리도록 해 주는가?

이렇게 참으로 고맙고, 건강하고 아름다운 세상을 뜬눈으로 보게 해 주었던 많은 고마움이 내 살면서 갚아야 할 부채요 빚이 아닐까 하고 부담스러워 해 본 적이 있다.

　이에 《유학경림》에 보이는 아름다운 동심의 소박한 지식들처럼, 무한하
고 고차원적인 엄청난 학술 못지않게 지식도 행복도 꿈도 사랑도 아주 작
은 어린아이의 눈에 보이는 세계와 같은 것임을 터득할 수 있는 것들을 찾
아내는 책으로, 읽는 이들에게 그 작은 기쁨을 주면 그것으로 족하겠다는
아주 작은 바람으로 책을 다시 꾸며 내놓는다. 작은 지식의 확인도 때로는
'감동'이라는 말로 표현해도 되는 책이기 때문이다.

　　　　　　　　줄포茁浦 임동석林東錫 부곽재負郭齋에서 적음.

일러두기

1. 이 책은 《유학고사경림幼學故事瓊林》(明 程登吉 原著, 群樂 龍飛改編, 上下 2책. 簡體 活字本. 復旦大學出版社, 1988. 上海)를 저본으로 하였다.

2. '원문原文' 다음에 이어지는 '증문增文'도 연결하여 전체를 1326련聯으로 나누어 완역상주完譯詳註하였다.

3. 〈복단대본〉(1988)은 모두 일련번호를 부여하여 1537련聯을 싣고 있으나 실제로 14련이 누락되어 있고, 속증續增 225련은 현대인 비유용費有容이 추가한 것으로 이를 제외할 경우 모두 1326련이 된다. 이를 모두 일련번호를 부여하여 전체를 주석하였다.

4. 한편 '속증續增'(총 225련)은 매 항목 끝에 그 원문을 제시하여 참고로 활용할 수 있도록 하였다.

5. 백화본으로 《신역유학경림新譯幼學瓊林》(臺灣 三民書局 馬自毅 注譯, 陳滿銘 校閱, 2003 臺北)이 있어 매우 유익한 참고가 되었음을 밝힌다.

6. 그 외에 《유학경림幼學瓊林》(岳麓書社, 1989, 長沙), 《유학백화구해幼學白話句解》(華聯出版社, 1975 臺北), 《유학경림幼學瓊林》(葉玉麟 註解, 大夏出版社, 1982, 臺南), 《유학경림幼學瓊林》(陝西旅遊出版社, 2003)등이 있으나 일부는 어린이용으로 재편집하거나 초록하여 일부만 다룬 것, 만화로 재구성한 것 등 다양하며 더구나 체제와 내용이 매우 상이한 것도 있다.

7. 본 역주는 원문을 대련으로 정리하여 싣고 이를 해석하였으며 이어서 그에 관련된 주석은 우선 추성맥鄒聖脈의 주를 근거로 하였으나 일부는 출처와 내용의 오류가 있고 문자의 오자, 탈자가 있어 이를 일일이 원전과 대조하여 밝혔으며 본인이 각 원전들을 검색하여 부연하거나 새로운 출전을 근거로 교체하거나 추가한 내용도 있다.

8. 한편 추씨 주석은 자신이 원전의 내용을 축약, 혹은 문장을 변형하여 실은
   것이 많아, 일부는 그 원의 해석이 명료하여 이를 그대로 활용하였으나
   일부는 본인이 다시 원전을 찾아 원래대로 제시하여 정확도를 높이고자
   하였다.
9. 원문이 판본마다 다를 경우 〈복단대본〉을 근거로 하되 그 내용을 주에서
   밝혔다.
10. 출전은 가능하면 모두 밝혀 근거를 제시하고 그 내용을 알 수 있도록 다시
   설명하였으며, 주석에서 내용과 분량이 많아 그 원문을 모두 실을 수 없을
   경우 해석의 괄호 안에 중요한 구절을 한문 원문을 넣어 원의原義와의 대
   조에 도움이 되도록 하였다.

❀ 참고문헌

1. 《幼學故事瓊林》(上下) 明 程登吉(찬) 淸 鄒聖脈(增補) 復旦大學出版社
   1988 上海
2. 《幼學瓊林》 明 程登吉(撰) 淸 鄒聖脈(增補) 岳麓書社 1989 長沙
3. 《幼學瓊林》 明 程登吉(編) 陝西旅游出版社 2002 西安
4. 《幼學白話句解》 明 程允升(撰著) 黃錫山(箋註) 葉玉麟(譯解) 華聯出版社
   1975 臺北
5. 《幼學瓊林》(華一兒童啓蒙文學) 華一書局 1988 臺北

6. 《新譯幼學瓊林》馬自毅(註譯) 三民書局 2003 臺北

7. 《幼學瓊林》葉玉麟(註解) 大夏出版社 1982. 臺南

8. 《新增繪圖幼學故事瓊林》玉秉楠重枚 坊問本 年代未詳

9. 《幼學瓊林》(八部蒙書) 重慶出版社 2008. 重慶

10. 《幼學瓊林》(中國傳統蒙學全書) 李少林(主編) 中國書店 2007. 北京

11. 《十三經注疏》·《二十五史》·《新編諸子集成》·《太平御覽》·《太平廣記》·《初學記》·《藝文類聚》·《百子全書》·《世說新語》·《搜神記》·《說苑》·《新序》·《列女傳》·《韓詩外傳》·《戰國策》·《文選》·《四書集註》·《歷代名畫記》·《唐才子傳》·《全唐詩》·《酉陽雜俎》·《蒙求》·《潛夫論》·《增廣賢文》·《菜根譚》·《穆天子傳》·《齊民要術》·《貞觀政要》·《十八史略》·《拾遺記》·《高士傳》·《神仙傳》·《列仙傳》·《五燈會元》·《法苑珠林》·《博物志》·《西京雜記》·《荊楚歲時記》·《晏子春秋》·《顏氏家訓》·《國語》·《竹書紀年》·《山海經》·《水經注》·《國語》

기타 공구서 등 생략

해제

《유학경림幼學瓊林》의 책이름에서 '유학幼學'은 당연히 학동을 상대로 한 교육과 학습이라는 뜻이며, '경림'은 두 가지로 풀이해 볼 수 있다. 첫째는 일반적인 풀이대로 "주옥(瓊) 같은 내용을 모음(林)"이라는 뜻이며, 다른 하나는 송宋 태종太宗 조광의趙匡義가 경림궁(瓊林苑, 궁궐 花苑 이름)에서 당시 과거의 진사과 합격자들을 불러 잔치를 열어주었던 '경림사연瓊林賜宴'의 고사와 관련이 있다.(본 책 1051 참조) 즉 학동들로 하여금 '열심히 공부하여 경림연瓊林宴에서와 같이 금방金榜에 그 이름이 오르는 영광을 얻도록 노력하기를 면려한다'는 뜻을 은연중에 나타낸 것이다. 물론 현대 간체자로 '경瓊'과 '경琼'이 같아 현재 중국에서 출판되는 책은 《유학경림幼學琼林》으로 표기하고 있다.

한편 중국에서 그 많은 교재 중에 지금도 어린이용 교재로 몽학교재蒙學敎材 중에 대표적인 것이 바로 《현문賢文, 增廣賢文》과 《유학경림》이다. 이는 지금의 이름은 '동몽교재'이지만 일반인에게 더욱 중요한 학습교재이며 독서 교재로 그 위치를 차지하고 있다. 즉 현대 교육이 발전하면서 '동몽'이란 개념은 사라졌으나 중국 본연의, 자신들 고유의 정서와 학술, 문화와 상식, 그리고 역사와 그 속에 숙성되어 내려온 풍습과 삶의 형태에 대한 아주 적절한 통속적인 내용을 담은 교재로 이만한 것이 없다고 인정하기 때문이다.

그 때문에 중국에서는 "증광增廣(賢文)을 읽고 나야 능히 남과 대화를 할 수 있고, 유학幼學(瓊林)을 읽고 나야 천하를 활보할 수 있다"(讀了增廣會說話, 讀了幼學走天下)라는 말이 있게 된 것이다.

이 책의 초기 원저 당시 이름은 《유학수지幼學須知》, 혹 《성어고成語考》, 《고사심원故事尋源》이었다 하며 명나라 경태(景泰; 1450~1456) 연간에 정등길

(程登吉; 자는 允升, 允昇, 西昌人)이라는 사람이 처음 편찬한 것으로 알려져 있다. 혹 같은 시기의 《오륜전비충효기五倫全備忠孝記》를 쓴 구준(邱濬, 丘濬, 1418~1495)이 편찬한 것이 아닌가 하는 의견도 있으나 아직 확정된 것은 아니다.

그 뒤 청나라 건륭(乾隆; 1736~1795) 연간에 추성맥(鄒聖脈, 鄒聖脉)이라는 사람이 증보하고 다시 주석을 가한 후 이름을 《유학고사경림幼學故事瓊林》이라 하였으며 지금 이 계통의 판본이 널리 전하고 있다.

그런데 다시 이 책이 민간에 널리 퍼져 초학용으로 보편화되자 신해혁명(辛亥革命, 1911) 뒤 비유용費有容이라는 사람이 '속증續增' 225련聯을 덧붙여 낸 '속주본續註本'과 엽포손葉浦蓀이라는 자가 증본增本에 더하여 재증再增한 '재증본再增本' 등이 출현하였으나 이는 원편에 비해 문장에 손색이 있고 나아가 소위 신지식을 위주로 한 것이어서 그다지 널리 보급되지는 못했다. 이를테면 비씨費氏의 '속증'은 "아시아, 유럽, 아프리카, 오세아니아, 아메리카 등 각 주의 명칭을 변별하고, 황, 백, 홍, 흑, 종의 피부색에 의한 전 지구의 인종을 구별한다(亞歐非澳美亞歐非澳美, 辨各洲之名稱; 黃白紅黑棕, 別全球之人種)" 등 현대 지식을 초학자에게 일러주기 위한 내용이 상당수 차지하고 있었다. 이러한 내용은 실제 이미 서구식 학교제도의 교재와 교과서에서 과학적이며 현대적 내용을 담고 있어 전통적인 《유학경림》의 내용에 비해서는 너무 앞서간 개념이라 여겼던 것이다. 그리고 엽씨葉氏의 '재증'은 중국 고대 인물과 고사를 위주로 하였으나 그 문체와 내용이 정등길이나 추성맥의 원서에 비해 저열하고 조악한 것으로 평가되었다. 이 때문에 흔히 추성맥이 증보와 주석을 가한 《유학고사경림》이 이제껏 널리 보급되어 지금도 이 판본이 기본적인 유학의 교재로 알려져 있다.

이 책은 성어와 전고典故를 운에 맞춤으로써 어린 아이들이 외우기 쉽고 이해하기 쉽도록 편집되어 있다. 그러면서 원래의 고사는 압축하여 역사 속의 그 내용을 알지 않고는 이해할 수 없으므로 실제 엄청난 많은 양을 직접 찾아보거나 주석이 없이는 매우 학습하기 어려운 면이 없지 않다. 게다가 광범위한 제재, 이를테면 천문지리天文地理, 고금역사古今歷史, 혼인가취婚姻嫁娶, 관혼상제冠婚喪祭, 풍속예의風俗禮儀, 가정의례家庭儀禮, 생로병사生老病死, 종교미신宗敎迷信, 절령세시節令歲時, 의식주행衣食住行, 제작기예製作技藝, 인륜도덕人倫道德, 칭위호칭稱謂呼稱, 신화전설神話傳說, 조수초목鳥獸草木, 남녀상애男女相愛, 물명고사物名故事, 문물제도文物制度, 문무백관文武百官, 민간속설民間俗說 등 다루지 않은 것이 없어 그야말로 호한무제浩瀚無際하며 "와간우주臥看宇宙, 행주만리行走萬里"의 또 다른 세계를 보여주고 있어 초학용이라기보다 중국 전통 상식의 보고요 백과사전이라 볼 수 있다. 양에 있어서도 실제 1500여 대련對聯이지만 각 연이 두 문장이며 매 문장마다 한두 개씩의 고사를 압축하여 제시하고 있어 실제 고사성어는 그 두 배가 훨씬 넘는 3천여 가지라고 볼 수 있다.

이 책이 명대에 이루어져 당시 봉건사회의 고정관념을 벗어나지 못하고 있지만 그럼에도 지금까지 이렇게 큰 반향을 일으키고 있는 것은, 수천 년 역사 속의 지혜와 상식을 압축한 정화精華요, 수많은 중국인의 정서를 고스란히 담고 있는 보화寶貨의 창고 역할을 톡톡히 해 내고 있기 때문일 것이다. 그리고 내용이 긍정적이며 인간이 태어나 사회의 일원으로 살아가면서 갖추어야 할 상식과 품덕을 강조한 면은, 시대가 바뀌어도 인간의 기본적인 수양과 인의도덕은 변할 수 없다는 대원칙도 이 책이 대변하고 있기 때문이기도 함은 두 말할 나위도 없다.

　　지금껏 전해지는 이 책은 거의 광서光緒 14년(1888)에 《유학고사경림》이라는 제목 아래 '역대제왕기歷代帝王紀', '교접칭위交接稱謂', '물류별명物類別名', '왕래척독往來尺牘' 등을 부록으로 하여 출간한 소위 '광서본'을 기초로하고 있다. 따라서 초간본 내용은 구체적으로 알 수 없으나 추성맥이 건륭25년(1760)에 '기오산방寄傲山房'에서 쓴 서문에 의하면 '태구주지지리汰舊註之支離, 역신전지확당易新詮之確當'이라 하여 이미 주석이 있었으나 너무 오류가심하고 지리멸렬하여 새롭게 확정적으로 교정과 증보를 더하였음을 밝히고있다. 그러나 추씨의 주에도 역시 오류와 탈자, 오자가 있다. 이는 그 많은양을 일일이 찾아 정리하면서 생긴 것이며 나아가 원문을 작성하면서 재료로삼은 제재가 일부는 전혀 편벽된 속서俗書, 구전 일화, 나아가 재인용의과정에서 잘못 이해한 부분 등에서 택한 것이어서 실제 일부는 그 출전이나 원전을 찾을 길이 없는 것도 있었기 때문이었으리라 여겨진다.

　　즉 13경과 25사는 물론 제자백가의 책들과 개인 문집, 지방지, 가승家乘등 경사자집과 속서까지 그 많은 책들 중에 어느 부분, 어느 내용을 근거로한 것인지 모두 밝혀낸다고 하는 것은 개인 한 사람의 작업으로는 불가능하며 나아가 알려진 책이 아닌 경우 그 원전을 찾아 대조하고 밝히기란 심히어려웠을 것으로 보인다.

　　한편 처음 《유학수지》로 명명되었던 초기통행본은 정씨, 추씨의 원본과차이가 있고 편목도 다르다. 즉 이에 대한 계통은 지금도 물론 전하고 있으며이에 대해서는 황석산黃錫山이 전주箋註를 단 것으로 우선 전체를 4권 34편으로 하여 천문天文, 지여地輿, 시서時序, 통계統系, 조정朝廷, 상유相猷(이상 1권),장략將略, 과제科第, 문계文階, 무질武秩, 부자父子, 형제兄弟, 부부夫婦, 사우師友,

혼인婚姻, 외척外戚 (이상 2권), 열녀列女, 인사人事, 연치年齒, 제작制作, 문사文史, 예술藝術, 빈부貧富, 송옥訟獄, 흉사凶喪 (이상 3권), 석도釋道, 신체身體, 궁실宮室, 기용器用, 의식衣飾, 음식飮食, 진보珍寶, 화목花木, 조수鳥獸 (이상 4권)로 되어 있다. 그럼에도 이 책은 「서창정윤승선생작西昌程允升先生作, 황석산전주黃錫山箋註」로 되어 있어 그 전통을 그대로 잇되 새롭게 재창작하였음을 말한 것이다.(錢元龍 原序 참조)

한편 이 책의 저작, 주석, 서발에 관련된 인물들 즉, 정등길, 추성맥, 황석산, 전원룡, 비유용, 엽포손 등에 대해서는 거의 알려진 것이 없음은 앞서 설명한 대로 일반적인 몽학서 찬자의 경우와 같다.

즉, 중국은 현대적 학교 제도가 있기 전에는 사숙私塾이나 가정에서, 혹은 동네에 작은 모임 형식의 기초 교육제도가 있었다. 이곳에서는 지금처럼 과목이 분화된 것도 아니고 제도적 교사가 있었던 것도 아니다.

따라서 교재도 그저 중국 고대부터 전통적으로 전해온 교양과 수양, 처세 잠언, 혹은 인륜 도덕이나 제도 사회, 역사 등을 혼합한 내용을 그 교육 목적이나 상황에 맞게 재편집하거나 수집, 정리한 통속적인 것이 대부분이었다. 따라서 이러한 교재는 대부분 작자나 편집자, 편찬자가 알려져 있지 않거나, 이름이 전해온다 해도 그 생애를 구체적으로 알기 어려운 경우가 허다하며, 나아가 그러한 책은 아동 교육이나 한학의 기초 교재로 매우 중요하면서도 대학자들의 주목을 받지 못하는 경우가 대부분이다.

이를테면 우리에게 널리 알려진 명대 《명심보감明心寶鑑》이 '범립본范立本 찬저撰著'로 되어 있고, 《증광현문增廣賢文》이 '석과산인碩果山人이 증보하고 주희도周希陶가 산정했다' 하며, 《채근담菜根譚》이 '홍자성(洪自誠, 洪應明)이

지은 것'으로 알려져 있지만 구체적으로 그 인물에 대하여 충분한 자료가 남아 있지 않은 원리와 같다.

　물론 아동용이요 초학용 교재라는 한계 때문에 일부는 내용의 오류가 있을 수 있고, 근거가 미흡하기도 하며, 제재의 출전이 통속적이며 심지어 민간 전설이나 편벽된 자료 등을 활용함으로써 학술적 가치는 낮을 수밖에 없다. 더구나 편집자가 권위 있는 학자가 아니요 지방의 이름 없는 교사, 또는 교육 종사자로 자신이 터득한 교육철학이나 교육활동에서 얻은 경험을 바탕으로 교육효과를 극대화하기 위한 관점에서 편집하거나 저술한 자료이므로 전문학자들에게 그다지 토론거리가 되거나 연구 대상이 되지 않았기 때문일 것임은 당연하다. 그럼에도 이러한 교재가 민간에 널리 퍼지기 시작하면 그 파급 효과는 상당히 커질 수밖에 없으며 특히 이러한 교재가 외국으로 전수된 경우 그 내용의 평이성과 정도의 수월성으로 인해 아주 널리 일반에게 중시되는 경우가 종종 나타난다. 그 예가 바로 우리에게 누구나 알려진 많은 몽학서들이다.

　바로 《천자문》, 《창힐편蒼頡篇》, 《급취편急就篇》, 《권학勸學》, 《발몽기發蒙記》, 《계몽기啓蒙記》, 《삼자경三字經》, 《사자소학四字小學》, 《백가성百家姓》, 《동몽훈童蒙訓》, 《소의외전少儀外傳》, 《성리자훈性理字訓》, 《십칠사몽구十七史蒙求》, 《서고천문敍古千文》, 《사학제요史學提要》, 《역대몽구歷代蒙求》, 《훈몽시訓蒙詩》, 《소학시례小學詩禮》, 《성률계몽聲律啓蒙》, 《석시현문昔時賢文》 등 일부는 중국에서 지금도 학계보다는 일반의 몽학서로 그 위치를 누리고 있으며, 이것이 한국이나 일본, 월남 등에 전수되어 지금도 그 인지도를 그대로 유지하고 있는 경우가 상당히 많다.

즉 우리나라 근대 교육 이전에 《천자문》, 《계몽편》, 《소학小學》, 《십팔사략
十八史略》, 《명심보감》, 《고문진보古文眞寶》 등의 교재가 지금껏 유행하는 예가
그것이며, 나아가 우리 스스로 《동몽선습童蒙先習》, 《훈몽자회訓蒙字會》
등을 편찬하여 활용한 예와 같다.

그런데 이 책의 이름이 "어린이를 위한" 것으로 되어 있지만 실제로는
어른들에게도 곁에 두고 읽고 익혀야 할 백과사전이요 삶의 지침서요 학문의
참고서이다. 다만 당시 어린이 교육에 필수적으로 시작을 삼았고 당시 교육
제도에 과목분화가 없어 그저 책명을 그렇게 붙였을 뿐이다.

우리는 역사상 긴 기간 동안 중국과 교류하고 한자 문화권에서 함께 발전
해온 관계로 우리의 문화도 그들과 공유하고 있는 것이 한두 가지가 아니다.
따라서 지금 우리의 풍속과 일상 생활에서 쓰고 있는 많은 어휘나 그 개념을
이 책을 통해 밝힐 수 있고 그 근원을 궁구해 볼 수 있다.

우선 목록에서 볼 수 있듯이 사람이 태어나 살면서 천지, 자연, 지리, 역사,
가정, 사회, 국가, 인간관계, 경제활동, 관혼상제 일생 모든 것을 고르게 분목
分目으로 삼아 폭넓게 필수적으로 알고 활용해야 할 개념을 아주 외우기
쉽도록 대구對句와 압운을 넣어 정리해 놓았다.

어린이는 외우도록 함이 우선이었다. 지금 이해만을 위주로 하는 서양
교육의 개념은 그 어떤 과목에도 일률적으로 통한다거나 이상적인 방법이
아님을 금방 알 수 있다. "어릴 때 외워 입에 붙은 개념은 죽을 때까지 간다"
라고 안지추顏之推는 《안씨가훈顏氏家訓》에서 역설하였다. 과목에 따라서는
외워야 활용할 수 있는 것이 얼마든지 있다. 중국의 교육은 사실 이러한

과목이 더 많았다. 게다가 중국어는 운이 발달한 언어로서 이에 적합하였다. 이러한 취지에서 문장이 대구와 압운으로 정리된 것이다.

이 책을 들여다보면 하나의 개념이나 사실을 이토록 적확하게 짧은 문장으로 정리할 수 있을까 하고 놀라움을 금치 못한다.

우선 각 사물의 이치와 고사, 역사, 내력은 물론 과거 기록을 그대로 찾아 익히도록 했으며 우리가 알고 있는 많은 이칭과 명칭의 유래가 바로 이런 것이구나 하고 감탄을 자아내게 한다. 게다가 지식을 늘려주고 정확도를 키워주며 바른 언어생활과 바른 사회생활을 영위해 나갈 수 있도록 되어 있다.

우리나라에도 학자들조차 이 책을 들여다보면 그야말로 백과사전식 참고서로 충분히 활용할 수 있고 특히 어린이에게는 한자공부, 한문공부에는 물론 인격형성과 사물판별의 두뇌형성에 아주 적합함을 넘어 이상적인 교재라 할 수 있다. 게다가 모든 구절은 그 근거 원전이 있어 언어의 고증은 물론 고사의 출처를 밝히는 데에도 귀중한 자료가 되고 있다.

참고 1. 錢元龍 〈原序〉

《幼學》一書, 西昌程允升先生作也. 門分類別, 比事屬辭, 經史子集, 紛披腕下. 如入五都之市, 百貨充牣, 挾所求而來者, 無弗如其意以去. 重以錫山黃君爲之箋註, 句索其解, 字求其故. 又不啻溯方流以窮玉水, 沿員折而討璿源也. 余垂髫時, 嘗受而讀之. 越今周甲, 偶於家塾檢孫輩課本, 如遇故人. 獨惜焉馬陶陰, 習訛承謬, 漫漶處墨如蝕鏡, 蓋風行之日久矣. 昔陶靖節讀書不求甚解, 能得其意也. 童子非其人, 聰明方啓, 枵然一無所有, 若居室然, 銖銖寸寸, 必待漸積. 以是書方之劉略·班藝·虞志·荀錄·固幾等東郭之於南都, 而自童蒙得之, 已稱速富, 若任其乖舛錯略, 致相沿習, 據爲先入, 微特蹲鴟之惠, 弄麞之賀. 異時必形諸贈答; 卽此苟簡涸沌之心. 已非父兄所以訓子弟也. 因不揣譾陋, 猥加釐定, 閒亦略爲補綴, 分三十四部, 彙成四卷, 亟付梓人, 公諸同好. 惟不忍令西昌·錫山兩先生嘉惠後學之苦心, 一誤再誤, 伊於胡底. 夫三豕渡河, 得卜氏子始正其說; 而金根一言, 爲噫百世人之識見相越, 豈不遠哉! 是書之誤, 余得而正之矣; 余之誤不自知, 倘更有正余之所正, 幷正余之所未及正, 俾不致貽誤於無窮, 固後學之幸, 亦余之幸也. 余且引領跂之!

　　乾隆丁丑年(1757)壬寅月 錢元龍 恕齋題

참고 2. 鄒聖脈 〈原序〉

　　欣逢至治, 擢取鴻才; 時藝之外, 兼命賦詩, 使非典籍先悉於胸中, 未有揮毫不窘於腕下者. 然華子之《類賦》·姚氏之《類林》, 卷帙浩繁, 艱於記憶, 惟程允昇先生《幼學》一書, 誠多士饋貧之糧, 而制科度津之筏也. 但碎金積玉, 原屬無多, 則摘艶熏香, 應增未備, 庶幾文人足供驅使. 奈坊刻所補, 殊不雅馴, 在老成能知去取, 固誚續貂; 若初學未識從違, 反云全璧, 一經習染, 俗不可醫, 卽用鍼砭, 難痊痼疾矣. 爰採彙書, 各增編末. 文必絶佳, 片箋片玉; 語期可誦, 一字一濂; 幷汰舊注之支離, 易新詮之確當, 詳所當詳而不厭其繁, 略所當略而不嫌其簡, 務歸明晳, 一閱了然, 如藍田之琬琰, 元圃之琳瑯, 能令見者寶之, 各欲私爲秘枕, 因顔之曰『瓊林』. 覽是書者, 其以余言爲不謬否?

　　時乾隆二十五年(1760)歲在庚辰仲春上浣. 霧閣鄒聖脈梧岡氏書於寄傲山房.

《유학경림》 청대 판본

『幼學瓊林』의 청대 판본은 『新增幼學故事瓊林』(明 程允升 原著, 淸 鄒聖脈 增補)으로 되어 있으며 지금 중국 北京 國家圖書館(北京市 海淀區) 마이크로 필름문헌열람실(縮微文獻閱覽室)에 소장되어있다. 淸 乾隆 25년(1760) 庚辰 仲春 上浣에 출간한 것이며 寄傲山房에서 판각한 것으로 되어 있다.

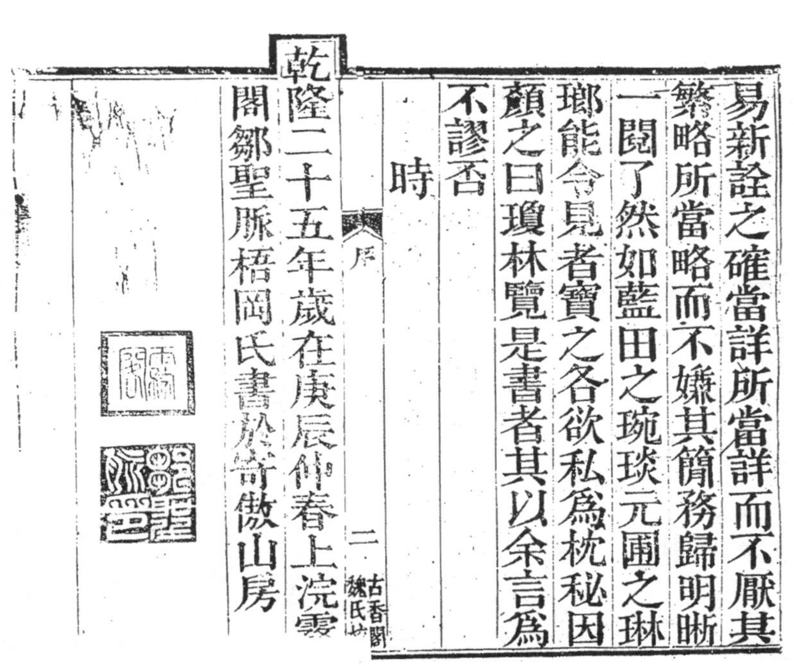

《新增幼學故事瓊林》 서문 일부

新增幼學故事 瓊林卷之一

歷代帝王總紀

西昌 程允升先生原本
鰲閣鄒聖脉 稬岡氏增補
清溪謝梅林硯儔氏
男 鄒可庭涉園氏 全泰訂

天文

混沌初開，乾坤始奠。
氣之輕清上浮者為天，氣之重濁下凝者為地。
日月五星，謂之七政；天地與人，謂之三才。

卷一　天文

日為眾陽之宗，月乃太陰之象。
虹名螮蝀，乃天地之淫氣；月裏蟾蜍，是月魄之精光。
風欲起而石燕飛，天將雨而商羊舞。
旋風名為羊角，閃電號曰雷鞭。

《新增幼學故事瓊林》 본문 및 협주 일부

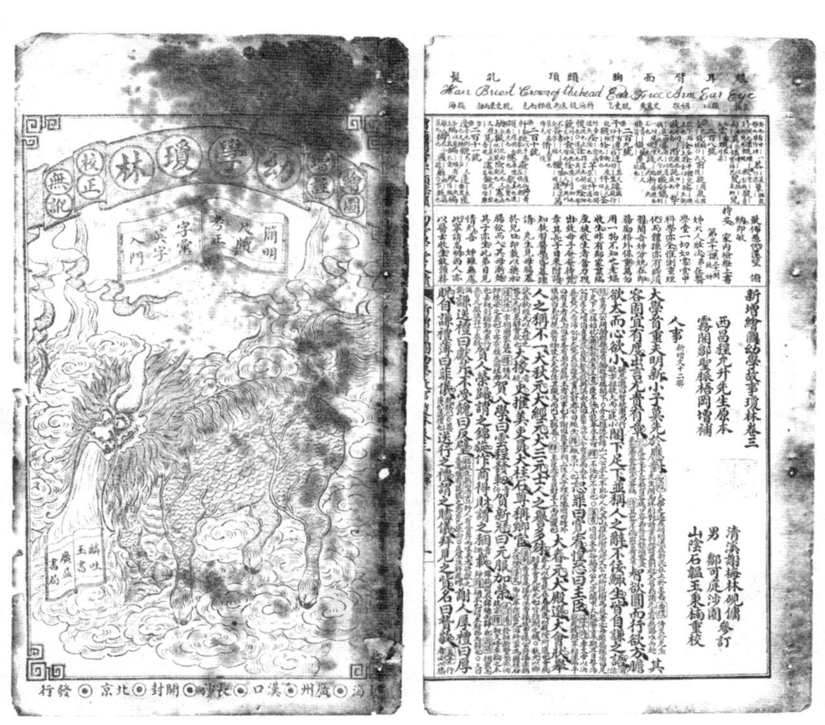

繪圖增註《幼學瓊林》廣益書局 方間本(표지에 上海, 廣州, 長沙, 開封, 北京 발행으로 되어 있으며 속표지에는 淸溪 謝梅林碩傭, 山陰 石韞 玉秉楠重校로 되어 있다) 본인이 남경 고서점에서 구한 것이다.

차례

14. 여자女子

✸ 본 장은 전통적인 고대 가족관계에서 딸과 부인으로서의 직분과 위치, 그리고 역대 이래 교훈이 될 아름다운 일화와 고사를 모아 설명하고 있다.(총 33연)

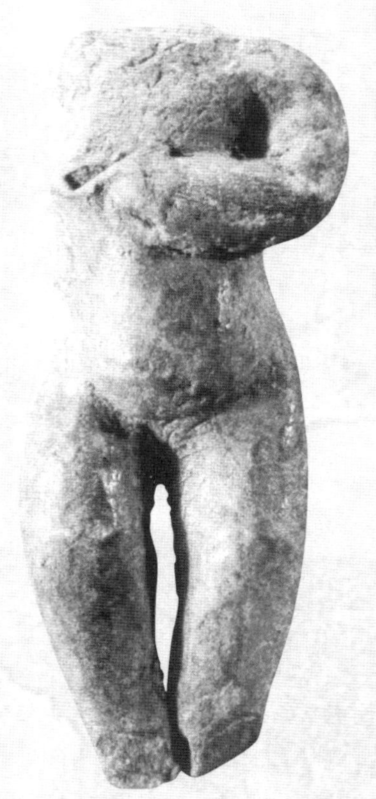

〈陶塑孕婦像〉 紅山문화 1982 遼寧 朝陽 출토

430

남자는 건乾의 강함을 타고났고, 여자는 곤坤의 순함을 타고났다.

「男子稟乾之剛, 女子配坤之順.」

【乾·坤】乾은 하늘(天), 陽, 剛, 남자를 상징함. 坤은 땅, 陰, 順, 여자를 상징함. 《周易》說卦에 "乾, 健也; 坤, 順也"라 하였고 〈繫辭(下)〉에는 "乾道成男, 坤道成女"라 함.

431

어진 황후를 '여자 중의 요순'이라 하고, 의지가 센 여자를 '여자 중의 장부'라 한다.

「賢后稱女中堯舜, 烈女稱女中丈夫.」

【賢后】덕이 있고 어진 황후. 宋나라 哲宗이 열 살에 즉위하자 高太后가 수렴청정을 하면서 私恩을 배제하고 新法을 폐기하였으며, 司馬光을 등용하고 呂惠卿 등을 축출하자 천하가 그를 '女中堯舜'이라 칭함.
【烈女】매우 의지가 센 여자. 女丈夫.

432

‘규수’閨秀니 ‘숙원’淑媛이니 하는 것은 모두 어진 여자를 칭하는 말이요,
‘곤범’閫範이니 ‘의덕’懿德이니 하는 것은 모두 아름다운 여자를 일컫는
말이다.

「曰閨秀·曰淑媛, 皆稱賢女;
　曰閫範·曰懿德, 並美佳人.」

【閨秀】 집안에서 곱고 재능 있게 자란 여자. ‘閨中之秀’의 줄인 말.
【淑媛】 정숙한 여자. 才媛.
【閫範】 집안에서 교양을 길러 아름답게 자란 여자.
【懿德】 아름다운 덕.《詩經》烝民에 “好是懿德”이라 함.

433

‘부주중궤’婦主中饋란 부인이 집안에서 음식을 삶고 조리를 하는 것이요,
‘여자귀녕’女子歸寧이란 여자가 친정으로 가서 부모님께 문안드림을
말한다.

「婦主中饋, 烹治飲食之名;
　女子歸寧, 回家省親之謂.」

【中饋】집안에서 밥을 짓는 일. 여자의 임무를 뜻함. 《周易》家人에 "無攸遂,
　在中饋, 貞吉"이라 함.
【歸寧】여자가 친정에 들러 부모에게 문안드리는 것. 《詩經》周南 葛覃에
　"歸寧父母"라 함.

434

무엇을 '삼종'三從이라 하는가? 아버지를 따르고 남편을 따르며 아들을
따르는 것이다.
　무엇을 '사덕'四德이라 하는가? 아내로서의 덕, 아내로서의 말, 아내
로서의 재능, 아내로서의 표정이다.

「何謂三從? 從父, 從夫, 從子;
　何謂四德? 婦德, 婦言, 婦工, 婦容.」

【三從】여자로서 어려서는 아버지의 명령을 따르고 결혼해서는 남편을 따르며
　늙어 남편이 죽고 나서는 자식을 따르는 것. 《儀禮》喪服에 "婦人有三從
　之義, 無專用之道, 故未嫁從父, 旣嫁從夫, 夫死從子"라 함.
【四德】여자로서 갖추어야 할 네 가지 덕과 기능. 《周禮》天官 九嬪에 "九嬪,
　掌婦學之法, 以敎九御. 婦德, 婦言, 婦容, 婦功"이라 하였고, 漢代 班昭의
　《女誡》事夫에 구체적으로 자세히 설명이 되어 있음.

435

　주나라 집안의 어머니로서 훌륭한 이들은 태왕太王의 아내 주강周姜
이었고, 왕계王季의 아내 태임太妊, 문왕文王의 아내 태사太姒였다.
　삼대에 나라를 망친 여자들로는 하나라 걸왕桀王의 말희妹喜, 상나라
주왕紂王의 달기妲己, 주나라 유왕幽王의 포사褒姒였다.

「周家母儀, 太王有周姜, 王季有太妊, 文王有太姒;
　三代亡國, 夏桀以妹喜, 商紂以妲己, 周幽以褒姒.」

【周家】周나라 姬氏의 집안 부인들을 말함.(《史記》周本紀,《列女傳》)
【三代】삼대(夏, 殷, 周)에 나라를 망친 여자들을 말함.(《史記》夏本紀, 殷本紀,
　周本紀,《國語》晉語,《說苑》,《列女傳》등 참조, 783)

436

　'난혜질'蘭蕙質이나 '유서재'柳絮才는 모두가 여자의 아름다운 재능을 칭찬
하는 말이요,
　'빙설심'氷雪心이나 '백주조'柏舟操는 모두가 과부의 깨끗함을 칭찬하는
것이다.

「蘭蕙質, 柳絮才, 皆女人之美譽;
　氷雪心, 柏舟操, 悉孀婦之清聲.」

【蘭蕙質】 난초와 향초. 아름다운 여자를 지칭함. 南朝 宋 鮑照의 〈蕪城賦〉에
“東都妙姬, 南國麗人. 蘭心蕙質, 玉貌絳脣”이라 함.
【柳絮才】 버들 솜. 봄에 버드나무 꽃에서 나오는 것으로 솜처럼 흼. 《世說
　新語》 言語篇에 “謝太傅寒雪日內集, 與兒女講論文義; 俄而雪驟, 公欣然曰:
　‘白雪紛紛何所似?’ 兄子胡兒曰: ‘撒鹽空中差可擬.’ 兄女曰: ‘未若柳絮因風起.’
　公大笑樂. 卽公大兄無奕女, 左將軍王凝之妻也”라 하여(《晉書》 王凝之妻謝
　氏傳도 같음) 여자로서 재치가 있고 詩才가 있음을 뜻함. 흔히 ‘詠絮才’,
　‘柳絮才’라 함.
【氷雪心】 얼음이나 눈같이 깨끗한 정절. 여자가 수절함을 뜻함. 晉나라
　蔣順怡의 처 周氏는 남편이 죽고 나서 시부모가 개가할 것을 권하자 “요지
　(월궁)는 빙설처럼 희고 깨끗하니 나의 심장과 간으로 삼으리라”(瑤池故氷雪,
　爲妾作心肝)라는 시를 지었다 함.
【柏舟操】 춘추시대에 衛나라의 共姜이라는 여인이 남편이 죽고 나서 “泛彼
　柏舟, 在彼中河. 髧彼兩髦, 實維我儀”라는 시를 지어 수절할 것을 맹세했다
　함.(《詩經》 鄘風 柏舟序)

437

여자의 미모가 아름다움을 일러 ‘우물’尤物이라 하고,
부인의 용태가 아름다운 것을 가히 ‘경성’傾城할 만하다 한다.

「女貌嬌嬈, 謂之尤物;
　婦容嫵媚, 實可傾城.」

【尤物】 특출하게 뛰어난 여자.《左傳》昭公 28년에 "夫有尤物, 足以移人. 苟非
　德儀, 則必禍及"이라 함. '嬌嬈'는 여자의 아름다움을 표현한 말. 疊韻連綿語.
【傾城】 '傾國之色'과 같음. 城이나 나라를 기울일 만한 절세미인. 漢代 李延年
　의 누이가 매우 아름다웠으니, 이연년이 어느 날 武帝와 술을 마시면서
　"北方有佳人, 絶世而獨立. 一顧傾人城, 再顧傾人國"이라 자랑하자 무제가
　불러 궁인으로 삼음.(《漢書》孝武李夫人傳) '嫵媚'는 여자의 아름다움을
　표현한 말. 雙聲連綿語.

438

반비潘妃의 걸음은 송이송이 연꽃이 피어났고,
소만小蠻의 허리는 가늘고 가는 버들가지였다.

「潘妃步, 朵朵蓮花;
　小蠻腰, 纖纖楊柳.」

【潘妃】 南朝 齊나라 마지막 임금 廢帝(東昏侯)의 비. 폐제가 황음하여 황금
　으로 만든 연꽃을 땅에 뿌리도록 하고 그 위를 반비로 하여금 걷게 하면서
　"此步步生蓮花也"라 함.(《南史》齊東昏侯紀. 545 참조)
【小蠻】 당대 白居易(白樂天)에게 두 첩이 있었으니 樊素는 노래를 잘하였고
　小蠻은 춤을 잘 추었다. 이에 "櫻桃樊素口, 楊柳小蠻腰"라는 시를 지었다.
　(《本事詩》事感. 553 참조)

439

장려화張麗華의 아름다운 머리카락은 가히 거울처럼 비춰 볼 정도요,
오강선吳絳仙의 뛰어난 미색은 가히 먹을 수도 있겠다 느낄 정도였다.

「張麗華髮光可鑒, 吳絳仙秀色可餐.」

【張麗華】 남조 陳 後主의 총비. 머리카락이 일곱 자였으며 매우 윤택이 나서
거울처럼 비춰볼 수 있었다 함.(《南史》陳 張貴妃傳)
【吳絳仙】 隋 煬帝의 총비. 자색이 뛰어나 양제가 내시에게 "옛사람의 표현에
아름다운 미색은 먹을 수 있다 했으니 강선 같은 여자라면 허기를 달랠 수
있겠다"(古人謂秀色可餐, 若絳仙者, 可以療飢矣)라 함.(《山堂肆考》美色) 한편
陸機의 〈日出東南隅行〉에는 "鮮膚一何潤, 秀色若可餐"이라 함.(《文選》)

440

여연麗娟의 몸에서 나는 향기는 난초와 같아 몸에 불어보는 곳마다
향내의 안개를 이루고,
양귀비太眞의 눈물은 피보다 붉어 방울져 떨어져 다시 붉은 얼음덩어리를
맺었다.

「麗娟氣馥如蘭, 呵處結成香霧;
　太眞淚紅於血, 滴時更結紅冰.」

【麗娟】 後漢 光武帝의 궁인. 몸에서 천연적인 난초 향기가 났다고 함.(《洞冥記》)

【太眞】 楊貴妃를 가리킴. 唐 玄宗의 귀비로 자가 太眞이었음. 양귀비의 눈물은 피보다 붉었다 함. 注에 "初承玄宗恩召入宮時, 別父母, 滴淚下成紅冰"이라 하였으나 출처는 알 수 없음. 오히려 魏文帝의 비 薛靈芸이 입궁하면서 부모와 헤어질 때 흘린 눈물이 붉은 얼음이 되었다 함.(《拾遺記》)

441

맹광孟光은 힘이 세어 돌 확도 들어 던질 수 있었고,
조비연趙飛燕은 몸이 가벼워 손바닥 위에서 춤을 출 수 있었다.

「孟光力大, 石臼可擎;
　飛燕身輕, 掌上可舞.」

【孟光】 한나라 때 梁鴻의 처로 힘이 세어 돌 확도 들어 던질 수 있었다 함.(《太平御覽》服用에 인용된 皇甫謐 《列女傳》. 316, 328, 444, 983 참조)

【飛燕】 漢 成帝의 비로 몸이 제비처럼 가벼워 손바닥 위에서 춤을 출 수 있었다 함.(《趙飛燕外傳》,《西京雜記》)

〈趙飛燕〉

442

제영緹縈 같은 딸은 상서를 올려 아버지를 구해냈고, 노씨盧氏는 강도의 칼날을 무릅쓰고 시어머니를 보위했으니 이런 여인들은 효성스러운 이들이다. 도간陶侃의 어머니는 머리카락을 잘라 손님을 대접하였고, 백곡촌柏谷村의 노파는 닭을 잡아 손님에게 사과하였으니 이런 여인들은 현명한 이들이다.

「至若緹縈上書而救父, 盧氏冒刃而衛姑, 此女之孝者;
　侃母截髮以延賓, 村媼殺雞而謝客, 此女之賢者.」

【緹縈】 한나라 文帝 때 淳于意에게는 딸만 다섯이 있었다. 순우의가 죄를 지어 문제에게 형을 받게 되었을 때 "生女不生男, 緩急無有益"이라 한탄하자 딸 제영이 궁중의 비녀가 될 테니 아버지를 사면해 달라고 상소했다. 이에 문제가 불쌍히 여겨 풀어 주었다 함.(《漢書》 刑法志)

【盧氏】 당나라 때 鄭義宗의 처. 집에 강도가 들어 모두 피했지만 그의 처는 시어머니를 붙들고 대신 강도의 채찍을 맞아 거의 죽음에 이르렀으나 피하지 아니하고 지켜냈다 함.(《新唐書》 列女傳)

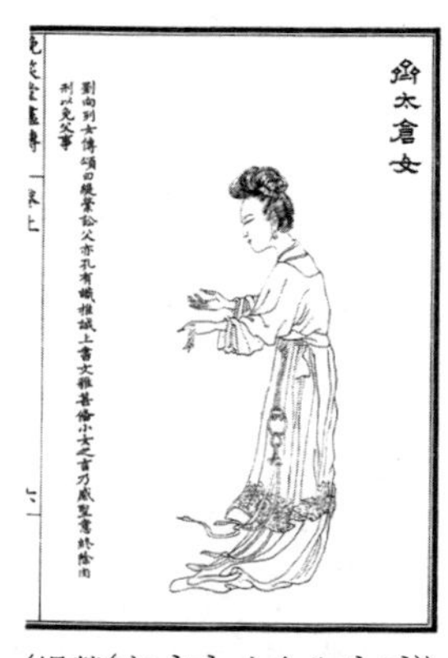

〈緹縈(齊나라 太倉公의 딸)〉

【侃母】 晉나라 때 陶侃의 어머니 湛氏는 마침 范逵라는 사람이 집을 방문하자 아들을 위해 자신의 머리를 잘라 음식을 마련하여 대접함. 이에 범규는 "非此母不生此子也"라 감동하여 도간을 孝廉으로 추천, 太尉에 이르게 됨.(《晉書》 列女傳)

【村媼】 漢 武帝가 평복으로 민간을 시찰할 때 밤에 柏谷村이라는 곳에 이르자 사람들이 도적으로 의심하여 그를 잡으려 했다. 그때 한 노파가 "이는 평범한 사람이 아닌 듯하다"(客非常人)라 하면서 닭을 잡아 대접하여 용서를 빌었다 함.(《漢武故事》)

443

　한구영韓玖英은 강도의 더럽힘을 피해 변소로 뛰어들어 모면하였고, 진중陳仲의 처는 겁탈로 몸을 더럽힐 수 없다고 절벽에서 뛰어내려 목숨을 버렸으니 이들은 여인들 중에 정절을 지킨 이들이다.

　왕응王凝의 처는 팔이 잡혀 끌려나오자 그 팔을 잘라 땅에 던졌으며, 조령曹令이라는 여자는 수절을 맹세하여 코를 베어버렸으니 이들은 여인들 중의 열녀들이다.

「韓玖英恐賊穢而自投於穢, 陳仲妻恐隕德而寧隕於崖,
　此女之貞者;
　王凝妻被牽, 斷臂投地; 曹令女誓志, 引刀割鼻,
　此女之烈者.」

【韓玖英】唐나라 韓仲成의 딸로 이름이 玖英이었음. 그가 강도를 만나 겁탈을 당하게 되자 변소로 뛰어들어 인분을 먹음으로써 도적이 도망가게 하였다 함.
【陳仲】역시 당나라 사람으로 그의 처 張氏는 강도의 겁탈을 피해 절벽으로 뛰어내려 죽었다 함.
【王凝】五代 사람으로 그의 처 李氏는 왕응이 객지에서 죽자 장례를 치르기 위해 아들과 함께 시신을 집으로 가져오는 길에 어느 집에 투숙하게 되었다. 그런데 집주인이 투숙을 거부하며 그의 팔을 잡고 밖으로 끌어내자 그에게 잡혔던 팔을 도끼로 잘라버렸다 함.(《五代史》雜傳序)
【曹令】〈復旦本〉에는 '文叔'으로 되어 있음. 夏侯文寧의 딸로 이름은 슈이며 曹文叔의 아내가 됨. 문숙이 죽어 자식 없이 과부가 되자 가족이 개가를 종용할 것에 대비, 귀를 잘라 수절을 맹세하였으나 뒤에 친정에서 다시 개가를 권하자 이번에는 코를 잘랐다 함.(《列女傳》)

444

　조대고曹大家 반소班昭는 한서 한 질을 완성하였고, 서혜비徐惠妃는 붓을
들면 문장을 이룰 정도였으니 이들은 여인들 중에 재능이 있는 이들이었다.
　대량戴良의 딸들은 거친 비단 치마에 대나무 상자 정도의 결혼 예물이
었고, 맹광孟光은 가시나무로 비녀를 삼고 베옷으로 치마를 할 정도였으니
이들은 여인들 중에 검소한 이들이었다.

「曹大家續完漢帙, 徐惠妃援筆成文, 此女之才者;
　戴女之練裳竹笥, 孟光之荊釵裙布, 此女之貧者.」

【曹大家】한나라 때 여인 班昭(49~120). 曹大姑와
같으며 '조대고'로 읽음. 曹壽에게 시집갔으나
일찍 과부가 됨. 오빠 班固가 《漢書》를 마치지
못하고 죽자 이를 완성함. 和帝 때 궁중에 드나
들며 황후와 비빈의 선생님이 되어 여인의 예법
을 가르쳐 《女誡》(전출)를 지었으며 '조대고'로
불림.(《後漢書》列女傳)

【徐惠】당나라 徐孝德의 딸로 네 살에 이미 《論
語》와 《詩》에 통달했으며, 여덟 살에 시를 지을
줄 알아 唐 太宗이 이를 듣고 궁중으로 불러
才人으로 삼았음.(《唐書》后妃列傳)

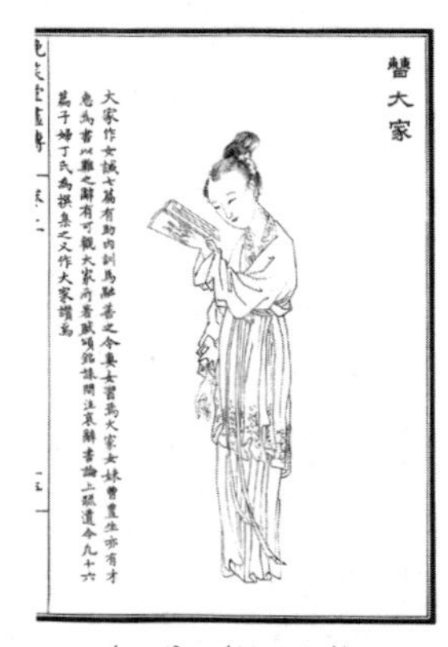

〈조대고(趙大家)〉

【戴女】한나라 戴良의 딸 다섯은 모두 뛰어났으나 사위를 고를 때 귀천을
가리지 않고 오직 才德만 중시하였으며 결혼 예물도 그저 거친 비단 치마와
대나무 상자 정도로 검소하게 했다 함.(《後漢書》逸民傳)

【孟光】한나라 때 여인으로 梁鴻의 처.(316, 328, 441, 983 참조)

445

유씨柳氏는 남편에게 내린 두 미인의 머리를 깎아 버렸고, 곽씨郭氏는 남편의 후사를 끊어버렸으니 이들은 여인들 중에 질투가 많았던 이들이었다.

가녀賈女는 한수韓壽에게 향을 훔쳐 선물하였고 제녀齊女는 천묘祆廟를 불사르게 하였으니 이들은 여인들 중에 음란한 이들이었다.

「柳氏禿妃之髮, 郭氏絶夫之嗣, 此女之妒者;
　賈女偸韓壽之香, 齊女致祆廟之燼, 此女之淫者.」

【柳氏】당나라 尙書 임괴(任瓌)의 처. 당 태종이 임괴에게 미녀 둘을 하사하자 분에 못이겨 머리를 깎아 대머리를 만들었다 함.(《太平廣記》任瓌妻)

【郭氏】晉나라 賈充의 아내. 가충이 자신의 아들이 유모에게 안겨 재롱을 피우자 가까이 다다가 이를 귀여워하는 것을 남편이 유모와 사통하는 것으로 착각하고 유모를 죽여버림. 아들이 유모를 그리워 울다가 죽었으며 그로 인해 가충은 후사가 없음.(《世說新語》惑溺)

【賈女】진나라 賈充의 딸이며 가충의 부하 韓壽의 아내. 그 딸이 한수와 사통하면서 마침 진 무제가 가충에게 주었던 서역의 향을 한수에게 주어 가충에게 발각됨. 가충은 이에 소문을 막기 위해 급히 한수에게 시집을 보냄.(《世說新語》惑溺)

【齊女】北齊의 공주. 그는 어릴 때 유모 陳氏의 아들과 함께 자라면서 정이 들어 뒤에 환궁할 때 정월 초하룻날 祆廟(拜火敎의 페르시아 종교 사원)에서 만나기로 약속함. 그 날 진씨 아들이 먼저 도착하여 마침 낮잠이 들었는데 뒤에 공주가 이를 보고 그에게 어릴 때 함께 가지고 놀던 玉瓊를 품에 던져 놓고 돌아가자 잠에서 깬 진씨 아들이 화가 나서 그 사원을 불질러 버렸다 함.(《異苑》)

446

동쪽 이웃 추녀가 서시西施를 흉내내었으나 추하기는 마찬가지요, 무염
無鹽을 자세히 그린다 해도 난감하기는 마찬가지라 하였으니 이는 여인들
중에 못생긴 자들이다.

「東施效顰而可厭, 無鹽刻畫以難堪, 此女之醜者.」

【東施】 옛날 西施가 가슴이 아파 눈썹을 찡그리자 남들은 모두 그를 불쌍히
여겼다. 그런데 이웃집 추녀는 그것이 예쁘게 보이는 표정인 줄 알고 자신도
그 흉내를 내었다 함.(《莊子》 天運篇) 이를 '東施效顰'이라 함. 561 참조.
【無鹽】 제나라 무염 땅의 鍾離春이라는 추녀는 마흔이 되도록 시집을 가지
못했으나 스스로 齊 宣王을 찾아가 정책을 설명하여 왕후가 되었다.
(《列女傳》) 한편 본장의 이야기는 晉나라 庾亮이 周顗에게 "사람들이 그대를
樂廣에 비교합디다"라 하자 "어찌 무염을 자세하게 그려 서시에게 당돌하게
맞서려 하오?"라 한 것을 두고 이른 말.(《晉書》 周顗傳)

447

자고로 정숙함과 음란함은 각각 다르고 사람이 태어나 잘생기고 못생긴
것도 같지 않다.
이 까닭으로 '생보살'生菩薩, '구자모'九子母, '구반도'鳩盤荼라 하는 것은
부인으로서 모습이 변해감을 두려워하는 것이다.

그리고 '전수자'錢樹子, '일점홍'一點紅, '무염치'無廉恥라 하는 것은 홍등가의 기녀에 대하여 이름을 달리 부르는 것뿐이다.

이들은 사람들 무리에 넣을 수 없고 그저 널리 웃음거리로 삼는데 덧붙일 뿐이다.

「自古貞淫各異, 人生姸醜不同.
　是故生菩薩, 九子母, 鳩盤茶, 謂婦態之變更可畏;
　錢樹子, 一點紅, 無廉恥, 謂靑樓之妓女殊名.
　此固不列於人群, 亦可附之以博笑.」

【生菩薩·九子母·鳩盤茶】唐代 裴炎이 여인들이 결혼하여 나이 들면서 변해 가는 모습을 걱정스럽게 표현한 말로, "젊어서는 생보살같이 매우 아름다운 것, 중년에 이르러 아이들이 많아 마치 아홉 아들의 어미처럼 변하는 것, 늙어 화장이 떨어져 푸르고 검은 모습이 마치 鳩盤茶 같아지는 것"(人妻有三可畏: 少時如生菩薩, 中年兒女滿前, 如九子母, 及老脂粉凋謝, 或靑或黑, 如鳩盤茶)이라 하였다.(《朝野僉載》) 생보살은 활보살과 같으며 아름다운 모습, 구자모는 아홉 아들을 가진 어머니처럼 전혀 꾸밀 겨를이 없어 추한 모습, 혹은 자신의 아이만을 위해 물불을 가리지 않는 鬼女 女神이라고도 함. 구반도는 지극히 못생긴 모습을 한 魔女라 함.
【錢樹子·一點紅·無廉恥】모두 기녀를 가리키는 말. '전수자'는, 고대 기방에서 보모(鴇母, 기녀를 관리감독하는 노파)들이 기녀를 搖錢樹라 불렀다 함.(《樂府雜錄》) '일점홍'은 劉邦詩에 "座上若有一點紅, 斗筲之器盛千鍾. 座上若無油水梳, 烹龍炮鳳都是虛"라 하였으니, 여기서 '일점홍'과 '유수소'는 모두 기생 이름이라 함.(《書言故事》 二에 인용된 《壬齋詩話》) '무염치'는 전혀 부끄러움을 모르는 이들이라는 뜻으로 《敎坊記》에 "蘇吳奴妻善歌舞, 具姿色, 有邀迓者, 五妓輒隨之. 觀此, 則無廉恥可知矣"라 함.(《書言故事》 二에 인용된 《敎坊記》)
【靑樓】妓院, 紅燈街를 가리킴.《玉臺新詠》劉邈의 雜詩에 "倡妾不勝愁, 結束下靑樓"라 함.

▶ 增文

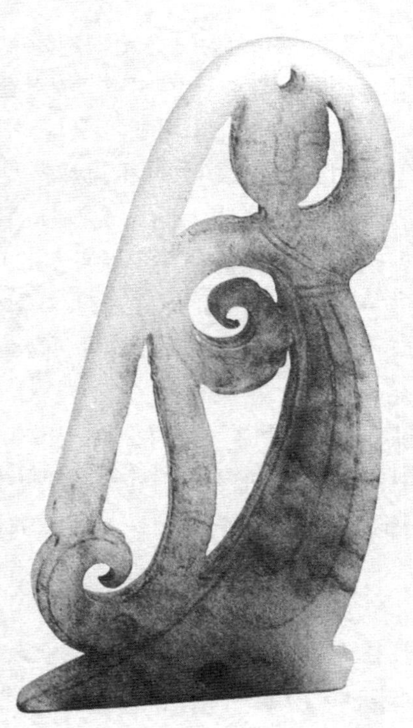

448

채염蔡琰은 '호가십팔박'胡笳十八拍을 읊어 가보笳譜에 전해졌고,
설희薛姬는 바느질을 잘하여 '침신'鍼神이라 불렸다.

「蔡女詠吟, 曾傳笳譜;
　薛姬裁製, 雅號鍼神.」

【蔡女】蔡琰. 자는 文姬. 동한 말 蔡邕의 딸로 흉노에게 잡혀가 12년을 살면서
흉노왕의 아내가 됨. 뒤에 曹操가 대속금을 물고 귀환시켰으며 〈胡笳十八拍〉
이라는 유명한 시를 남김.(《後漢書》列女傳) '笳譜'는 음악의 악보. '笳'는 서역
에서 전래된 악기 이름. 漢代에 매우 유행하였음.
【薛姬】薛靈芸. 魏文帝의 妃로 바느질에 뛰어나 당시 사람들이 '鍼神'(針神)
이라 불렀음.(《拾遺記》)

449

미인들 중에 장원이 있으니 황숭하黃崇嘏의 문장은 시원하였고,
역시 미인들 중에 박사가 있으니 한난영韓蘭英의 재주는 날개를 치는
것 같았다.

「蛾眉隊裏狀元, 崇嘏文章洒洒;
　紅粉班中博士, 蘭英才思翩翩.」

【蛾眉】눈썹을 나방 모습처럼 그린 예쁜 여인을 뜻함. 미인의 다른 말. 아래의 '紅粉'도 같음.
【崇嘏】黃崇嘏라는 여류시인. 글을 매우 잘 지었다 함.(《升庵詩話》)
【蘭英】韓蘭英. 역시 여류시인. 남조 宋齊 간의 인물.(《江寧府志》,《詩品》)

450

주서周序의 어머니가 부인성夫人城을 쌓으니 깨뜨릴 수 없이 견고하였고,
이연李淵의 딸이 낭자군娘子軍을 이끄니 예리하기가 꺾을 수 없었다.

「城號夫人, 牢不可破;
　軍稱娘子, 銳而莫摧.」

【城號夫人】東晉 周序가 襄陽을 진수할 때 前秦의 황제 苻堅의 군대가 성을 에워쌌다. 그러자 주서의 어머니 韓氏가 성에 올라 적정을 살펴본 후 자신들의 서북쪽이 약한 것을 알고 성 안의 부녀들을 모아 그쪽을 20장이 높도록 올려 쌓았다. 과연 성을 지켜낼 수 있었고 이를 '夫人城'이라 하였다. (《晉書》周序傳)
【軍稱娘子】'娘子軍'을 말함. 唐 李淵이 황제가 되기 전에 딸(平陽公主)이 柴紹의 아내였다. 이연이 隨나라와 싸울 때 딸은 낭자군 7만을 이끌고 後鎭部隊로 참가하였다 함.(《新唐書》諸公主列傳)

451

누가 튀긴 침을 아름답기가 꽃 같다 하였는가? 바로 조비연趙飛燕이로다.
누가 얼굴을 두고 아름답기가 옥 같다 하였는가? 진문란秦文鸞이로다.

「是誰佳冶唾如花, 趙家飛燕;
　孰個娉婷顔似玉, 秦氏文鸞.」

【趙飛燕】漢 成帝의 비. 조비연이 여동생 合德과 앉아 있을 때 잘못하여 그
　소매에 침이 튀자 합덕이 얼른 "언니의 침이 내 옷을 푸른색으로 물들여 돌
　위에 꽃을 피운 것 같소"(姊唾染衣組碧, 正似石上花)라 하였다 함.(《飛燕外傳》)
【秦文鸞】기생의 이름. 唐 劉長卿의 〈贈文鸞妓〉에 "文鸞瀟灑美如玉, 眉畫春山
　螺黛綠"이라 함. '娉婷'은 아름다움을 표현한 疊韻連綿語.

452

서현비徐賢妃는 천자가 부르자 새로운 시를 써서 임금의 노기를 말끔히
풀어주었고,
　사도온謝道韞은 도련님의 토론이 막히자 이를 나서서 풀어주어 그 웅변을
대신하였다.

「徐賢妃卻天子召, 露沁新詩;
　謝道韞解小郎圍, 風生雄辯.」

【徐賢妃】徐孝德의 딸. 唐 太宗의 비. 徐惠妃(앞장 참조) 태종이 시를 잘 짓는
다는 서현비를 불렀으나 나타나지 않았다. 왕은 기다리다 지쳐 화를 내고
말았다. 이에 서혜비는 얼른 “아침에 경대에 앉아 화장을 마치고는 홀로
서성였지요. 천금이 있어야 웃음 한 번 살 수 있다던데 한 번 불렀다고 어찌
바로 오리요?”(朝來臨鏡臺, 妝罷獨徘徊. 千金買一笑, 一召豈能來)라는 시를 써서
바쳤다. 이에 왕의 화가 풀렸다 함.
【謝道韞】東晋 王獻之가 빈객들과 토론을 벌이다가 그만 지고 말았다. 그러자
형수 謝道韞(王凝之의 아내)이 나서서 대신 풀어주어 도련님(小郞)의 권위를
높여주었다 함.(《晉書》王凝之妻謝氏傳)

453

사람들은 ‘여희驪姬를 나라를 제멋대로 한 국색이다’ 하였고,
원재元載는 ‘나는 설녀薛女를 향기로운 구슬이라 한다’라 하였다.

「人說驪姬專國色, 我云薛女是香珠.」

【驪姬】춘추 시대 晉 獻公의 부인으로 미색이 뛰어나 당시 나라에 많은
혼란을 초래하였음.(《公羊傳》僖公 10년,《史記》晉世家)
【薛女】唐代 元載의 첩으로 이름은 薛瑤英. 설녀가 어릴 때 어머니가 그에게
香丸(알로 된 향)을 주었다. 그런데 자라서도 말을 할 때면 입에서 향내가
났다고 함. 이에 元載는 늘 그를 ‘香珠’라 불렀음.(蘇鶚《杜陽雜編》)

454

혜희慧姬는 아버지의 가르치는 업을 이어받아 엄한 사부가 되어 '건괵선생'巾幗先生이라 불렸고,

조운朝雲은 노파로 분장하여 지篪라는 악기를 연주하여 젊은 군사의 일을 대신하여 '군채장사'裙釵將士라 불렸다.

「慧姬振鐸爲嚴傳, 頗稱巾幗先生;

　老婦吹篪當健兒, 須謂裙釵將士.」

【慧姬】前秦 韋逞의 어머니 宋氏 慧姬는 아버지가 가르치는 학자였으니, 그 업을 이어받아 강당을 세워놓고 얇은 휘장을 치고 가르쳤다. 그 때 제자가 수백 명이나 되었다 함.(《拾遺記》) '振鐸'은 선생님을 뜻함.(전출) '巾幗'은 얇은 휘장. 여인이었기 때문에 휘장을 치고 그 뒤에서 가르침.

【老婦】後魏 河間王의 婢 朝雲은 지(篪)라는 악기를 잘 연주하였다. 마침 羌族이 반란을 일으키자 왕이 그에게 노파로 분장시켜 이를 연주토록 하였다. 강적이 그 연주를 듣고 모두 눈물을 흘리면서 항복했다 함. 이에 사람들이 "快馬健兒不如老嫗吹篪"라 함.(《洛陽伽藍記》) 篪는 대나무로 만든 橫吹 管樂器의 일종. '裙釵'는 '치마입고 비녀를 꽂았다'는 말로 여성을 뜻함.

455

위부인衛夫人은 칼춤을 보고 서법에 능하게 되었으니 이는 마음에 영험을 얻은 것이요,

채염蔡琰은 끊어지는 거문고 줄을 알아맞혔으니 음감이 지극히 예민했던 것이다.

「看舞劍而工書字, 必是心靈;
　聽彈琴而辨絶弦, 無非性敏.」

【舞劍書字】晉나라 衛夫人은 유명한 서예가로 그는 검무를 보고 영감을 얻어 서예를 터득, 경지에 이르렀다 함.(《法書苑》)

【彈琴絶弦】蔡琰(文姬)이 여섯 살 때 아버지 蔡邕이 어느 날 밤 불을 밝히지 않고 거문고를 연주하다가 줄 하나가 끊어지자 즉시 그것이 두 번째 줄이라 하였다. 이에 채옹이 고의로 다시 줄 하나를 끊자 이번에는 넷째 줄이라 하였다. 채옹이 "우연히 맞추었겠지"라 하자 채염은 "계찰은 그 나라 음악을 관찰하고 나라의 흥망을 알았고, 사광은 운율소리를 듣고 남풍의 노래가 태평시대의 음악이라 알아차렸습니다. 이로 보건대 어찌 알 수 없다는 것입니까?"(季札觀樂而知興亡之國, 師曠吹律而識南風之不競, 由此觀之, 何故不知)라 하였다 함.(《世說新語補》)

456

애욕의 바다라 해도 남자가 몸을 다 빠뜨려서는 안 될 것이요,
온유향溫柔鄕이라 한들 어찌 늙은 임금이 뼈를 묻을 수 있겠는가?

「愛慾海, 未可沈埋男子軀;
　溫柔鄕, 豈應老葬君王骨.」

【愛慾海】애욕의 바다. 불교에서 미색에 탐련함을 일컫는 말.(《唐譯華嚴經》)
【溫柔鄕】따뜻하고 부드러운 고향이라는 뜻. 漢 成帝가 趙飛燕의 동생 合德
　에게 빠졌을 때(《漢書》에는 조비연에게 한 말로 되어 있음) 합덕을 두고 "吾當
　老死溫柔鄕中, 不效武帝求白雲鄕也"라 함.(《飛燕外傳》,《漢書》成帝紀)

457

　왕헌지王獻之의 첩 도엽桃葉의 눈흘김이 가장 아름다웠다 함에 놀랄
일이요,
　손수아孫壽娥의 타마계墮馬髻 모습으로 사랑을 받았음을 생각해 보게
된다.

「還訝桃葉女, 橫波眼最好;
　更思孫壽娥, 墮馬髻偏姸.」

【桃葉女】진나라 王獻之가 자신의 첩 桃葉을 두고 "도엽아, 도엽아, 너의 횡파
　(눈흘김의 아름다움)의 강을 건넘에 노를 사용하지 않아도 되겠지"(桃葉復
　桃葉, 渡江不用楫)라 하여 그의 눈흘김(橫波眼)이 아름다웠음을 표현함.(《古今
　樂府》)
【孫壽娥】동한 양기의 처로 '타마계'(당시 유행한 머리 모습으로 머리를 옆으로
　땋아 아름답게 꾸미는 것)의 치장을 하여 남편에게 교태를 부렸다 함.《後漢書》
　梁冀傳에 "梁冀妻孫壽娥, 善爲妖態, 作墮馬髻, 折腰步, 齲齒笑, 以爲媚悅"이라
　함. 이상 본 장의 내용은 여자를 경계하라는 뜻인 듯하다.

458

이정李靖의 호걸다움에 반한 홍불紅拂이 밤중에 그의 숙소를 찾아와
문을 두드렸고,
　구준寇準이 노래부른 기생에게 비단을 값으로 주자 천도가 시를 지어
비단 짜는 고통으로 응답하였도다.

「李子豪雄, 紅拂頓生敲戶念;
　寇公費用, 蒨桃應有惜縑心.」

【李子】李靖(571~649). 唐나라 초기의 무인으로 兵部尙書 등의 관직을 거쳐
衛國公에 봉해짐. 그가 젊은 시절 친구 楊素를 방문했을 때 紅拂이라는
기생이 반해 밤중에 그의 숙소를 찾아 결국 함께 太原으로 도망하였다는
애정고사를 남김.(《豪異秘纂》)

【寇公】북송 재상 寇準(전출)이 어느 날 잔치를 열고 歌妓를 불러 노래를
시키고 나서 비단 한 속(束)을 값으로 주자 가기가 너무 적다고 불만을 표시
함. 이에 구준의 첩 蒨桃가 "노래 한 곡 불러 비단 한 묶음, 미인은 어찌
값이 적다 여기는 것인가. 비단 짜는 직녀가 차가운 냉방 창 아래에서 그 몇 번
바디를 던져야 이만큼 짜는지 알기나 하는가?"(一曲淸歌一束綾, 美人何事意
嫌輕. 不知織女寒窗下, 幾度抛梭織得成"라 하여 쫓아버렸다 함.(《侍兒小名錄拾遺》,
(139, 215, 509, 585, 659, 727, 808 참조))

459

원진元稹은 늙어 죽고 나서도 〈앵앵전〉鶯鶯傳은 남아 있으니 그 사랑 이야기가 아름답기 그지없네.

장공자張公子가 찾아오면 조비연은 바빴으니 그 사사로운 정이 깊기도 하였어라.

「詩人老去鶯鶯在, 情意綢繆;
　公子歸來燕燕忙, 私悰款洽.」

【詩人】당나라 시인 元稹을 빗대어 蘇軾이 지칭한 것. 원진은 崔鶯鶯과 張生의 연애고사를 바탕으로 《鶯鶯傳》을 지었으며 이것이 《西廂記》의 근원설화가 됨.

【公子】漢나라 황제 成帝를 가리킴. 성제가 河陽主의 집에서 趙飛燕을 처음 보고 반하여 張公子라 이름을 바꾸고 그 집에 드나들어 당시 "燕燕尾涎涎, 張公時相見"이라는 동요가 퍼졌다 함.(《後漢書》 外戚傳) 북송 때 張子野라는 자가 나이가 들어 첩을 들이려 하자 蘇軾(소동파)이 "詩人老去鶯鶯在, 公子歸來燕燕忙"이라 한 시를 근거로 한 것임.(《石林詩話》 下)

460

기생 '단단'端端은 몸매가 과연 단정하였겠으며, '교교'皎皎는 자태가 어찌 교교하였겠는가?

「端端體態果然端, 皎皎姿容何等皎.」

【端端·皎皎】端端은 당나라 때 기녀 이름. 당시 崔徽와 張祐는 시를 잘 짓기로 소문이 나 있었는데 자주 창가의 집에 들러 그들을 시제로 하였다 함. 그 중 단단을 두고 시를 짓자 그가 더 아름답게 표현해줄 것을 애걸하여 고쳐지었다는 고사가 있음.(《雲溪友議》) 皎皎 역시 당나라 때 기녀 阿軟의 딸. 아연이 딸을 낳아 白居易에게 그 이름을 지어줄 것을 부탁하자 "이 아이는 심히 희고 깨끗하니 이름을 교교라 하라" 함. 이는 그 아이의 아버지를 알 수 없다는 뜻으로 "皎皎河漢女"의 古詩 구절을 인용하여 비꼰 것이라 함.

461

'말은 앵무새의 혀를 훔쳤다'는 것은 노래가 사람을 감동시켰음을 말하고, '문장은 봉황새의 깃털처럼 빛난다'는 것은 그 내용의 아름다움이 세속을 떠났음을 말한 것이다.

「語言偸鸚鵡之舌, 聲律動人;
　文章炫鳳凰之毛, 英華絶俗.」

【鸚鵡舌·鳳凰毛】노래도 잘하고 글도 잘 지음을 뜻함. 당나라 元稹이 당시 蜀의 유명한 기생이며 여류시인이었던 薛濤에게 "錦江滑膩峨眉秀, 幻出文君與薛濤. 言語巧偸鸚鵡舌, 文章分得鳳凰毛. 紛紛詞客多提筆, 個個公侯欲夢刀. 別後相思隔烟霧, 菖蒲花發五雲高"라는 그리움의 시를 보냈음. (《全唐詩話》卷二)

두목杜牧은 기녀에게 준 시에 '노래부를 때 마치 꽃이 눈앞에 있는 것 같더니, 매번 춤이 끝나면 비단을 머리에 두르누나'라 하였다.

「可謂笑時花近眼, 每看舞罷錦纏頭.」

【纏頭】 옛날 기녀(歌妓)들이 노래 부르고 나서 이를 머리띠처럼 둘러 자랑함을 뜻함. 기녀가 받는 선물을 말함.(887 참조)
본 장은 唐나라 시인 杜牧이 기녀에게 준 시의 "百寶妝腰帶, 珍珠絡臂鞲. 笑時花近眼, 舞罷錦纏頭"의 구절임.

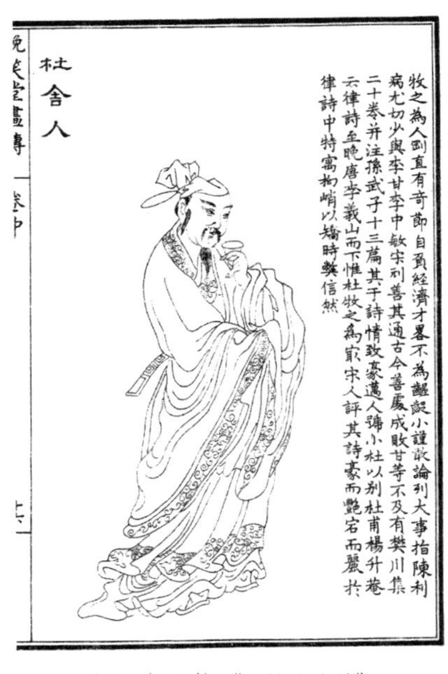

〈杜牧(牧之)〉《晚笑堂畫傳》

〈女子〉편 '續增' 10聯

○ 「黃唐虞夏, 由母發祥; 姚姒姬姜, 因女得姓.」

○ 「莫謂無才便是德, 須知有女足興家.」

○ 「漆室女倚柱長吟, 有心憂國;
　北宮女撤瑱不家, 矢志養親.」

○ 「敢扼虎頭, 楊香奮身以救父;
　獨叩馬首, 楊姬涕泣以訴冤.」

○ 「荀灌突圍, 十三歲乞援却敵;
　木蘭代戍, 十二年裹甲從軍.」

○ 「趙娥盡孝, 袖劍刺仇; 謝女善謀, 托傭誅盜.」

○ 「服戎裝而執鼓桴, 梁夫人躬親督戰;
　謝裙釵而晉冠帶, 秦良玉功足封侯.」

○ 「爲國殺賊, 則有費宮人; 代主充邊, 則有李家婢.」

○ 「伯商仲商, 時稱越秀; 德蓉德蕙, 輝映祁家.」

○ 「女校應知取法, 女史固已揚芬.」

15. 외척 外戚

❋ 본 장은 혼인을 통하여 맺어진 인척, 외척 등에 관한 것으로 칭위와 유래, 그리고 서로 간의 존경과 보살핌 등에 관한 일화와 고사를 모아 설명하고 있다.(총 21연)

〈舞蹈紋彩陶盆〉 1973 青海 大通縣 출토

463

황제의 딸은 공후公侯에게 시집을 간다. 그 때문에 '공주'公主라는 칭호를 쓴다.

황제의 사위는 정가正駕의 수레를 타지 못한다. 이에 '부마'駙馬의 직책인 셈이다.

「帝女乃公侯主婚, 故有公主之稱;
　帝婿非正駕之車, 乃是駙馬之職.」

【公主】 천자가 자신의 딸을 시집보낼 때 자신은 지존으로 혼인을 주재할 수 없어 공후에게 이를 주관토록 한다고 하여 공주라 함.(《公羊傳》莊公 元年)
【駙馬】 한 무제 때 처음 둔 관직으로 뒤에 임금의 사위를 뜻하는 말로 쓰임.(《晉書》職官志) 한편 《搜神記》(16)에 이 '駙馬都尉'의 유래에 관한 일화가 실려 있음.

"隴西辛道度者, 遊學至雍州城四五里, 比見一大宅, 有靑衣女子在門. 度詣門下求飱. 女子入告秦女, 女命召入. 度趨入閣中, 秦女于西榻而坐. 度稱姓名, 敍起居, 旣畢, 命東榻而坐. 卽治飮饌. 食訖, 女謂度曰: '我秦文王女, 出聘曹國, 不幸無夫而亡. 亡來已二十三年, 獨居此宅. 今日君來, 願爲夫婦.' 經三宿三日後, 女卽自言曰: '君是生人, 我鬼也. 共君宿契, 此會可三宵, 不可久居, 當有禍矣. 然玆信宿, 未悉綢繆; 旣已分飛, 將何表信于郎?' 卽命取床後盒子開之, 取金枕一枚, 與度爲信. 乃分袂泣別, 卽遣靑衣送出門外. 未逾數步, 不見舍宇, 惟有一冢. 度當時荒忙出走, 視其金枕在懷, 乃無異變. 尋至秦國, 以枕于市貨之. 恰遇秦妃東遊, 親見度賣金枕, 疑而索看, 詰度何處得來? 度具以告. 妃聞, 悲泣不能自勝. 然尙疑耳. 乃遣人發冢, 啓柩視之, 原葬悉在, 唯不見枕. 解體看之, 交情宛若, 秦妃始信之. 歎曰: '我女大聖, 死經二十三年, 猶能與生人交往, 此是我眞女婿也.' 遂封度爲駙馬都尉, 賜金帛車馬, 令還本國. 因此以來, 後人名女婿爲'駙馬'. 今之國婿, 亦爲駙馬矣."

464

'군주'郡主나 '현군'縣君이란 모두 황족의 딸을 일컫는 말이요,
'의빈'儀賓이나 '국빈'國賓이란 모두 황족의 사위를 지칭하는 말이다.

「郡主·縣君, 皆宗女之謂;
　儀賓·國賓, 皆宗婿之稱.」

【宗女】 황족의 딸.
【宗婿】 황족의 사위를 말함.

465

　옛날부터 잘 사귀어 지내는 것을 '통가'通家라 하고, 친척으로 잘 지내는
사이를 '의척'懿戚이라 한다.

「舊好曰通家, 好親曰懿戚.」

【通家】 세세 대대로 통교한 집안.(392 참조)
【懿戚】 황실의 외척. '懿親'과 같음.《左傳》僖公 24년에 "周襄王將以狄伐鄭,
　富辰諫曰: '召穆公糾合宗族於成周, 作棠棣之詩, 曰: 兄弟鬩于墻, 外御其侮.
　如是則兄弟雖有小忿, 不廢懿親.'"이라 함. 여기서는 좋은 긴밀한 친척 관계를
　말함.

466

빙청冰淸, 옥윤玉潤이란 장인과 사위가 모두 영화롭게 이름이 남을
말하고,
태수泰水, 태산泰山은 장모와 장인을 부르는 다른 칭호이다.

「冰淸玉潤, 丈人女婿同榮;
　泰水泰山, 岳母岳父兩號.」

【冰淸玉潤】晉나라 때 衛玠와 그의 장인 樂廣은 모두가 당시 이름을 날려
위개를 '冰淸', 악광을 '玉潤'이라 불러 흔히 장인과 사위를 함께 일러 '冰玉'
이라 함.(《晉書》衛玠傳)
【岳母岳父】태산(泰岳)에 '丈人峯'이 있어 장인을 '岳父', 혹 '泰山'이라고도
하며 장모를 '岳母', 혹 '泰水'라고도 함.(《晁氏客語》) 鄒聖脈 주에 歐陽修의
말을 인용하여 "泰山有丈人峰, 故稱妻父爲泰山, 若稱妻母爲泰水, 不知何義"
라 함.

467

새로 얻은 사위를 '교객'嬌客이라 하고, 귀한 사위를 '승룡'乘龍이라 한다.

「新婿曰嬌客, 貴婿曰乘龍.」

【嬌客】 교태로운 귀한 손님이라는 뜻.(《老學庵筆記》三)
【乘龍】 동한 때의 桓焉(?~143)의 사위 둘은 모두 司徒에 올라 집안이 대단
하였음. 이에 당시 "叔元兩女具乘龍"이라 칭하였음.(《楚國先賢傳》) 이에
'乘龍'은 훌륭한 사위를 뜻하는 말로 쓰임.(428)

468

췌서贅婿를 '관생'館甥이라 하고, 똑똑한 사위를 '쾌서'快婿라 한다.

「贅婿曰館甥, 賢婿曰快婿.」

【贅婿】 원래 후사가 없는 집에서 母姓을 따르되 사위에게 집안을 잇게 함을
뜻함. 따라서 고대에는 천하게 보았음.(《史記》秦始皇紀 集解) 한편 '館甥'은
《맹자》 萬章에 "舜尙見帝, 帝館甥於貳室"이라 함.
【快婿】 마음에 들도록 현명한 사위.(《北史》劉延明傳) 유연명이 나이 열넷에
郭瑀에게 학문을 배우고 있었는데 어느 날 곽우가 자리를 하나 마련해 놓고
"吾有女, 欲覓一快婿, 誰坐此者, 吾當妻焉"이라 하자, 그 제자 5백여 명 중에
연명이 과감하게 나가 앉아 곽우가 그를 사위로 삼았다 함.(鄒聖脈 주에는
後漢 때 일로 되어 있음)

469

사위를 '동상'東牀이라 하기도 하고, '반자'半子라고도 한다.

「凡屬東牀, 俱稱半子.」

【東牀】동쪽 침대에 앉아 있는 자. 사위를 말함. 진나라 郗鑑이 王導의 집에
사람을 보내어 사위를 구할 때 왕도가 자신의 아들들 중에 마음대로 고르
도록 함. 이를 들은 아들들이 관심을 보였으나 하나만은 동쪽 침대에 앉아
전혀 무관심하게 있었음. 갔던 자가 돌아와 "모두 잘생기고 젊은 자들이었
는데 하나만 동쪽에 배를 들어내놓고 호떡을 먹으면서 못들은 척하더이다"
(王氏諸少並佳, 有一人在東牀坦腹, 食胡餠, 獨若不聞者)라 보고를 하자 직접
찾아가 "바로 좋은 사위감이로다"(此佳婿也)하면서 사위로 삼음. 이가 바로
王羲之였다 함.(《晉書》 王羲之傳) 이에 '동상'은 훌륭한 사윗감이라는 뜻으로
쓰임.
【半子】반은 아들이라는 뜻. 劉禹錫의 글에 "乃命家嗣爲君半子"라 함.

470

여자를 '문미'門楣라 부른 것은 당나라 양귀비楊貴妃가 부모의 집안을
빛냄을 두고 말한 것이요,
외질을 '택상'宅相이라 함은 진나라 위서魏舒가 외가에게 보답하기를
기약한 것을 두고 한 말이다.

「女子號門楣, 唐貴妃有光於父母;
　外甥稱宅相, 晉魏舒期報於母家.」

【門楣】문의 위쪽 횡목으로 그 집의 신분을 나타냄. 여기서는 가문을 빛낼
  귀한 여자라는 뜻. 玄宗이 楊貴妃를 책립할 때 민간에서 "生女勿悲酸, 生男
  勿喜歡. 男不封侯女爲妃, 君看女郞作門楣"라는 노래가 있었다 함.
【唐貴妃】양귀비(719~756). 楊太眞, 자는 玉環. 원래 현종(李隆基)의 아들
  壽王(李瑁)의 비였으나 뒤에 현종의 눈에 들어 입궁하여 貴妃가 됨.(《資治
  通鑑》唐玄宗) 白居易의 〈長恨歌〉는 이들의 사랑과 비극을 읊은 것임.
【晉魏舒】晉나라 魏舒가 어려서 고아가 되어 외갓집에서 자람. 그 때 풍수가가
  "재상이 날 집"이라 하자 "외가를 위해 이 집의 풍수를 성공시키리라" 하여
  노력 끝에 성공하여 뒤에 과연 司徒가 됨. 이에 '宅相'(풍수에 의한 집에 대한
  상)은 외조카를 일컫는 말로 쓰임.

471

서로 옛 인척을 말할 때 원래 '과갈瓜葛의 친척이었다'라고 하고,
  자신을 겸손히 못난 친척임을 말할 때는 '하부葭莩의 끝이 폐를 끼치고
있다'라고 말한다.

「共敍舊姻, 曰原有瓜葛之親;
  自謙劣戚, 曰忝在葭莩之末.」

【瓜葛】오이와 칡. 서로 엉겨 떨어질 수 없는 관계.
【葭莩】갈대 속의 얇은 속껍질 薄膜. 비교적 소원한 친척관계를 말함.

472

'대교'大喬니 '소교'小喬니 하는 것은 모두 이부姨夫, 男子同壻의 칭호이며,
'연금'連襟이니 '연몌'連袂니 하는 것도 역시 남자 동서 사이에 부르는
칭호이다.

「大喬小喬, 皆姨夫之號;
　連襟連袂, 亦姨夫之稱.」

【大喬小喬】 삼국 시대 吳나라 孫策과 周瑜가 함께 皖(지금의 안휘성)을 공격
하여 그곳에 있는 교씨 두 자매를 얻었는데 아주 미인이었다 함. 이에 손책이
대교를 아내로, 주유는 소교를 아내로 맞아 동서지간이 되었다 함.
【連襟連袂】 남자 동서 사이를 말함. 李晉卿이라는 사람에게 두 딸이 있었고,
그 아들은 마침 王樂道와 滕元發 등과 친한 사이였다. 이에 이진경이 죽음에
이르러 집안 사람들에게 "큰 딸은 왕악도에게, 작은 딸은 등원발에게 주어라.
이 두 사위라면 족하다"(長女配樂道, 次女配元發, 得此二婿足矣)라 하여 두
사람은 連襟連袂의 관계가 되었으며 함께 翰林에 들어갔다 함.(鄒聖脈 注)

473

'갈대가 옥수玉樹에 기대었다' 함은 자신이 친척의 영광에 힘입고 있음을
겸손히 말할 때 쓰는 말이요,
'조라蔦蘿가 높은 소나무에 걸쳐 살고 있다'는 것은 자신이 귀한 친척의
덕택에 영광을 누림을 표현하는 말이다.

「蒹葭倚玉樹, 自謙借戚屬之光;
  蔦蘿施喬松, 自幸得依附之所.」

【蒹葭倚玉樹】'갈대가 옥수에 기대어 있다'는 표현으로 두 사람의 美醜가
 너무 차이 남을 비유함.《世說新語》容止에 "毛曾與夏侯玄共坐, 時人謂蒹
 葭倚玉樹"라 함.
【蔦蘿施喬松】女蘿와 兔絲라는 넝쿨의 기생식물로 다른 식물을 덮음. 댕댕이
 덩굴《詩經》小雅 頍弁에 "蔦與女蘿, 施於松柏"이라 함. 한편 白樂天의 시에
 "君爲女蘿草, 妾作兔絲花. 咫尺托遠松, 纏綿成一家"라 함.

▶ 增文

474

노륜盧綸과 이익李益은 동서간이었으며, 소식蘇軾과 정덕유程德孺는 이종사촌간이었다.

「盧李之親, 蘇程之戚.」

【盧李】 盧綸(737~799)과 李益(748~827). 모두 唐나라 '大曆十才子'에 들며 동서간으로 매우 친밀한 관계를 지니고 있었음.《容齋隨筆》
【蘇程】 蘇軾과 程德孺. 정덕유는 소식의 이종사촌(表弟) 동생이었음. 소식의 〈上表弟程德孺生日詩〉에 "仗下千官散紫庭, 微聞偶語說蘇程. 長身自昔傳甥舅, 壽骨遙知是兄弟"라 함.

475

왕도王導의 집을 찾아온 처조카 하충何充을 주미麈尾로 불러 앉힐 정도로 가까웠고, 양여사楊汝士가 동천東川으로 벼슬 갈 때 아내를 같은 수레에 태워 가는 아름다운 모습을 백거이白居易는 시로 축하하였다.

「王茂弘呼何充以麈尾, 楊沙哥引崔嫂以油幢.」

【王茂弘】王導. 東晉의 재상. 자는 茂弘. 何充(292~346)은 왕도의 처제의 아들로 둘 사이가 아주 가까워 하충이 왕도의 집을 방문하자 왕도가 주미(麈尾, 사슴꼬리로 만든 총채와 비슷함. 당시 이를 손에 들고 현담을 나누는 것이 유행이었음)로 자리를 가리키며 거기에 앉도록 함.《世說新語》賞譽에 "何次道往丞相許, 丞相以麈尾指坐, 呼何共坐曰: '來! 來! 此是君坐.'"라 함.

【楊沙哥】楊汝士. 어릴 때 이름이 沙哥였으며 白居易(白樂天)의 처형으로 東川에서 벼슬하고 있었음. 백거이가 아내를 대신하여 쓴〈賀兄嫂〉에 "劉綱與婦共昇仙, 弄玉隨夫亦上天. 何似沙哥令崔嫂, 碧油幢引向東川"이라 함.(《白樂天集》) 油幢은 기름 먹인 베로 만든 수레 휘장. 崔嫂는 양여사의 아내.

476

곽태郭泰는 처형에게 돈을 꾸어 쓰면서도 어찌 가난을 부끄러워할 필요가 있었겠으며,

유언달庾彦達은 자신의 봉록을 누나에게 나누어주었으니 부귀를 자신의 사사로운 것으로 여기지 않은 것이다.

「林宗貸錢, 寧以貧窮爲病;
　彦達分秩, 不將富貴自私.」

【林宗】郭泰(128~169). 동한 때 사람으로 자는 林宗. 그는 처형에게 돈을 타서 공부하면서 전혀 부끄러움을 느끼지 않았음. 그 뒤 학문을 이루어 경학의 영수가 되었으며 제자가 수천 명이었다 함.(《郭林宗別傳》, 281, 751, 931 참조)

【彦達】남조 송나라 때의 庾彦達. 그가 益州刺史였을 때 누이를 모시고 가서 자신의 봉록 반을 나누어주며 살도록 했다 함.(《宋書》朱脩之傳) '秩'은 봉록, 봉급을 뜻함.

477

황간黃榦은 과연 친척의 정을 중히 여겨 자주 친척과 인척을 불러 잔치를 열었고,

반악潘岳은 친척 완첨阮瞻의 탄금을 칭찬하여 매번 그로 하여금 거문고를 연주하도록 격려하였다.

「直卿果重親情, 相邀會食;
　潘岳能敦戚誼, 每令彈琴.」

【直卿】黃榦(1152~1221). 南宋 학자로 자는 直卿, 호는 勉齋. 朱熹에게 수업을 받았으며 학문을 인정받아 주희의 사위가 됨. 그 뒤 수시로 이조부 집안의 형제와 처 등을 불러 자주 잔치를 열어 허물없이 지냈다 함. 白鹿洞書院에서 《주역》을 맡아 강의하였으며 주희가 죽을 때 원고를 그에게 넘겼다 함. (《宋史》 黃榦傳)

【潘岳】西晉 때의 문인. 그와 阮瞻은 고종사촌간으로 완첨이 학업에는 관심이 없고 彈琴에 뛰어난 솜씨를 보여 늘 칭찬하며 격려해 주었다 함.(《晉書》 阮瞻傳. 203, 572 참조)

478

왕통王通은 외사촌 아우가 죽자 그 상중에 술과 고기를 입에 대지 않았으며, 원행충元行沖은 위술韋述로부터 '외갓집의 보물'이라는 칭찬을 들었다.

「中子執內弟之喪, 行沖稱外家之寶.」

【中子】 王通(584~617). 수나라 때의 학자로 벼슬을 버리고 河汾으로 귀향하여
제자를 가르침. 그 제자를 '河汾門下'라 하며 그를 '文中子'로 불렀음. 그는
외사촌 아우가 죽자 酒肉을 먹지 않았으며, 이를 두고 사람들이 예에 어긋
난다고 사람들이 비난하였다 함.(《事文合璧》) 고대에는 이종간의 상례에는
이를 지키지 않아도 된다고 함.
【行沖】 당나라 元行沖(652~729). 이름은 澹. 北魏 황족의 후예로 여러 벼슬을
거쳤으며 당시 儒宗으로 추앙을 받았음. 그의 이종 동생의 아들인 韋述이 학업
에 지나치게 열중함을 보고 그를 '外家之寶'로 칭찬했다 함.(《舊唐書》 韋述傳)

479

완함阮咸은 나귀를 타고 선비족 여종을 뒤쫓아가면서 어머니 장례도
뒤돌아보지 않았다.
얼굴 가렸던 부채를 치우고 웃으며 그럴 줄 알았다고 한 것은 온교溫嶠가
고종사촌 동생을 아내로 맞이한 고사이다.

「騎驢以追胡婢, 仲容不顧居喪;
　披扇而笑老奴, 溫嶠自爲媒妁.」

【仲容】 阮咸. 자는 仲容. 그는 고모 집에 있는 鮮卑族 婢女를 사랑하여 그가
임신이 되었다. 자신의 어머니 상중일 때 마침 고모가 그 여종을 멀리
보내려 하자 상복을 입은 채로 나귀를 타고 달려가 "내 씨는 버릴 수 없다"

하며 다시 데려옴.《世說新語》任誕에 "阮仲容先幸姑家鮮卑婢, 及居母喪, 姑當遠移, 初云當留婢; 旣發, 定將去. 仲容借客驢箸重服自追之, 累騎而返; 曰: '人種不可失!' 卽遙集之母也"라 함.

【溫嶠】진나라 때 인물로 고모가 자신의 딸 중매를 부탁하자 자신이 나서서 그 고종 사촌 여동생을 아내로 맞음. 이에 혼인식에 신부가 부채로 가렸던 얼굴을 내밀며 "내 그럴 줄 알았어"라고 반겼다 함.(425 참조.)《世說新語》假譎에 "溫公喪婦, 從姑劉氏, 家値亂離, 唯有一女, 甚有姿慧, 姑以屬公覓婚. 公密有自婚意, 答云: '佳婚難得, 但如嶠比云何?' 姑云: '喪破之餘, 乞得粗相存活, 便足慰吾餘年; 何敢希汝比?' 卻數日, 公報姑云: '已得婚處, 門地粗可, 壻身不減嶠.' 因下玉鏡臺一枚. 姑大喜. 旣婚, 交禮, 女以手披紗扇, 大笑曰: '我固疑是老奴. 果如所卜.' 玉鏡臺, 是公爲劉越石長史, 北征劉聰所得"이라 함.

480

개부介婦와 가부家婦는 감히 나란히 걸을 수 없고,
선생先生과 후생後生은 원래 같은 남편을 모심에서 나온 것이다.

「介婦·家婦, 不敢幷行;
　先生·後生, 原爲同出.」

【介婦·家婦】고대에 적장자의 처를 가부라 하고 그 밖의 아들의 처는 개부라 불러 지위의 고하를 두었음.《禮記》內則에 "介婦請於家婦. ……介婦毋敢敵 耦於家婦, 不敢幷行, 不敢幷命, 不敢幷坐"라 함.
【先生·後生】같은 남편을 모시는 첩이 여럿일 때 나이에 따라 서로 부르는 호칭.(《爾雅》釋親)

481

지혜는 능히 친정을 구하고자 보물을 마당에 내다 놓아버렸으니 이는 조카가 군대를 버리고 도망왔기 때문이요,

점을 쳐서 환난을 당하리라 하니 이 때문에 헌공獻公의 딸 백희伯姬가 시집가면서 조카가 따라나서게 되었다.

「智能散寶, 爲侄棄軍;
　兆卜張弧, 因姬遣家.」

【散寶】 한대에 呂祿의 고모(呂嬃)는 樊噲의 아내였다. 조카 여록이 군대를 버리고 도망쳐 자신에게로 오자 크게 노하여 집에 있던 보물을 모두 꺼내어 놓고 "남을 위해 이를 가지고 있을 필요는 없다"(無爲它人守也)라 하여 여씨 집안을 지킬 것을 부탁했다 함.(《漢書》高后紀)

【兆卜】 점을 쳐서 알아 봄. 춘추시대에 晉 獻公이 딸 伯姬를 秦나라에 시집보내면서 점을 쳤더니 점복자가 "歸妹睽弧, 寇張之弧, 侄其從姑"(귀매괘가 규괘로 변하니 위에서 고립되고 도움이 없어 불길하다. 환난이 닥칠 것이니 조카가 고모를 따라가 보살피게 되리라)라는 풀이가 나왔다. 과연 뒤에 秦·晉 두 나라가 교전이 일어나 晉나라가 패하였고, 晉 惠公(獻公의 손자, 子圉)이 인질이 되어 고모가 있는 秦나라로 가게 되었다.(《左傳》僖公 15년)

482

섭정聶政은 어진 누이가 없을 수 없었고, 굴평屈平도 역시 다독거리며 가르쳐준 누이가 있었다.

「聶政非無賢姊, 屈平亦有女嬃.」

【聶政】 전국시대 韓나라 자객으로 嚴遂를 위해 俠累를 죽인 후 얼굴을 알 수 없도록 자해를 하고 죽음. 뒤에 그의 시신을 내어놓고 천하에 아는 자를 물었을 때 그의 누이가 이를 알고 달려가 "내가 살기 위해 동생의 훌륭한 이름이 세상에 알려지지 않도록 그대로 버려둘 수는 없다"(妾奈何畏殺身之誅, 滅賢弟之名)라 하였음.(《史記》刺客列傳,《戰國策》)
【屈平】 전국시대 楚나라 屈原.(101, 616, 670, 752 참조) 그의 누이(女嬃)가 자신을 잘 다독거리며 길러주고 가르쳐주었다 함. 그의 〈離騷〉에 "女嬃之嬋媛兮, 申申其詈予"라 함. '여수'는 혹 초나라 말로 '누나'를 뜻하는 어휘라 함.

483

소씨蕭氏가 문벌이 낮다고 혼인에 혐의를 둔 일을 배우지 말고 의당 학씨郝氏부인의 법을 배울지니라.

「莫嫌蕭氏之姻, 宜學郝家之法.」

【蕭氏】 당 고종이 딸을 薛氏 집안으로 시집보낼 때 太后가 그 집안 薛顗의 아내 蕭氏와 薛緒의 아내 成氏가 귀족집안이 아니라는 것에 혐의를 두자 어떤 이가 "蕭氏는 蕭瑀의 侄孫女로 역시 皇室의 인척이라 할 수 있습니다"라 하여 허락했다 함.(《資治通鑑》唐紀 高宗)
【郝家】 진나라 때 王渾의 처 鍾氏와 그 아우 王湛의 처 郝氏는 모두가 덕행이 있었다. 당시 종씨(鍾琰)의 집안은 대단한 문벌이었지만 귀천을 뛰어넘어 동서 郝氏와 우의가 깊어 사람들이 '鍾夫人之禮, 郝夫人之法'이라 하였다.

《世說新語》賢媛에 "王司徒婦, 鍾氏女, 太傅曾孫, 亦有俊才女德. 鍾郝爲姊姒,
雅相親重. 鍾不以貴陵郝, 郝亦不以賤下鍾. 東海家內, 則郝夫人之法; 京陵家內,
範鍾夫人之禮"라 함.

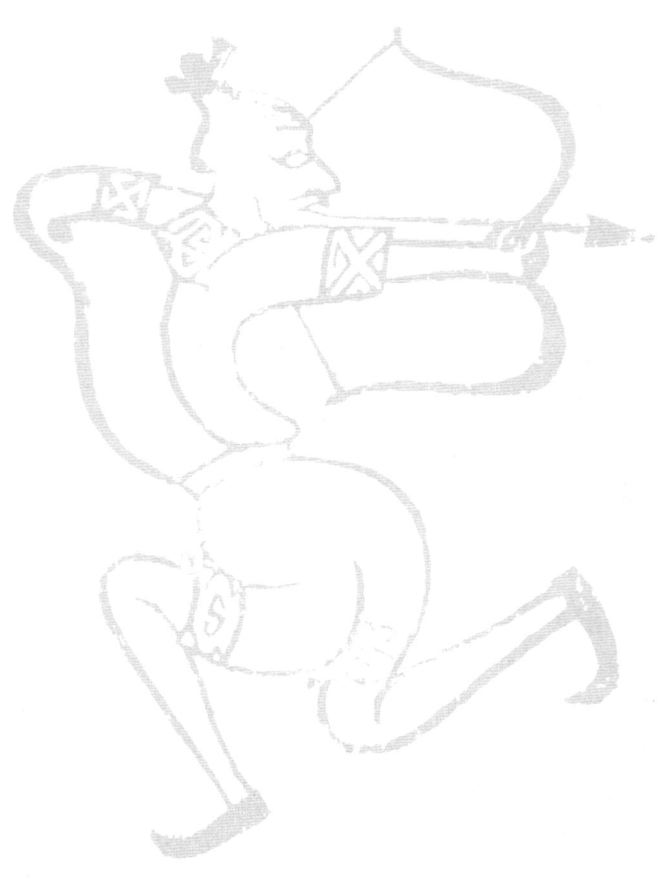

※ 참고

〈外戚〉편 '續增' 6聯

○「母之昆弟爲舅, 其姊妹爲姨;
　　妻之父爲外舅, 其母爲外姑.」

○「謂我舅者, 吾謂之甥; 謂我姑者, 吾謂之姪.」

○「送爲婚姻, 乃稱婚媾; 屬在中表, 最見情親.」

○「王筠風韻, 絶類袁公; 李繪端凝, 奚慚宅相.」

○「見舅不忘母, 源子恭刮目相看;
　　奉姨若所生, 何叔度推情致敬.」

○「李氏女郎多貴婿, 劉家妹婿盡才郎.」

16. 노수유탄 老壽幼誕

❋ 본 장은 사람이 태어나 늙고 장수하는 등 일생의 문제에 대한 것으로 역시 칭위稱謂와 전설 등에 대한 일화와 고사를 모아 설명하고 있다.(총 34연)

《村童鬧學圖》(송대 그림)

484

범상하지 않은 아들은 태어날 때 반드시 기이한 징조가 있고,
큰 덕을 가진 사람은 그 임무를 다하도록 수를 누리게 된다.

「不凡之子, 必異其生;
　大德之人, 必得其壽.」

【不凡之子】 한대 陳蕃이 나이 열다섯에 당시 功曹 薛勤에게 아버지의 편지를
　가지고 심부름을 가자 설근이 그를 자세히 살펴보고는 이튿날 진번의
　아버지를 찾아왔다. 진번의 아버지가 영접을 하자 설근은 "그대 집에 비범한
　아들이 있어 이를 보러 온 것이지 그대를 뵙고자 온 것이 아니라오"(足下
　有不凡子, 吾來候之, 不從卿也)라 하였다 함.(《先賢錄》)
【必得其壽】《中庸》에 "故大德者, 必得其壽"라 함.

485

사람이 처음 태어난 날을 '초도지신'初度之辰이라 하고,
열 살이 되었을 때 이를 축하하는 말로는 '생신령단'生申令旦이라 한다.

「稱人生日, 曰初度之辰;
　賀人逢旬, 曰生申令旦.」

【初度】생일의 다른 말.《離騷》에 "皇覽揆余初度兮, 肇錫余以嘉名"이라 함.
【生申슈旦】《詩經》大雅 嵩高에 "嵩高維嶽, 峻極於天. 維嶽降神, 生甫及申"
이라 함. '하늘이 甫侯와 申伯이라는 신하를 태어나게 하여 周나라를 보좌
토록 하였다'라는 뜻으로 남의 아이의 열 살 생일을 축하하는 말로 쓰임.

486

사흘째 되는 아침에 아이를 씻겨 잔치를 하는 것을 '탕병湯餅의 모임'
이라 하고,
한 돌이 되어 물건을 잡도록 하는 것을 '수반晬盤의 때'라 한다.

「三朝洗兒, 曰湯餅之會;
　周歲試周, 曰晬盤之期.」

【湯餅】중국 민간 습속으로 아이를 낳은 지 3일째 되는 날 국과 떡을 마련
하여 이웃을 불러 잔치를 하는 것.(741 참조) 이 때 아이를 처음 씻기므로
이를 '洗兒'라고도 함. 蘇軾의 〈洗兒〉 시에 "人皆養子望聰明, 我被聰明誤一生.
但願吾兒魯且陋, 無災無難到公卿"이라 하였음. 이를 '湯餅宴', '湯餅筵'이라 함.
《金史》忠義傳(四)에 "提控王祿湯餅會, 軍中宴飮"이라 함.
【晬盤】'晬'는 아이가 만 백일이나 한 돌이 되었음을 말함. 이는 백일잔치,
혹은 돌잔치와 같음. 아이 앞에 여러 가지 물건을 진열해 놓고 그 중 어느
것을 잡는가를 보고 아이의 장래를 예측한다 함. 이를테면 문방사우를
잡으면 文運, 완구를 잡으면 武運 등을 말하며 이를 '抓周', '試兒', 혹은
'수반'이라 함.(《顔氏家訓》風操)

487

사내아이 낳은 아침을 '현호령단'懸弧令旦이라 하고,
여자아이를 낳은 날을 '설세가신'設帨佳辰이라 한다.

「男生辰, 曰懸弧令旦;
　女生辰, 曰設帨佳辰.」

【懸弧·設帨】《禮記》內則에 "子生, 男子設弧於門左, 女子設帨於門右"라 하여
남아를 낳으면 문 왼쪽에 활을 걸어두고, 여아를 낳으면 문 오른쪽에 수건을
걸어둔다 함. '令旦'과 '佳辰'은 좋은 아침의 뜻으로 생일을 말함.

488

남이 아들을 낳았을 때를 축하하여 '숭악강신'嵩嶽降神이라 하고,
자기가 딸을 낳았을 때는 겸손히 하여 '완급비익'緩急非益이라 한다.

「賀人生子, 曰嵩嶽降神;
　自謙生女, 曰緩急非益.」

【嵩嶽降神】《詩經》大雅 嵩高편의 구절. 앞장 참조.

【緩急非益】평소나 급할 때나 아무런 쓸모가 없음. 자신의 딸을 겸손히 하여 남에게 이르는 말. 漢代 淳于意는 딸만 다섯이었다. 그가 죄를 지어 잡혀갈 때 "生女不生男, 緩急無可使"라 하여 그 딸 중 緹縈이 이를 살려낸 고사가 있음.(전출, 女子편 참조)

489

아들을 낳았을 때 '농장'弄璋이라 말하고, 딸을 낳았을 때는 '농와'弄瓦라 말한다.

「生子曰弄璋, 生女曰弄瓦.」

【弄璋·弄瓦】장은 구슬로 사내는 구슬과 같은 품덕을 가질 것을 뜻하는 것이며 '瓦'는 고대 紡錘車. 즉 瓦器로 만든 옷감을 짤 때 쓰는 기구. 이로써 뒤에 옷감을 잘 짜는 등 부인으로서의 일을 잘 해낼 것을 바라는 뜻이 들어 있음. 《詩經》 小雅 斯干에 "乃生男子, 載寢之床, 載衣之裳, 載弄之璋. 乃生女子, 載寢之地, 載衣之褐, 載弄之瓦"라 함.

490

꿈에 곰이나 비(큰곰)를 보면 남자아이를 낳을 징조요,
용이나 뱀을 꿈꾸면 여자아이를 낳을 상서로움이다.

「夢熊夢羆, 男子之兆;
　夢虺夢蛇, 女子之祥.」

【夢熊夢羆·夢虺夢蛇】《詩經》小雅 斯干에 "吉夢維何, 維熊維羆, 男子之祥.
維虺維蛇, 女子之祥"이라 하였고 鄭玄의 주에 "熊羆在山, 陽之祥也, 故爲生男.
虺蛇爲陰, 故爲生女"라 함.

491

　난초 꿈 길몽의 도움을 얻어 정鄭 문공文公의 첩이 목공穆公을 낳는
기이함이 있었고,
　영물이라 기특하게 칭찬한 온교溫嶠의 말을 듣고 환온桓溫의 이름이
정해진 기이한 일도 널리 알려졌다.

「夢蘭叶吉, 鄭文公妾生穆公之奇;
　英物稱奇, 溫嶠聞聲知桓公之異.」

【鄭文公】춘추시대 鄭文公의 첩 燕姞가 천사가 난초를 내려주는 꿈을 꾸고
　穆公(蘭)을 낳음. 叶은 協과 같음.(《左傳》宣公 3년)
【溫嶠】桓溫이 한 돌이 되지 않았을 때 溫嶠가 그 울음소리를 듣고 "英物
　이로다"라 하여 아버지 桓彝가 아들 이름을 溫으로 지었음.(《晉書》桓溫傳)

492

강원姜嫄은 후직后稷을 낳을 때는 대인의 발자국을 밟고 임신하였으며,
간적簡狄이 설契을 낳을 때는 제비가 알을 머금고 떨어뜨려주는 것을
삼키고 잉태하였다.

「姜嫄生稷, 履大人之跡而有娠;
　簡狄生契, 呑玄鳥止卵而叶孕.」

【姜嫄生稷】姜嫄(姜原)은 有邰氏의 딸로 거인의 발자국을 따라갔다가 임신
하여 后稷(周나라의 시조)을 낳음.《史記》周本紀에 "周后稷, 名棄. 其母有
邰氏女, 曰姜原. 姜原爲帝嚳元妃. 姜原出野, 見巨人迹, 心忻然說, 欲踐之,
踐之而身動如孕者. 居期而生子, 以爲不祥, 棄之隘巷, 馬牛過者皆辟不踐;
徙置之林中, 適會山林多人, 遷之; 而棄渠中冰上, 飛鳥以其翼覆薦之. 姜原以
爲神, 遂收養長之. 初欲棄之, 因名曰棄"라 함.
【簡狄生契】簡狄(有嫄氏의 딸)이 玄鳥(제비) 알을 삼키고 임신하여 설(契,
商나라 시조)을 낳음.《史記》殷本紀에 "殷契, 母曰簡狄, 有娀氏之女, 爲帝嚳
次妃. 三人行浴, 見玄鳥墮其卵, 簡狄取呑之, 因孕生契"이라 함.

493

기린이 옥서玉書를 토해내어 하늘이 공자가 태어날 징조를 알려주었고,
옥으로 된 제비가 품에 떨어져 장설張說을 잉태하는 기이한 꿈도 있었다.

「麟吐玉書, 天生孔子之瑞;
　玉燕投懷, 夢孕張說之奇.」

【麟吐玉書】 공자가 태어나기 전 麒麟이 玉書를 闕里(공자 출생 마을)에 토해
내었으니 "水精之子, 繼衰周而素王"이라 씌어 있었다 함.(《拾遺記》)
【玉燕投懷】 당나라 재상이며 문학가인 張說(667~731)의 어머니가 옥으로 된
제비가 품에 떨어지는 꿈을 꾸고 장설을 낳았다 함.(《開元天寶遺事》)

494

유불릉劉弗陵이 태자였을 때 열넉 달 만에 태어났고,
도사의 우두머리 노자老子는 잉태한 지 81년 만에 비로소 태어났다.

「弗陵太子, 懷胎十四月而始生;
　老子道君, 在孕八十一年而始誕.」

【弗陵】 漢 昭帝의 이름. 劉弗陵. 漢 武帝의 아들로 그 어머니 趙婕妤가 14개월
만에 낳았다 함.(《漢書》外戚傳)
【老子】 노자(李耳)의 어머니가 노자를 임신한 지 81년 만에 오얏나무 아래
에서 옆구리로 낳았으니, 머리가 이미 백발이었다 함. 그래서 老子라 불렀
으며 성을 李氏로 하였다 함.(《史記》老莊申韓列傳 正義)

495

만년에 아이를 얻음을 '노방생주'老蚌生珠라 하고,
늙어 과거 급제함을 '용두속로'龍頭屬老라 한다.

「晩年生子, 謂之老蚌生珠;
　暮歲登科, 正是龍頭屬老.」

【老蚌生珠】 늙은 조개가 진주 알을 낳음. 늙어 자식을 얻었을 때 축하하는
말로 쓰임. 漢나라 때 韋元將와 韋仲將 형제가 모두 뛰어나 孔融이 그들
아버지에게 보낸 글에 "元將淵才亮茂, 濟世之品也; 仲將文敏篤誠, 保家之
主也. 不意雙珠竟出老蚌"이라 함. 한편 蘇軾의 〈虎兒〉 시에 "舊聞老蚌生明珠,
未省老兔生於菟"라 함.(於菟는 '오도', 초나라 말로 '호랑이'를 뜻함)
【龍頭屬老】 늙어 과거에 급제함. 宋代 梁灝가 82세에 壯元에 급제하자 〈謝恩〉
詩에 "소년시절 등제함이 좋은 줄은 알지만 용의 머리가 노숙한 나에게
주어질 줄은 뜻밖이었네"(也知少年登科好, 不意龍頭屬老成)라 함.(陳正敏《遯齋
閑覽》)

496

늙도록 장수함을 축하할 때 '남극성휘'南極星輝라 하며,
여자가 장수함을 축하함에는 '중천무환'中天婺煥이라 한다.

「賀老壽, 曰南極星輝;
　賀女壽, 曰中天婺煥.」

【南極星輝】南極星은 노년을 상징하는 별로 그것이 밝아 노년이 더욱 화려
　하기를 바라는 뜻으로 쓰임.《晉書》天文志에 "老人星在弧南, 一曰南極"
　이라 함.
【中天婺煥】하늘 가운데 婺星이 환하게 비침. '婺星'은 여자를 상징하는 별(女宿).
　여자의 장수, 혹 여자를 칭송하는 말로 쓰임.(《漢書》天文志) 한편 邱濬의
　시에 "南極星輝映紫宸, 大開壽城在紫宸"이라 함.

497

'송백절조'松柏節操는 장수하면서 온갖 고통을 모두 참아 낸 것을 칭송
하는 말이요,
　'상유모경'桑榆暮景은 늙어 여생이 얼마 남지 않았음을 겸손히 여기는
말이다.

「松柏節操, 美其壽元之耐久;
　桑榆暮景, 自謙老景之無多.」

【松柏節操】소나무와 잣나무는 '歲寒不凋'(《論語》)의 굳센 기개를 가지고 있듯이
　사람도 늙어 더욱 강건하기를 바라는 頌壽의 뜻으로 쓰임.《世說新語》言語에

"顧悅與簡文同年, 而髮蚤白. 簡文曰:‘卿何以先白?’對曰:‘蒲柳之姿, 望秋
而落; 松柏之質, 凌霜猶茂.’"라 함.(1298 참조)
【桑楡暮景】‘桑楡’는 해가 지는 곳이 桑樹와 楡樹 사이라 하는 전설이 있어
이를 사람의 만년에 비유한 것. 鄒聖脈의 주에《淮南子》를 인용하여 “日拂于
扶桑, 是謂晨明. 若日晡, 則天影上照于桑楡”라 하였고,《文選》曹植〈贈白
馬王彪〉에 “年在桑楡間”이라 함.

498

‘확삭’矍鑠은 남의 건강을 칭송하는 말이며,
‘외모’聵眊는 자신이 늙어 쇠약하고 뒤뚱거림을 겸손히 표현하는 말이다.

「矍鑠, 稱人康健;
　聵眊, 自謙衰頹.」

【矍鑠】‘확삭’으로 읽음.(첩운연면어) 늙을수록 강건하고 의지가 굳음을 뜻함.
《後漢書》馬援傳에 마원이 光武帝를 섬기면서 蠻夷의 난을 진압하기 위해
자신이 나서겠다고 하였음. 그 때 나이 이미 62세였으나 그 모습과 결의가
젊은이 못지않음을 보고 황제가 “矍鑠哉! 是翁也”라 감탄하였다 함.
【聵眊】귀가 어두워지고 눈이 침침해짐. 늙어감.《四朝見聞錄 慶元黨에 “而臣
聵眊, 初罔聞知”라 함.

499

머리가 다시 누렇게 되면서 어린아이처럼 이가 나면 이는 장수할 징조요,
행동이 민활하지 못함은 나이가 들었을 때의 상태이다.

「黃髮兒齒, 有壽之徵;
　龍鍾潦倒, 年高之狀.」

【黃髮兒齒】 노인으로 머리가 백발에서 누렇게 변하고 빠진 이가 다시 나면
　장수할 징조라 하였음.(《詩經》 魯頌 閟宮)
【龍鍾潦倒】 '龍鐘'은 행동이 민활하지 못한 모습.(첩운연면어). '潦倒'는 쇠약한
　모습. 역시 첩운연면어. 李華의 〈臥疾舟中相里范二侍御先行贈別序〉라는 글에
　"潦倒龍鐘, 百疾叢體"라 함.

500

'일월유매'日月逾邁는 한갓 슬퍼함을 말하는 것이요,
'춘추기하'春秋幾何는 남의 나이를 묻는 말이다.

「日月逾邁, 徒自傷悲;
　春秋幾何, 問人壽算.」

【日月逾邁】세월의 흐름이 점점 빨라짐. 늙어 가면서는 시간의 흐름이 매우 빠르게 느껴짐을 뜻함.《書經》秦誓에 "我心之憂, 日月逾邁"라 함.
【春秋】어른의 나이를 높여 부르는 말.《戰國策》秦策(五)에 "王之春秋高"라 함. 《新序》에 楚丘先生이 나이 일흔에 孟嘗君을 찾아오자 맹상군이 "先生老矣, 春秋高矣, 多遺忘矣, 何以敎之?"라 함.

501

소년을 칭찬할 때는 '춘추정성'春秋鼎盛이라 하고,
나이든 이를 부러워할 때 '치덕구존'齒德俱尊이라 한다.

「稱少年, 曰春秋鼎盛;
　羨高年, 曰齒德俱尊.」

【春秋鼎盛】나이가 안정된 시기이며 한창 성한 때임을 말함.《漢書》賈誼傳에 "天子春秋鼎盛"이라 함.
【齒德俱尊】나이에 걸맞게 덕도 높음.《孟子》公孫丑(下)에 "朝廷莫如爵, 鄕黨 莫如齒, 輔世長民莫如德"이라 함.

502

50이 넘도록 행동해본 다음에야 49세까지의 일이 그릇되었음을 알게 되고,

세상에 백년을 살아보았어도 어찌 365일 모두가 즐거웠겠는가?

「行年五十, 當知四十九年之非;
　在世百年, 那有三萬六千日之樂?」

【行年五十】《淮南子》原道訓에 있는 구절. "蘧伯玉年五十而知四十九年非"라 함.
　蘧伯玉은 춘추시대 현인.《論語》憲問편 주에 "按莊周稱 '伯玉行年五十, 而知
　四十九年之非'. 又曰: '伯玉行年六十, 而六十化.' 蓋其進德之功, 老而不倦."라
　하였고,《莊子》則陽篇에는 "蘧伯玉行年六十而六十化, 未嘗不始於是之而卒詘
　之以非也, 未知今之所謂是之非五十九非也"라 함.
【在世百年】사람의 일생은 길어야 백년에 불과함. 李白의 〈襄陽哥〉에 "百年
　三萬六千日, 一日須傾三百杯"라 함.

503

백세를 '상수'上壽라 하고, 80을 '중수'中壽라 하며, 60을 '하수'下壽라 한다.
80을 '질'耋이라 하고, 90을 '모'耄라 하며, 백세를 '기이'期頤라 한다.

「百歲曰上壽, 八十曰中壽, 六十曰下壽.
　八十曰耋, 九十曰耄, 百歲曰期頤.」

【上壽】《莊子》盜跖篇에 "今吾告子以人之情, 目欲視色, 耳欲聽聲, 口欲察味,
　志氣欲盈. 人上壽百歲, 中壽八十, 下壽六十, 除病痩死喪憂患, 其中開口而笑者,

一月之中不過四五日而已矣. 天與地无窮, 人死者有時, 操有時之具而托於无窮
之間, 忽然无異騏驥之馳過隙也. 不能說其志意, 養其壽命者, 皆非通道者也"
라 함.

【耋·耄】《說文》에 "年八十曰耋"이라 하였고, 《禮記》曲禮(上)에는 "人生十年
曰幼, 學. 二十曰弱, 冠. 三十曰壯, 有室. 四十曰强, 而仕. 五十曰艾, 服官政.
六十曰耆, 指使. 七十曰老, 而傳. 八十九十曰耄, 七年曰悼, 悼與耄, 雖有罪,
不加刑焉. 百年曰期, 頤"라 함.

【期頤】'頤'는 '養'의 뜻. '턱을 받쳐 먹여줄 것을 요구해도 되는 나이'라는 뜻.
《禮記》曲禮에 "百年曰期頤"라 함.

504

아이가 열 살이면 밖으로 선생님께 배우러 가고 열세 살이면 피리에
맞추어 춤을 추고 아이로 다 자라면 '상'象이라는 무악舞樂을 춘다.

노인으로 예순이면 향鄕에서 지팡이를 짚어도 되고 일흔이면 나라에서
지팡이를 짚어도 되며 여든이면 조정에서 지팡이를 짚어도 된다.

「童子十歲就外傅, 十三舞勺, 成童舞象;
　老者六十杖於鄕, 七十杖於國, 八十杖於朝.」

【童子】《禮記》內則에 "六年, 敎之數與方名. 七年, 男女不同席, 不共食. 八年,
出入門戶及卽席飮食, 必後長者, 始敎之讓. 九年, 敎之數日. 十年, 出就外傅,
居宿於外, 學書計, 衣不帛襦袴, 禮帥初, 朝夕學幼儀, 請肄簡諒. 十有三年,
學樂, 誦詩, 舞勺, 成童舞象, 學射御"라 하였음. '勺'은 일종의 관악기 피리(籥).
'象'은 舞樂의 일종.

【老者】《禮記》王制에 "五十杖於家, 六十杖於鄉, 七十杖於國, 八十杖於朝, 九十者, 天子欲有問焉, 則就其室, 以珍從"이라 함. '鄉'은 옛날 행정 단위로 백가를 하나의 향이라 하였음. '國'은 봉건의 제후국. '朝'는 천자의 조정.

505

뒤에 난 사람은 진실로 두렵게 여겨야 하며, 나이가 높은 사람은 당연히 존경해야 한다.

「後生固爲可畏, 而高年猶是當尊.」

【後生可畏】《論語》子罕篇에 "後生可畏, 焉知來者之不如今也"라 함.
【高年】나이가 많은 사람. 연장자.《孔子家語》正論解에 "哀公問於孔子曰: '二三大夫皆勸寡人使隆敬於高年, 何也?' 孔子對曰: '君之及此言, 將天下實賴之, 豈唯魯哉!' 公曰: '何也? 其義可得聞乎?' 孔子曰: '昔者, 有虞氏貴德而尙齒, 夏后氏貴爵而尙齒, 殷人貴富而尙齒, 周人貴親而尙齒. 虞·夏·殷·周, 天下之盛王也, 夫有遺年者焉. 年者, 貴於天下久矣, 次于事親, 是故朝廷同爵而尙齒, 七十杖於朝, 君問則席, 八十則不仕朝, 君問則就之, 而悌達乎朝廷矣. 其行也肩而不並, 不錯則隨. 斑白者, 不以其任於道路, 而悌達乎道路矣. 居鄉以齒, 而老窮不匱, 强不犯弱, 衆不暴寡, 而悌達乎州巷矣. 古之道, 五十不爲甸役, 頒禽隆之長者, 而悌達乎蒐狩矣. 軍旅什伍, 同爵則尙齒, 而悌達乎軍旅矣. 夫聖王之敎, 孝悌發諸朝廷, 行於道路, 至於州巷, 放於蒐狩, 循於軍旅, 則衆感以義死之, 而弗敢犯.' 公曰: '善哉! 寡人雖聞之, 弗能成'"이라 함. 한편《漢書》武帝紀에 "於鄉里, 先者艾, 奉高年, 古之道也"라 함.

▶ 增文

506

예장豫章 나무가 작다고 깔보지 말라. 이미 동량의 재목감의 모습을
갖추고 있다.

「漫道豫章之小, 已具樑棟之觀.」

【漫道】 깔보고 말을 함.
【豫章】 나무 이름. 樟木. 어린 싹은 작으나 매우 큰 나무로 자람.
【樑棟】 棟樑(棟梁)과 같음. 대들보. 王儉이 어린 袁粲을 보고 "松柏豫章雖小,
　實有棟樑之用也"라 칭찬함.

507

항탁項橐은 어린 나이에 공자의 스승이 되었으니 그 지혜가 풍부했음을
알 수 있고,
감라甘羅는 말을 잘해 재상이 되었으니 나이가 적다고 논하지 말라.

「項橐童牙作師, 卻知學富;
　甘羅屭口爲相, 勿論年雛.」

【項橐】 전설상의 신동으로 일곱 살 때 공자의 스승이 되었다 함.(《史記》甘茂列傳) 秦나라에서 張唐을 燕나라 재상으로 보내려고 할 때 장당이 가기를 꺼려 하자 甘羅가 "項橐七歲爲孔子師. 今臣生十二歲矣, 君其使臣"이라 설득함.

【甘羅】 감무의 아들로 매우 뛰어난 기지를 가지고 있었음. 열세 살 때 진나라 재상 張唐을 설득시킨 뒤 상경으로 발탁된 일로 유명함.(《史記》甘茂列傳, 《戰國策》秦策)

508

예물을 상에 차려놓는 일을 흉내내며 예의를 배웠으니 맹자孟子는 어머니의 영향으로 어린 나이에 이미 그와 같았고,

무기를 들고 나라를 지켜냈으니 왕기汪踦는 어린 나이에 능히 그런 일을 해낼 수 있었다.

「列俎豆而習禮儀, 孟氏沖年乃爾;
　執干戈以衛社稷, 汪踦小子能然.」

【孟氏】 맹자(孟軻). 처음 맹자가 묘지 가에 살 때 장례 지내는 것을 흉내내는 것을 보고 다시 시장으로 옮겼다가 학당 근처로 옮기자 비로소 맹자가 예를 배우는 것을 흉내내어 상에 물건을 차리는 놀이를 했다 함. '孟母三遷'의 고사를 말함. 《列女傳》(1)에 "鄒孟軻之母也, 號孟母. 其舍近墓, 孟子之小也, 嬉遊爲墓間之事: 踊躍築埋. 孟母曰: '此非吾所以居處子也.' 乃去, 舍市傍, 其嬉戲爲賈人衒賣之事. 孟母又曰: '此非吾所以居處子也.' 復徙舍學宮之傍, 其嬉遊乃設俎豆揖讓進退. 孟母曰: '眞可以居吾子矣.' 遂居之. 及孟子長, 學六藝, 卒成大儒之名. 君子謂孟母善以漸化"라 함.

【汪踦】제나라가 노나라를 칠 때 노나라 어린이 왕기가 싸움에 나섰다가
전사하자 노나라 사람들이 成人의 예에 맞추어 장례를 치르려고 공자에게
물었다. 이에 “能執干戈以衛社稷, 雖欲勿殤也, 不亦可乎!”라 하였음.(《禮記》
檀弓 下)」

509

　구준寇準은 일곱 살 때 화산을 보고 시를 지으니 이미 누구나 우러러
볼 높은 지위의 기상을 점칠 수 있었다.
　사마광司馬光은 다섯 살 때 물동이를 깨어 아이를 구해냈으니 이미 장래
백성을 구할 재능을 가지고 있음을 미리 알 수 있었다.

「寇公七歲詠山, 已卜具瞻氣象;
　司馬五齡擊甕, 卽占拯溺才猷.」

【寇公】北宋 나라 유명한 재상 寇準.(전출) 그가 7세 때 華山을 보고 “只有
天在上, 更無山與齊. 擧頭紅日近, 回首白雲低”라는 시를 짓자 그 스승이 “어찌
재상이 되지 않으리요!”라 감탄했다 함.(139, 215, 458, 585, 659, 727, 808 참조)
원문의 ‘具瞻’ 모두가 우러러본다는 뜻.《詩經》小雅 節南山에 “赫赫師尹,
民具爾瞻”이라 함.
【司馬】司馬光.(전출) 그가 다섯 살 때 아이들과 함께 놀다가 한 아이가
물동이에 빠지자 모두 도망쳤지만 사마광은 곧바로 물동이를 깨뜨려 아이를
살려냈다 함.(《冷齋夜話》)

510

한 걸음도 걷기 전에 시를 짓는 민첩함을 보인 유공권柳公權은 조식의 칠보시보다 낫다고 할 수 있고,

앉은자리에서 스스로 구별됨을 말했으니 사람들은 사상謝尙을 '안회로다' 한 것이다.

「步處敏於詩, 我道公權過子建;
　坐問言自別, 人稱謝尙是顔回.」

【公權】 당대 서예가이며 문인. 柳公權(778~865)이 열두 살 때 唐 文宗이 그를 불러 시를 짓도록 하였다. 그런데 미처 韻자를 부르기도 전 세 발자국에 이미 시를 완성하였다 함. 이에 문종이 "子建七步, 子乃三步耳. 子過子建多矣"라 칭찬했다 함.(《舊唐書》 柳公權傳, 610, 791 참조) '子建'은 曹子建, 즉 曹植. 〈七步詩〉를 가리킴.(전출, 298, 786, 1002, 1308 참조)

【謝尙】 동진 때 인물(308~357). 그가 여덟 살의 나이로 손님의 술자리 곁에 있게 되었다. 그때 마침 어떤 사람이 "이 아이는 우리 자리의 안회로다"라 하자 대뜸 "여기에 공자가 없는데 어찌 안회를 알아보리요?"라 하였다 함. 《世說新語》 言語篇에 "謝仁祖年八歲, 謝豫章將送客, 爾時語已神悟, 自參上流, 諸人咸共歎之曰: '年少一坐之顔回!' 仁祖曰: '坐無尼父, 焉別顔回?'"라 함. 顔回는 공자의 제자.

511

탓하지 말라. 노동盧仝의 아들이 책상 위의 새로 지은 시를 까맣게 먹물로 엎어버린 것을.

도리어 양호羊祜는 이웃집 뽕나무 아래에서 금팔찌를 찾아낸 것이
가상하도다.

「勿謂盧家兒, 案上翻殘墨汁;
　尚嘉羊氏子, 桑中探出金環.」

【盧家兒】당대 시인 노동(盧仝)이 개구쟁이 아들에게 "갑자기 책상 위 먹물을
엎어 방금 새로 지은 시를 까마귀로 칠했구나"(忽來案上翻墨汁, 塗抹新詩如
老鴉)라는 시 〈示子〉를 지었음.(649, 763, 789 참조)

【羊氏子】西晉 때 羊祜가 겨우 다섯에 유모와 놀다가 유모에게 자신이
가지고 놀던 팔찌를 내놓으라 했으나 없다고 하자 이웃 이씨 집 뽕나무
아래에서 이를 찾아냈다. 그러자 이씨 부인이 이는 자신의 죽은 아들이 가
지고 놀던 것으로 이 아이는 틀림없이 자신의 아들이 환생한 것이라
여겼다.(《晉書》羊祜傳)《搜神記》(卷15)에 "羊祜年五歲時, 令乳母取所弄金鐶.
乳母曰: '汝先無此物.' 祜卽詣鄰人李氏東垣桑樹中, 探得之. 主人驚曰: '此吾
亡兒所失物也. 云何持去?' 乳母具言之. 李氏悲惋. 時人異之"라 함.

512

맥구麥丘의 노인에게 물었더니 나이가 적지 않다고 하였고,
강현絳縣의 노인은 자신의 나이를 갑자로 얼마가 된다고 하였다.

「畝丘人, 問年不少;
　絳縣老, 歷甲何多.」

【畝丘人】麥丘 선생을 말함.《韓詩外傳》(10)에 춘추시대 齊 桓公이 麥丘라는 곳의 노인에게 나이를 묻자 83세라 하여 그에게 정치의 도리를 듣고 감탄한 내용이 있음. "齊桓公逐白鹿, 至麥丘之邦, 遇人, 曰: '何爲者也?' 對曰: '臣, 麥丘之邦人.' 桓公曰: '叟年幾何?' 對曰: '臣年八十有三矣.' 桓公曰: '美哉!' 與之飮曰: '叟盍爲寡人壽也?' 對曰: '野人不知爲君王之壽.' 桓公曰: '盍以叟之壽祝寡人矣?' 邦人奉觴再拜曰: '使吾君固壽, 金玉之賤, 人民是寶.' 桓公曰: '善哉! 祝乎! 寡人聞之矣: 至德不孤, 善言必再. 叟盍優之?' 邦人奉觴再拜曰: '使吾君好學士而不惡問, 賢者在側, 諫者得入.' 桓公曰: '善哉! 祝乎! 寡人聞之, 至德不孤, 善言必三. 叟盍優之?' 邦人奉觴再拜曰: '無使羣臣百姓得罪於吾君, 無使吾君得罪於羣臣百姓.' 桓公不說, 曰: '此言者. 非夫前二言之祝. 叟其革之矣.' 邦人潸然而涕下, 曰: '願君熟思之, 此一言者, 夫前二言之上也. 臣聞子得罪於父, 可因姑姊妹謝也, 父乃赦之. 臣得罪於君, 可使左右謝也, 君乃赦之. 昔者, 桀得罪於湯, 紂得罪於武王, 此君得罪於臣也, 至今未有爲謝也.' 桓公曰: '善哉! 寡人賴宗廟之福, 社稷之靈, 使寡人遇叟於此.' 扶而載之, 自御以歸, 薦之於廟, 而斷政焉. 桓公之所以九合諸侯, 一匡天下, 不以兵車者, 非獨管仲也, 亦遇之於是" 라 함. 그 외에 《新序》(4),《晏子春秋》(諫上),《藝文類聚》(18),《新論》(桓譚) 祛蔽篇,《初學記》(29),《太平御覽》(736, 906) 등 아주 널리 실려 있음.

【絳縣老】《左傳》襄公 30년에 絳縣에서 어떤 노인의 나이를 묻자 "臣. 小人也, 不知紀年. 臣生之歲, 正月甲子朔, 四百有四十五甲子矣"라 함. 이를 계산하면 73세가 됨.

513

소를 타고 함곡관函谷關을 넘어선 이이李耳는 《도덕경》 5천여 자의 비결을 풀어썼고,

위수渭水 가에서 고기 잡던 강태공姜太公은 8백 년 주나라 국운을 낚은 셈이다.

「函谷跨牛, 李耳演道德五千之秘;
　渭川躍鯉, 子牙釣乾坤八百之秋.」

【函谷跨牛】老子가 늙어 靑牛를 타고 函谷關을 나서자 關尹喜가 글을 써
달라고 부탁하여《老子(道德經)》5천여 자를 써 주었다 함.《史記》老莊申韓
列傳에 "老子脩道德, 其學以自隱無名爲務. 居周久之, 見周之衰, 酒遂去. 至關,
關令尹喜曰: ‘子將隱矣, 彊爲我著書.’ 於是老子酒著書上下篇, 言道德之意
五千餘言而去, 莫知其所終"이라 함.
【渭川躍鯉】姜太公(呂尙, 子牙)이 여든이 넘어 위수에서 낚시를 할 때 주 문왕을
만남.(《史記》周本紀) ‘八百之秋’는 주나라 歷年이 8백 년임을 말함.

514

　늙어 진인이 되어 아이를 낳으면 그 아이는 햇빛 아래 그림자가 없다고
하였으니 누구의 아이일까?
　만약 신선이 되는 법을 익혀 성공하여 단약을 남겨두었더니 개와 닭도
이를 먹고 승천하였다면 과연 그럴까?

「是誰運動老陽, 生子欲無日影;
　若個學成玄法, 燒丹臆有霞光.」

【老陽】늙음의 양기. 漢나라 때 陳留라는 곳에서 어떤 90세의 노인이 젊은
아내를 다시 얻어 아들을 낳았다. 뒤에 재산 문제가 생기자 전처 소생의
장자가 이는 친생자가 아닐 것이라 하여 소송을 제기하였다. 그러자 당시

재상 丙吉이 "그대 아버지는 진인일 것이다. 내 듣기로 眞人이 낳은 아이는 그림자가 없고 추위를 이겨내지 못한다더라" 하면서 같은 또래 아이들을 불러 옷을 벗겨 추위에 세웠더니 그 아이만은 춥다고 울었고 햇빛 아래 뛰게 했더니 과연 그림자가 나타나지 않았다고 한다.(《韻府群玉》)

【成玄法】漢나라 淮南王 劉安(淮南子)은 여덟 노인에게 신선술을 배워 단약을 만들어 신선이 될 때에 마침 그 남은 약을 닭과 개들도 먹여 함께 승천하였다고 한다. 이를 흔히 '鷄犬昇天'이라 한다.(《神仙傳》劉安) '成玄法'은 신선술을 성취하는 법이라는 뜻. '霞光'은 승천을 뜻함.

515

영계기榮啓期는 거친 옷을 걸치고도 길을 걸으며 자신이 낙원에 살고 있다고 노래하였고,

소광疏廣은 해골이나 거두도록 사직을 허락해 달라고 하니 사람들이 모두 떠나는 길에 모여 전별해 주었다.

「榮啓期能擴襟懷, 行歌樂土;
　疏太傅乞歸骸骨, 飮餞都門.」

【榮啓期】영계기라는 사람은 거친 옷을 입고 가난하게 살면서도 자신의 즐거움 세 가지를 말함.《列子》天瑞篇에 "孔子遊於太山, 見榮啓期行乎郕之野, 鹿裘帶索, 鼓琴而歌. 孔子問曰: '先生所以樂, 何也?' 對曰: '吾樂甚多: 天生萬物, 唯人爲貴. 而吾得爲人, 是一樂也. 男女之別, 男尊女卑, 故以男爲貴. 吾旣得爲男矣, 是二樂也. 人生有不見日月·不免襁褓者, 吾旣已行年九十矣, 是三樂也. 貧者士之常也, 死者人之終也, 處常得終, 當何憂哉?' 孔子曰: '善乎! 能自寬者也.'"라 함.

【疏太傅】한나라 疏廣.《춘추》에 밝아 宣帝 때 博士로서 太子太傅가 되었으며 그 조카 疏受가 太子少傅가 되었음. 이에 5년 만에 두 사람 모두 병을 핑계로 사직을 청하자 모든 사람들이 도성문에 모여 성대하게 전별식을 해 주었다 함.(《漢書》疏廣傳) '乞歸骸骨'(乞骨)은 '해골이나 돌아가게 해 달라'는 뜻으로 나이 들어 사직을 청하는 뜻으로 쓰임.

516

험윤獫狁이 주나라를 침범하자 방숙方叔은 늙은 나이에 나가 싸워 한 해 세 번 승전보를 알려왔고,

강족羌族 선령부先零部가 한나라를 배반하자 조충국趙充國은 늙은 나이에 자신이 토벌에 나서겠다고 자청하였다.

「獫狁侵周, 方叔邁年秦三捷;

　先零叛漢, 充國頹齡請一行.」

【獫狁】고대 중국 북방의 이민족 이름으로 匈奴의 전신. 西周 宣王 때 대신 方叔이 늙은 나이에 험윤을 토벌하면서 한 달에 세 번 승전의 소식을 알려왔음.(《詩經》小雅 采芑)

【趙充國】漢나라 宣帝 때 西羌族 先靈部가 반란을 일으키자 선제가 재상 丙吉에게 누구를 장군으로 삼을 것인가를 묻자 이를 들은 조충국이 일흔이 넘은 나이에 자청하여 전장으로 나감.(《漢書》趙充國傳) '頹齡'은 이가 다 빠진 나이를 뜻함.

517

이백약李百藥은 늙을수록 재능이 새로웠고, 노포별盧蒲嫳은 늙어 머리가 빠질수록 못된 심보가 더욱 커지기만 했다.

「李百藥才新而齒則宿, 盧蒲嫳髮短而心甚張.」

【李百藥】 당대 사학가이며 시인으로 어릴 때 병이 많아 할머니가 '백약'으로 이름을 지었다 함.(545~648) 그가 일흔이 넘어 〈帝京賦〉라는 글을 완성하자 高祖가 감탄하며 "齒則宿而才甚新也"라 함.(《舊唐書》 李百藥傳, 《唐才子傳》)
【盧蒲嫳】 춘추 제나라 사람으로 반란에 연루되어 거 땅으로 귀양을 갔음. 뒤에 齊侯가 그곳에 사냥하러 들렀을 때 이미 나이도 많고 머리도 빠져 더 이상 쓸모가 없는 사람이니 풀어달라고 하자 제후의 아들 子雅가 "머리카락은 짧아졌지만 못된 심보는 더 늘어났다"(彼其髮短而心甚長)라 하면서 더 먼 北燕 땅으로 추방했음.(《左傳》 昭公 3년)

⊛ 참고

〈老壽幼誕〉편 ‘續增’6聯

○ 「樂易者壽常長; 秀徹者神自異.」

○ 「林類百歲, 拾穗行歌; 孔融四齡, 讓梨知法.」

○ 「白香山七旬致仕, 九老成圖;
　　齊榮顯九歲知兵, 千戶代任.」

○ 「唐制有童子科, 淸室有千叟宴.」

○ 「薄滋味, 少慍怒, 丁總管果得壽徵;
　　曉文義, 解音聲, 張幼孫驟邀寵錫.」

○ 「壽康者半由人事, 幼慧者悉本天成.」

17. 신체 身體

❋ 본 장은 신체 각 부위에 관련된 재미있는 일화와 그에 얽힌 고사, 전설 등에 대한 설명이다.(총 74연)

〈人形銅燈〉(戰國 齊) 1957 山東 諸城 출토

518

몸은 피와 살로 갖추어져 있고, 오관은 귀천의 차별이 있다.

「百體皆血肉之軀, 五官有貴賤之別.」

【百體】 인체의 각 부위는 백여 가지가 된다 함.(《禮記》樂記)
【五官】 耳目鼻口形.《荀子》天論에 "耳·目·鼻·口·形, 能各有接而不相能也, 夫是之謂天官. 心居中虛, 以治五官, 夫是之謂天君"이라 함.

519

요堯임금의 눈썹은 여덟 가지 문채로 나뉘어 있었고, 순舜임금의 눈은 눈동자가 겹이었다.

「堯眉分八彩, 舜目有重瞳.」

【堯眉·舜目】 요임금의 눈썹은 여덟 가지 색깔이었으며(《春秋元命苞》), 순임금의 눈동자는 각각 두 개씩 겹쳐 있었다 함.(《史記》項羽本紀贊)

520

우禹임금의 귀는 귓구멍이 셋으로 기이한 형상이었고,
탕湯임금의 팔은 팔꿈치가 넷으로 기이한 모습이었다.

「耳有三漏, 大禹之奇形;
　臂有四肘, 成湯之異體.」

【三漏】우임금(大禹)의 귀는 귓구멍이 세 개씩이었다 함.(《論衡》 骨相)
【四肘】탕임금(成湯)의 팔에는 팔꿈치가 네 개였다 함.(《論衡》 骨相)

521

문왕文王은 용의 얼굴에 호랑이 눈썹이었
으며, 한漢 고조高祖는 가슴이 넓고 콧잔등이
높았다.

「文王龍顔而虎眉, 漢高斗胸而龍準.」

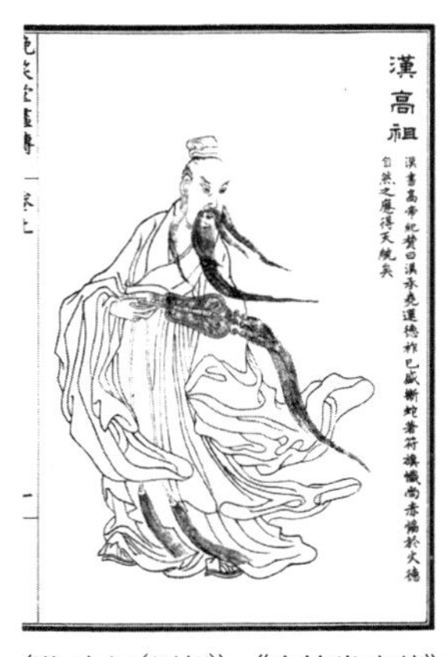

〈漢 高祖(劉邦)〉《晩笑堂畫傳》

【龍顔】 문왕의 얼굴은 용과 같고 어깨는 호랑이와 같았다 함.《帝王世紀》
'虎眉'는 '虎肩'의 오기.
【斗胸】 한 고조(劉邦)는 가슴이 넓고 코가 매우 높았다고 함. 龍準은 콧잔등이
매우 높은 모습.《河圖》

522

공자孔子의 이마는 움푹 패였고, 문왕文王의 가슴에는 4개의 젖꼭지가
있었다.

「孔子之頂若圩, 文王之胸四乳.」

【圩】 공자의 이마는 움푹 패여 이마가 넓고 사방이 튀어나온 상태였다 함.
《史記》孔子世家에 "孔子生魯昌平鄕陬邑. 其先宋人也, 曰孔防叔. 防叔生伯夏,
伯夏生叔梁紇. 紇與顔氏女野合而生孔子, 禱於尼丘得孔子. 魯襄公二十二年
而孔子生. 生而首上圩頂, 故因名曰丘云. 字仲尼, 姓孔氏"라 함. '圩'는 '凹'와
같음.
【四乳】 문왕은 가슴에 네 개의 젖꼭지가 있었다 함.《淮南子》脩務訓

523

주공周公의 손바닥은 뒤로 젖힐 수 있어 주나라를 흥하게 할 상이었고,
중이重耳는 옆구리 갈비뼈가 붙어 있어 패자覇者가 될 상이었다.

「周公反握, 作興周之相;
　重耳騈脅, 爲霸晉之君.」

【反握】주공의 손은 매우 부드러워 손바닥을 뒤로 젖힐 수 있었다 함.(《相法》)
【騈脅】重耳(春秋시대 晉文公)의 옆구리 갈비뼈는 붙어 있었다 함.(《左傳》僖公
　　23년에 중이가 曹나라에 이르렀을 때 "及曹, 曹共公聞其騈脅, 欲觀其裸. 浴, 薄而
　　觀之. 僖負羈之妻曰: ‘吾觀晉公子之從者, 皆足以相國. 若以相, 夫子必反其國. 反其國,
　　必得志於諸侯. 得志於諸侯, 而誅無禮, 曹其首也. 子盍蚤自貳焉!’乃饋盤飧, 寘璧焉.
　　公子受飧反璧”이라 함.(637 참조)

524

이는 모두가 옛 성인의 뛰어난 모습으로, 범상하지 않은 귀한 생김이었다.

「此皆古聖之英姿, 不凡之貴品.」

525

몸과 머리카락 한 올도 다치거나 상하게 해서는 안 된다 하였으니 이는
증자曾子가 항상 몸을 지키는 것을 큰 임무로 삼은 것이요,
　사람을 대하면서 도량이 커야 하니 남이 얼굴에 침을 뱉아도 저절로
마를 때까지 기다리라 함은 누사덕婁師德이 귀하게 여긴 태도이다.

「至若髮膚不可毁傷, 曾子常以守身爲大;
　待人須當量大, 師德貴於唾面自乾.」

【曾子】효성으로 이름난 공자의 제자. 曾參. 그가 지은 것으로 알려진 《孝經》
첫머리에 "身體髮膚, 受之父母, 不敢毁傷, 孝之始也"라 함.
【師德】婁師德(630~699). 당대 장수로 무측천 때 재상을 지냄. 그의 아우가
代州를 진수하러 떠날 때 인내를 제일로 삼도록 당부하면서 '남이 침을
뱉더라도 그것이 얼굴에서 저절로 마를 때까지 기다리라'(唾面自乾)고 함.
(《舊唐書》婁師德傳. 245, 310 참조)

526

참언의 말이 사람을 중상함은 쇠붙이도 녹이고 뼈도 녹일 수 있다.
학정과 가렴주구는 그 살갗을 두드리고 그 골수를 빨아먹는다.

「讒口中傷, 金可鑠而骨可銷;
　虐政誅求, 敲其膚而吸其髓.」

【讒言】'衆口鑠金'(衆口爍金)을 말함. 많은 입은 쇠도 녹임.(《戰國策》, 《史記》
張儀列傳)
【虐政】'鼓骨吸髓'라 함. 가혹한 정치는 백성의 뼈를 두드리고 골수를 빨아
먹는 일과 같음. 馮桂芬의 〈請減蘇松太浮糧疏〉에 "向來暴斂橫征之吏, 所謂
鼓骨吸髓者, 至此而亦無骨可鼓, 無髓可吸矣"라 함.

527

남이 끌어당기는 것을 '체주'掣肘라 하고,
부끄러움을 모르는 것을 '후안'厚顔이라 한다.

「受人牽制, 曰掣肘;
　不知羞愧, 曰厚顔.」

【掣肘】 팔꿈치를 끌어당겨 불가함의 의견을 몰래 알리는 것.(《戰國策》)
《新序》(2)에 "魯君使宓子賤爲單父宰, 子賤辭去, 因請借善書者二人, 使書憲
書敎品, 魯君予之. 至單父, 使書, 子賤從旁引其肘, 書醜, 則怒之; 欲好書, 則又
引之. 書者患之, 請辭而去. 歸以告魯君. 魯君曰: '子賤苦吾擾之. 使不得施其善
政也.' 乃命有司, 無得擅徵發單父, 單父之化大治"라 하였으며,《孔子家語》
屈節解篇과《呂氏春秋》具備篇에도 실려 있음.
【厚顔】 '厚顔無恥'와 같음. 얼굴이 두꺼워 부끄러움을 모름.(《荀子》解蔽) 한편
唐나라 때 王光遠이라는 자가 권세를 부리며 백성을 괴롭히자 당시 사람
들이 "光遠顔厚如千重鐵甲"이라 함.

528

의론을 잘 만들어내는 것을 '요순고설'搖脣鼓舌이라 하고,
마을 속을 터놓고 이야기하는 것을 '촉슬담심'促膝談心이라 한다.

「好生議論, 曰搖脣鼓舌;
　共話衷腸, 曰促膝談心.」

【搖脣鼓舌】말로 선동이나 유세를 잘 하는 것.《莊子》盜跖에 "搖脣鼓舌,
擅生事非"라 함.
【促膝談心】무릎을 맞대고 마음을 터놓고 이야기 함.(《抱朴子》疾謬) '충장'은
진실한 감정을 뜻함.

529

'노발충관'怒髮衝冠은 인상여藺相如의 영웅스러운 기운이 드날리는 모습
이요,
　'자수가열'炙手可熱은 당나라 최현崔鉉의 권세가 불꽃같음을 말하는
것이다.

「怒髮衝冠, 藺相如之英氣勃勃;
　炙手可熱, 唐崔鉉之貴勢炎炎.」

【藺相如】전국시대 조나라 藺相如가 '完璧歸趙'할 때 벽을 머리에 대고 궁궐
기둥에 함께 부수겠다고 하면서 '노발충관'(노한 기운이 관을 뚫고 나옴)
하였다 함.(《史記》廉頗藺相如列傳, 219, 375, 723, 738, 888 참조)
【崔鉉】당나라 때 인물로 魏國公에 봉해졌으며 대단히 권세를 부렸던 인물
이라 함.《新唐書》崔鉉傳에 "崔鉉所善者鄭魯, 楊紹復, 段瓌, 薛蒙. 頗參議論,
時語曰: '鄭楊段薛, 炙手可熱; 欲得命通, 魯紹瓌蒙.'"이라 함. '炙手可熱'은
원본에는 '炙手可熱'로 잘못되어 있음. 손이 델 정도로 뜨겁다는 뜻.

530

‘모습은 수척하나 천하가 살찔 것’이라 한 것은 당 현종玄宗이 자신을
두고 한 말이요,
‘입에는 꿀이지만 배에는 칼을 품고 있다’라 한 것은 이임보李林甫의
사람됨을 표현한 것이다.

「貌雖瘦而天下肥, 唐玄宗之自謂;
　口有蜜而腹有劍, 李林甫之爲人.」

【唐玄宗】당 현종이 어느 날 거울을 보고 있을 때 좌우가 “지난날보다 여위
셨습니다”라 하자 현종이 “나는 비록 여위었으나 천하는 반드시 살이 찔
것이다”(吾貌雖瘦, 天下必肥)라 함.(《新唐書》韓休傳)
【李林甫】당나라 현종 때의 재상으로 음험하여 ‘口蜜腹劍’의 고사를 낳음.
(《資治通鑑》唐玄宗天寶元年, 420, 735 참조)

531

조자룡趙子龍의 몸 전체는 담으로 되어 있어 담이 큼을 말한 것이요,
주周 영왕靈王은 태어나면서 바로 수염이 있었다 하니 천하가 태평할 징조
였다.

「趙子龍一身都是膽, 周靈王初生便有鬚.」

【趙子龍】趙雲(?~229). 삼국시대 蜀漢의 대장으로 자는 子龍. 그가 일찍이
수십 騎의 군사로 조조의 대군에 맞서자 조조가 "몸 전체가 모두 膽이로다"
(大膽한 자를 뜻함)라고 칭찬했다 함.(《三國志》蜀志 趙雲傳 注)
【周靈王】周 靈王은 태어날 때 이미 수염이 나 있어 이로써 천하가 태평할
징조라 하였음.(《左傳》昭公 26년)

532

내준신來俊臣은 죄인의 코에 식초를 부어 고문했으니 법 밖의 흉악한
짓을 한 것이요,

엄광嚴光은 황제의 배에 발을 올려놓았으니 그가 귀한 신분임을 잊었던
것이다.

「來俊臣注醋於囚鼻, 法外行凶;
　嚴子陵加足於帝腹, 忘其尊貴.」

【來俊臣】당나라 때 혹리.(651~697) 그는 죄수의 코에 식초를 부어 자백
하도록 고문했다 함.(《新唐書》來俊臣傳)
【嚴子陵】嚴光. 자가 子陵이었음. 劉秀가 황제(東漢 光武帝)가 되자 은거하였
는데 광무제가 여러 차례 불렀으나 응하지 않다가 겨우 낙양에 가서 만나
밤새도록 옛정을 나누게 되었다. 그때 그 날 밤 잠자리에서 다리를 광무제의
배에 올려놓았음. 이튿날 太史(점치는 관리)가 "객성이 황제의 별자리를 범하
더이다"(客星犯帝座)라 하자 광무제가 "어젯밤 친구 엄광과 잠자리를 함께
했었을 뿐이오"(朕與故人子陵共臥耳)라 하였다 함.(《後漢書》逸民傳. 089, 620
참조)

남에게 무릎을 꿇어보지 않았으니 곽자의郭子儀는 재상보다 높았던 것이요,

오두미五斗米를 위해 허리를 꺾지 않겠다 하여 도연명陶淵明은 관리를 위해 머리를 숙이지 않았다.

「久不屈茲膝, 郭子儀尊居宰相;
　不爲米折腰, 陶淵明不拜吏胥.」

【郭子儀】 당나라 때 장군.(전출) 당시 田承嗣가 魏 땅을 점거하고 있을 때 곽자의가 사람을 보내자 전승사가 사신이 오는 서쪽을 향해 절을 하면서 "나의 이 무릎이 남에게 꿇어보지 않은 지 십여 년 만에 처음으로 곽자의를 향해 무릎 꿇고 절을 하는구나"(茲膝不屈于人 十年矣, 今乃爲郭公拜)라 함.(《新唐書》 郭子儀傳)

【陶淵明】 陶潛(356~427). 동진의 유명한 전원 시인. 시호는 靖節. 그가 팽택령이었을 때 군의 督郵(공문 전달자)가 와서 "정복을 차려 입고 맞이해야 합니다"(當束帶見之)라 하자 "내 어찌 오두미의 작은 봉록을 위해 향리의 소아에게 허리를 꺾으리오?"(吾安能爲五斗米, 折腰向鄕里小兒邪)라 하고 그 날 즉시 관직 을 버리고 고향으로 돌아오며 〈歸去來辭〉를 지음.(《晉書》 陶潛傳, 614, 020, 793 참조)

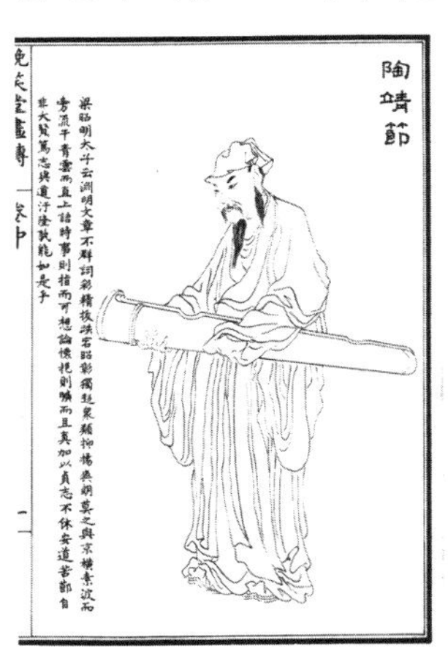

〈陶淵明(靖節)〉《晚笑堂畫傳》

534

‘이제 떠나면 이 늙은이 보지 못하리’라 한 것은 양박楊璞이 처에게
받은 시이며,
‘막 벗긴 닭머리 같은 살이 보이는구나’라 한 것은 당 현종이 양귀비
젖을 두고 한 말이다.

「斷送老頭皮, 楊璞得妻送之詩;
　新剝雞頭肉, 明皇愛貴妃之乳.」

【楊璞】 송대 隱士로 眞宗이 그를 불러 올 때 누가 시를 지어주지 않았는가를
문자 자신의 아내가 시를 지어 보내주었다면서 “더 이상 술에 빠지지도
말고, 더구나 미친 듯이 시 잘 짓는다고 뽐내지도 마시오. 오늘 잡혀 궁중
으로 가고 나면 이번이 이 늙은이 얼굴 끝인가 하오”(更無落魄眈杯酒, 切莫
猖狂愛作詩. 今日捉將宮裡去, 這回斷送老頭皮)라 하자 진종이 웃으며 돌아가게
해 주었다 함.(《東坡志林》,《仇池筆記》)
【明皇】 양귀비가 목욕을 끝내고 화장을 하면서 치마가 흘러 젖꼭지 하나가
노출되자 현종이 “부드럽고 따뜻하게 계두육이 벗겨져 나왔구나”(軟溫新剝
鷄頭肉)라 하였다 함. ‘鷄頭肉’은 물 속 鷄頭蓮이라는 연꽃이 물 위로 처음
연붉은 꽃이 올라올 때 젖꼭지 같다 함.(《楊貴妃外傳》)

535

가늘고 예쁜 손가락을 ‘봄 죽순竹筍 같다’ 하고, 아름다운 눈길을 ‘추파
秋波 같다’ 한다.

「纖指如春筍, 媚眼若秋波.」

【春筍】봄의 여린 죽순. 여자의 예쁜 손가락을 말함.《剪燈新話》連理樹記에
“春筍纖纖玉鏡前”이라 함. 王履道의 시에 “供盤春筍楊妃指, 薦酒紅鱉西子脣”
이라 함.
【秋波】여인의 아름다운 눈동자나 눈길. 가을 물에 비친 맑은 햇빛을 뜻함.
뒤에 유혹이라는 뜻으로 바뀜. 蘇軾의 〈百步洪〉에 “佳人未肯回秋波”라 하였
으며, 黃山谷의 시에 “新婦磯頭眉黛愁, 女兒蒲口眼秋波”라 함.

536

어깨를 ‘옥루’玉樓라 하고, 눈을 ‘은해’銀海라 한다.

「肩曰玉樓, 眼名銀海.」

【玉樓·銀海】도가에서 어깨를 ‘옥루’라 하고, 눈동자를 ‘은해’라 한다 함.
蘇軾의 〈雪後書北臺壁〉에 “凍合玉樓寒起栗, 光搖銀海眩生花”라 함.

537

눈물을 ‘옥저’玉筯라 하고, 정수리를 ‘주정’珠庭이라 한다.

「淚曰玉筯, 頂曰珠庭.」

【玉筯】'玉箸'와 같음. 옥으로 된 젓가락. 미녀의 눈물을 말함. 李白의 〈閨情〉
　에 "玉筯日夜流"라 하였고, 《六帖》에 "魏甄后面白, 淚雙垂如玉箸"라 함.
【珠庭】머리 정수리. 《陳書》高祖紀에 "珠庭日角, 龍行虎步"라 하였으며, 당
　李絳이 華州刺史로 출임할 때 李班이 만나보고 "日角珠庭, 非庸人相"이라 함.

538

　짐을 내려놓고 쉬는 것을 '식견'息肩이라 하고, 굴복하지 않는 것을
'강항'强項이라 한다.

「歇擔曰息肩, 不服曰强項.」

【息肩】어깨를 쉬게 함. 《左傳》襄公 2년에 "鄭成公疾, 子駟請息肩於晉. 公曰:
　'楚君以鄭故, 親集矢於其目, 非異人任, 寡人也. 若背之, 是棄力與言, 其誰曙我?
　免寡人, 唯二三子.' 秋七月庚辰, 鄭伯睔卒"이라 함.
【强項】목이 뻣뻣함. 전혀 굽히지 않음을 뜻함.(《後漢書》楊震傳, 289, 674,
　707 참조)

539

정위丁謂는 남의 수염에 묻은 음식을 털어 주었으니 그 아첨이 대단
하였고,

팽락彭樂은 칼을 맞아 삐쳐 나온 창자를 잘라버리고 계속 전투를 하였
으니 역시 용감하지 않은가?

> 「丁謂爲人拂鬚, 何其諂也;
> 彭樂截腸決戰, 不亦勇乎.」

【丁謂】 송나라 때 인물(966~1037). 眞宗을 섬기며 처음 寇準과 친한 사이였
으나 뒤에 틈이 생김. 그가 참정이었을 때 어느 날 구준과 회식을 하면서
국물이 구준의 수염에 묻자 이를 나서서 닦아줌. 그러자 구준이 "참정
정도면 나라의 대신인데 남의 수염이나 닦아주어서야 되겠소?"(參政, 國之
大臣, 乃爲人拂鬚耶)라고 핀잔을 주자 그 때부터 사이가 멀어져 결국 구준을
밀어내고 재상이 되었다고 함.(《宋史》 寇準傳, 139, 215, 458, 509, 585, 659, 727,
808 참조)
【彭樂】 北齊 때의 대장으로 그가 周文과 전투를 벌일 때 상처를 입어 창자가
배 밖으로 나오자 칼로 이를 자르고 계속 싸웠다 함.(《北史》 彭樂傳)

540

제 살을 베어 아픈 상처를 때움은 눈앞의 급한 것을 우선 해결하고
보자는 것이요,

가슴을 다쳤는데 발을 만지는 것은 여러 군사를 안심시키려는 계책
이었다.

「剜肉醫瘡, 權濟目前之急;
　傷胸捫足, 計安衆士之心.」

【剜肉醫瘡】제 살을 베어 아픈 데를 때움. 뒷일을 생각지 아니하고 우선 급한
것을 처리함. 唐 聶夷中의 〈傷田家〉시에 "이월에는 미리 길쌈 돈을 꾸어
쓰고 오월에는 새로 날 곡식 주기로 하고 꾸어먹네, 눈앞에 난 상처 고치겠
다고 가슴속의 살을 베는 꼴일세"(二月賣新絲, 五月糶新穀; 醫得眼前瘡, 剜却
心頭肉)라 함.(924 참조)
【傷胸捫足】가슴을 다쳤는데 발을 만지고 있음. 楚漢戰에서 유방이 항우와
대전 중에 가슴에 활을 맞자 유방이 허리를 굽혀 발을 만지며 군사를 안심
시켰다 함.(《史記》高祖本紀)

541

한나라 장량張良은 고조高祖의 발을 밟고 귀를 잡아당겨 한신韓信의
요구를 들어줄 것을 일러주었고, 동방삭東方朔이 만난 팔천 년 살았다는
황미옹黃眉翁은 골수를 씻고 털을 뽑아 몸을 바꾸었다.

「漢張良躡足附耳, 黃眉翁洗髓伐毛.」

【張良】楚漢戰에서 劉邦이 한창 불리할 때 韓信이 편지를 보내어 자신을 齊王으로 봉해줄 것을 요구하자 유방이 크게 화를 냈음. 이 때 장량이 유방의 발을 밟고 귀를 잡아당겨 "허락하여 그를 안심시키십시오. 반란하도록 두어서는 안됩니다"라 함.(《史記》淮陰侯列傳)

【黃眉翁】눈썹이 노란 노인이라는 뜻. 어느 날 東方朔이 바닷가에 이르러 어떤 노파가 뽕을 따는 것을 보았다. 곁에 있던 黃眉翁이 "이는 옛날 내 아내라오. 나는 밥 대신 기를 삼키는 도인술을 행하여 구천 살이 되었다오. 3천 년에 한번 뼈를 뒤집어 골수를 씻고 2천 년에 한 번씩 살갗을 벗기고 털을 뽑는다오. 내 이미 세 번 뼈를 씻었고 다섯 번 털을 뽑았다오"(此昔爲吾妻, 吾却食吞氣, 九千餘歲. 三千年一返骨洗髓, 二千年一剝皮伐毛, 吾已三洗髓五伐毛矣)라 하였다 함.(《洞冥記》)

542

윤계륜尹繼倫은 얼굴이 검어 거란군이 '흑면대왕'黑面大王이라 불렀고, 부요유傅堯兪는 송 태후가 '금옥군자'金玉君子라 불렀다.

「尹繼倫, 契丹稱謂黑面大王;
　傅堯兪, 宋后稱謂金玉君子.」

【尹繼倫】송나라 시대의 장군(947~996). 그의 얼굴이 검어 거란군이 그를 '흑면대왕'이라 불렀음.(《宋史》尹繼倫傳)

【傅堯兪】송나라의 정치가(1024~1091). 감찰사와 중서시랑 등을 역임하면서 성품이 곧고 직간을 잘하여 태황태후가 "傅侍郎, 金玉君子也"라 하였다 함.(《宋史》傅堯兪傳)

543

'흙이나 나무처럼 그대로 둔 몸'이란 전혀 꾸미지 않은 자신을 말하고,
'철석같은 심장'이란 자신의 성품을 굳건하게 지킴을 말한다.

「土木形骸, 不自妝飾;
　鐵石心腸, 秉性堅剛.」

【土木形骸】몸을 말함. 자연스럽게 흙이나 나무처럼 두어도 본래 타고난
　품격이 있다는 뜻.《晉書》嵇康傳에 "嵇康, 身長七尺八寸, 美詞氣, 有風儀,
　而土木形骸, 不自藻飾, 而龍章鳳姿, 天質自然"이라 함.
【鐵石心腸】마음과 의지가 철석처럼 굳셈. 皮日休 〈梅花賦序〉에 "余嘗慕宋
　廣平之爲人, 貞姿勁質, 剛態毅狀, 疑其有鐵石心腸, 不解吐辭婉媚乃爾"라 함.

544

서로 모여 뜻이 합하는 회담을 '득파지미'得把芝眉라 하고,
멀리 떠나 만나기 어려움을 '구위안범'久違顔範이라 한다.

「敍會晤, 曰得把芝眉;
　敍契闊, 曰久違顔範.」

【會晤】 모여서 같은 주제를 놓고 토론하여 의견 화합을 이룸.
【得挹芝眉】 당나라 元德秀는 자가 紫芝이고 호는 노산(魯山)이었다. 관직을
버리고 은거하였으니, 흉년에 먹을 것이 없어도 그저 거문고나 타면서 마음을
달래고 있을 뿐이었다. 마침 친구 房琯이 그를 만나 이야기를 해보고 감탄
하여 “자지(원덕수)의 神彩를 보면 사람으로 하여금 명리에 대한 마음을 모두
사라지게 한다”(見紫芝眉宇, 令人名利之心都盡)라 하였다.(《新唐書》卓行 元德
秀傳) ‘眉宇’는 눈썹에 나타나 보이는 神彩를 말한다.
【契闊】 친구로서 멀리 헤어져 있으나 변함이 없는 우정을 가진 것을 말함.
《後漢書》獨行 范冉傳에 “行路倉卒, 非陳契闊之所”라 함.
【久違顔範】 ‘오래도록 그대의 훌륭한 모습을 볼 수 없다’는 뜻. ‘顔範’은 얼굴을
뜻하며 상대를 높여 부르는 말.

545

여자 손님을 청할 때 ‘봉아금련’奉迓金蓮이라 하고,
친구를 청할 때는 ‘감반옥지’敢攀玉趾라 한다.

「請女客, 曰奉迓金蓮;
　邀親友, 曰敢攀玉趾.」

【奉迓金蓮】 ‘그대의 금련을 받들어 모십니다’의 뜻. ‘金蓮’은 南朝 齊나라 潘妃의
고사.(438 참조)
【敢攀玉趾】 ‘옥지’는 옥과 같은 걸음걸이라는 뜻으로 남의 행차를 높여 일컫는
것.(655 참조)《左傳》僖公 26년에 “寡君聞君親擧玉趾, 將辱于敝邑”이라 함.

546

‘주유’侏儒는 사람의 키가 작은 것을 말하는 것이요, ‘괴오’魁梧는 모습이 아주 기이하게 생긴 것을 일컫는 말이다.

「侏儒謂人身矮, 魁梧稱人貌奇.」

【侏儒】 키가 아주 작은 사람. 주로 궁중의 광대나 배우의 역할을 하였음. (《荀子》王霸) 한편 漢나라 東方朔이 자신의 봉록이 적은 것에 불만을 품고 주유들을 불러 “임금이 너희들을 죽이려 한다”(上欲殺汝等)라 거짓말을 하였다. 이에 놀란 이들이 임금에게 알리자 임금이 동방삭을 불러 물었다. 이에 동방삭이 “난쟁이는 키가 석 자밖에 안 되는데도 월급이 곡식 한 자루요, 저는 키가 아홉 자나 되는데도 똑같이 곡식 한 자루입니다. 난쟁이는 배가 터져 죽고 저는 배가 고파 죽게 되어 있습니다”(侏儒長三尺, 月俸一囊粟; 臣九尺餘, 月俸亦一囊粟. 侏儒飽欲死, 而臣飢欲死)라 하여 임금이 그 꼴계를 높이 샀다 함.
【魁梧】 키가 아주 큰 거인.(《史記》 留侯世家贊)

547

용의 무늬에 봉황새 자태는 조정에서 큰 일을 할 사람이요,
노루 머리에 쥐 눈의 형상은 초야에 묻힐 하찮은 사람의 상이다.

「龍章鳳姿, 廟廊之彦;
　獐頭鼠目, 草野之夫.」

【龍章鳳姿】 제왕이나 귀인의 용모를 두고 하는 말. 용의 무늬와 봉황의 상태.
《新唐書》太宗紀에 태종이 어릴 때 어떤 書生이 그를 보고 "龍鳳之姿, 天日
之表, 其年弱冠, 必能濟世安民"이라 하였다 함.
【廟廊】 조정을 말함.
【獐頭鼠目】 관상법에 얼굴이 노루처럼 생기거나 쥐 눈처럼 생긴 상은 매우
　빈천하거나 교활한 것으로 보았음.《新唐書》李揆傳에 "龍章鳳姿之士不見用,
　獐頭鼠目之子乃求官"이라 함.

548

겁을 너무 심하게 먹은 모습을 일러 '외수외미'畏首畏尾라 하고,
감복하여 잊지 못함을 일러 '각골명심'刻骨銘心이라 한다.

「恐怯過甚, 曰畏首畏尾;
　感佩不忘, 曰刻骨銘心.」

【畏首畏尾】 발끝부터 머리끝까지 겁을 먹은 모습.《左傳》文公 17년에 "畏首
　畏尾, 身其餘幾"라 함.
【刻骨銘心】 뼛속 깊이 새겨 잊지 않음. '刻骨難忘'과 같음.(李白 〈上李長史書〉)

549

못생기고 추한 것을 표현할 때 '불양'不颺이라 하고, 아름다운 모습을 말할 때 '관옥'冠玉이라 표현한다.

「貌醜曰不颺, 貌美曰冠玉.」

【不颺】 용모가 누추한 모습. '不揚'과 같음. 《左傳》昭公 28년에 "昔賈大夫惡, 娶妻而美, 三年不言不笑. 御以如皐, 射雉, 獲之, 其妻始笑而言. 賈大夫曰: '才之不可以已. 我不能射, 女遂不言不笑夫!' 今子少不颺, 子若無言, 吾幾失子矣. 言之不可以已也如是! 遂如故知"라 함.(335 참조)

【冠玉】 모자에 수식한 옥. 남자의 아름다움을 뜻함. 《史記》陳丞相世家에 진평이 너무 잘생겨 마치 '冠上玉'과 같았으며 이를 보고 張負가 자신의 손녀 딸을 아내로 주면서 "豈有美如陳平而長貧賤者乎?"라 하였다 함. 뒤에 과연 진평은 漢 高祖를 도와 曲逆侯에 봉해짐.

550

절름발이 걸음을 '만산'蹣跚이라 하고, 귀가 먹은 것을 '중청'重聽이라 한다.

「足跛曰蹣跚, 耳聾曰重聽.」

【蹣跚】걸음이 뒤뚱거림. 첩운연면어.

【重聽】청각을 잃어서 듣지 못함. 거듭 두 번씩 말해주어야 함.《漢書》循吏
 黃覇傳에 黃覇가 潁川太守였을 때 그 부하에 長史 벼슬을 하는 許丞方이
 있었다. 그런데 그가 나이가 들어 귀가 멀자 郡의 綠事가 내쫓기를 품계하니
 황패가 "許丞廉吏, 重聽何傷!"이라 했음.

551

'기기애애'期期艾艾는 말을 더듬는 것을 일컫는 것이요,
'첩첩편편'喋喋便便은 말이 많은 모습을 말하는 것이다.

「期期艾艾, 口訥之稱;
　喋喋便便, 言多之狀.」

【期期艾艾】말을 더듬음. '期期'는 漢 高祖가 태자를 바꾸려 하자 周昌이
"臣口不能言, 然臣期期知其不可. 陛下欲廢太子, 臣期期不奉詔"라 함.(《史記》
周昌傳) 그리고 晉나라 鄧艾가 文帝 앞에서 말을 더듬으며 자신의 이름
'艾'를 반복하자 "卿云艾艾, 定是幾艾?"라 한 데서 유래됨.《世說新語》
言語篇에 "鄧艾口吃, 語稱 '艾艾'. 晉文王戱之曰: '卿云艾艾, 爲是幾艾?' 對曰:
'鳳兮, 鳳兮, 故是一鳳.'"이라 함.

【喋喋便便】말이 많은 모습.

552

조심하고 조심함은 칭찬받을 일이요, 말만 크고 부끄러움을 모르는 것은
비루하게 여길 일이다.

「可嘉者小心翼翼, 可鄙者大言不慚.」

【小心翼翼】 매우 조심하는 모습.《詩經》에 "維此文王, 小心翼翼"이라 함.

553

가는 허리를 '유요'柳腰라 하고, 몸이 작아 약한 것을 '계륵'鷄肋이라 한다.

「腰細曰柳腰, 身小曰鷄肋.」

【柳腰】 여자의 가는 허리. 438 참조.
【鷄肋】 닭의 갈비 부분. 원래 먹을 수도 없고 버리기도 아까운 것을 비유한
말이나 여기서는 나약한 신체를 말함.《晉書》劉伶傳에 유령이 어떤 속인과
다툼이 벌어져 그가 옷을 벗고 덤벼들자 "鷄肋豈足以當老拳?"이라 함.

554

남의 이가 빠진 것을 놀려 '구두대개'狗竇大開라 하고,
어떤 일을 결정하지 못하는 것을 놀려 '수서분사'首鼠僨事라 한다.

「笑人齒缺, 曰狗竇大開;
　譏人不決, 曰首鼠僨事.」

【狗竇大開】개구멍이 크게 열림. 晉나라 張玄祖가 8세에 이가 빠져 사람들이
"君口何爲大開狗竇?"라 놀리자 대뜸 "正使君等從此中出入"이라 하였음.
【首鼠僨事】쥐가 머리를 내밀고 오도가도 못하며 망설임. '僨事'는 일을
　그르침을 뜻하며 《大學》에 "一言僨事"라 함.

555

'구중자황'口中雌黃이란 사물에 대해 말을 해놓고 자꾸 고치는 것을
말하는 것이요,
'피리춘추'皮裏春秋란 마음 속에 칭찬과 비평이 다 들어 있음을 일컫는
것이다.

「口中雌黃, 言事而多改移;
　皮裏春秋, 心中自有褒貶.」

【口中雌黃】 雌黃은 안료로 사용하는 광물질. 고대 黃紙에 글씨를 쓰다가 착오가 나면 이 자황으로 지우고 고쳐 썼음. 晉나라 王衍이 玄談을 논할 때면 주장을 펴다가 자신이 없으면 얼른 이를 고쳐 말한 데서 '구중자황' 이라는 성어가 유래됨.(《晉書》 王衍傳)

【皮裏春秋】 겉으로는 남의 의견에 전혀 평론을 하지 않지만 마음 속에는 모든 포폄을 다하고 있음을 말함.《춘추》는 공자가 지은 역사책으로 포폄의 기준을 微言大義에 두고 있음을 뜻함. 진나라 褚裒(季野)는 남의 말에 대응이 없어 이를 두고 桓彝가 "季野有皮裡陽秋"라 함.(《晉書》 褚裒傳) '양추'는 '춘추'와 같음.

556

'순망치한'唇亡齒寒은 피차 서로 의지함을 잃을 때 쓰는 말이요,
'족상수하'足上首下란 존비의 자리가 뒤바뀜을 말하는 것이다.

「唇亡齒寒, 謂彼此之失依;
　足上首下, 謂尊卑之顚倒.」

【唇亡齒寒】 입술이 없으면 이가 시림.《左傳》 僖公 5년에 晉나라가 虞나라의 길을 빌려 虢나라를 칠 것이라 하면서 뇌물을 주자 이를 우나라 임금이 허락하려 함. 이에 신하 宮之奇가 "우나라와 괵나라는 입과 입술 같은 사이로 하나가 망하면 다른 하나도 온전할 수 없다"고 한 말에서 유래됨.

【足上首下】 상하의 존비가 뒤바뀜을 말함.《儀禮》 喪服에 "父子, 首足也"라 함.

557

하는 일에 득의했을 때 '토기양미'吐氣揚眉라 말하고,
남을 성심으로 대할 때 '추심치복'推心置腹이라 말한다.

「所爲得意, 曰吐氣揚眉;
　待人誠心, 曰推心置腹.」

【吐氣揚眉】오랫동안의 곤액에서 벗어나 활개를 폄을 뜻함. 李白의 〈與韓
　荊州書〉에 "何惜階前盈尺之地, 不使白揚眉吐氣, 激昂靑雲耶?"라 함.
【推心置腹】진심으로 사람을 대접함을 뜻함.(《後漢書》光武帝本紀)

558

마음이 황란함을 '영대靈臺가 어지럽다'라 하고, 취하여 흐트러진 모습을
'옥산이 무너졌다'라 한다.

「心慌曰靈臺亂, 醉倒曰玉山頹.」

【靈臺】정신을 담고 있는 신체 부분, 심장.《莊子》庚桑楚에 "不可內於靈臺"
　라 함.
【玉山】몸. '玉山頹'는 술이 취하여 흐트러진 모습을 뜻함.《世說新語》容止에
　山濤가 嵇康을 두고 "岩岩若孤松之獨立. 其醉也, 如玉山之將頹"라 함.

559

잠을 '흑첨'黑甛이라 하고, 누워 쉬는 것을 '식언'息偃이라 한다.

「睡曰黑甛, 臥曰息偃.」

【黑甛】 달콤한 잠. 蘇軾의 〈發廣州〉 시에 "三杯軟飽後, 一枕黑甛餘"라 하고
自注에 "俗謂睡爲黑甛"이라 함.
【息偃】 누워서 휴식을 취함. 《詩經》 小雅 北山에 "或息偃在牀"이라 함.

560

'구상유취'口尚乳臭란 세상에 나이가 어려 아는 것이 없음을 말하는
것이요,
　'삼절기굉'三折其肱이란 의사가 노련하여 경험이 많은 것을 일컫는 것이다.

「口尚乳臭, 謂世人年小無知;
　三折其肱, 謂醫士老成諳練.」

【口尚乳臭】 '입에서 아직 젖비린내가 나다'의 뜻. 어린 나이를 뜻함. 《漢書》
高帝紀에 魏王 豹가 반란을 일으키자 고조가 한신을 시켜 치도록 하면서
역이기(酈食其)에게 "저쪽 위나라 장수가 누구냐?"라 물었다. 이에 "柏植이란

자입니다”라 하자 고조가 “이는 입에서 젖비린내가 나는 녀석이니 어찌 우리
한신을 당하겠는가!”(是兒口尙乳臭, 安能當吾韓信)라 한 데서 나온 말.
【三折其肱】남의 팔을 세 번은 꺾어봐야 명의가 된다는 뜻으로 풍부한 경험
이 중요함을 뜻함.《左傳》定公 13년에 “三折肱, 知爲良醫”라 함.

561

서시西施가 아파서 가슴을 쳤더니 그 아름다움이 더욱 더 한 줄 알고,
이웃집 못생긴 여자가 이를 흉내내니 잘하려다 오히려 졸렬하게 되었
도다.

「西子捧心, 愈見增姸;
　醜婦效顰, 弄巧反拙.」

【西子捧心】서시가 가슴이 아파 이를 두드림. 西子는 西施. 446 참조.
【醜婦效顰】'效顰'은 '얼굴 찡그림을 그대로 흉내내다'의 뜻.

562

혜안을 가져야 비로소 도골道骨을 알게 되고, 육안으로는 현인을 식별해
낼 수가 없다.

「慧眼始知道骨, 肉眼不識賢人.」

【慧眼】 불교용어로 진리를 터득하고 나서의 눈. 《無量壽經》에 “慧眼見眞,
  能度彼岸”이라 함.
【肉眼】 육체적인 눈. 俗眼.(《涅槃經》純陀品)

563

노비의 무릎이나 얼굴처럼 하다 보니 그 아첨하는 얼굴이 가히 혐오
스럽고,
  어깨까지 들썩이고 웃으며 아첨하니 그 태도를 참아내기 어렵다.

「婢膝奴顏, 諂容可厭;
  脅肩諂笑, 媚態難堪.」

【婢膝奴顏】 노비의 무릎과 얼굴. 비굴하게 굴어 남의 환심을 사려 함을 뜻함.
  陸龜蒙 〈江湖散人歌〉에 “奴顏婢膝眞乞巧, 反以正直爲癡狂”이라 함.
【脅肩諂笑】 어깨까지 들썩거리며 웃어 아첨을 부리는 것.(《孟子》滕文公 下)

564

자신의 간을 펴 보이듯이 하는 충언은 임금의 약이 되는 것이요,
부인의 긴 혀는 재앙으로 올라가는 계단이다.

「忠臣披肝, 爲君之藥;
　婦人長舌, 爲屬之階.」

【忠臣披肝】 충신은 진심을 다해 간언하기를 마치 자신의 간을 펴 보이듯이 함.
　(사마광 〈體要疏〉)
【婦人長舌】 여자의 말이 많음을 뜻함. '화를 불러온다'는 뜻. 《詩經》大雅
　瞻印에 "婦有長舌, 維厲之階"라 함.

565

일이 마음먹은 대로 완성되는 것을 일러 '여원'如願이라 하고,
부끄러운 일을 저질렀을 때 '한안'汗顏이라 한다.

「事遂心, 曰如願;
　事可愧, 曰汗顏.」

【如願】 원하는 대로 됨. 원래 靑草湖의 湖神 靑洪君의 婢女 이름. 盧陵의 상인
　歐明이란 사람이 청초호를 지나면서 늘 배에서 물건을 호수에 던져 水神에게
　고마움을 표했다. 그러던 어느 날 한 수신의 관리가 나타나 수신 청홍군이
　그대를 모셔오도록 하였다 하면서 "어떤 물건을 주거든 받지 말고 단지
　如願이라는 婢女를 달라고 하라"(若有所贈, 君勿取, 但求如願耳)라고 일러
　주었다. 이에 청홍군이 여원이라는 비녀를 주자 그를 데리고 와서 큰 부자가
　되었다 한다.(《錄異記》)
【汗顏】 부끄러운 일을 하여 얼굴에 땀을 흘림.

566

사람이 말이 많은 경우를 '요설'饒舌이라 하고,
사물 중에 먹을 만한 것을 '가구'可口라 한다.

「人多言, 曰饒舌;
　物堪食, 曰可口.」

【饒舌】 말이 많아 소문을 잘 퍼뜨림.(《北齊書》斛律金傳) 한편 당나라 때
閭邱胤이 丹陽牧이었을 때 갑자기 두통이 나자 豊于라는 자가 물을 품으며
기도하자 곧바로 나았다. 여구윤이 기이하게 여겨 가르쳐 줄 것을 요구하자
풍우는 國淸寺에 가면 文殊菩薩과 普賢菩薩을 뵙게 될 것이니 그리 찾아
가라 하였다. 이에 여구윤이 가보았더니 두 스님이 화로를 끼고 앉아 있었다.
이들이 바로 寒山과 拾得이었으며 "풍우는 수다쟁이구면"(豊于饒舌也)이라
하였다 함.(《傳燈錄》)
【可口】 '可於口'의 줄인 말. 음식이 입에 맞음. 먹을 만함.

567

은혜가 마른 뼈에까지 미치니 이는 서백西伯의 깊은 어짊이요,
쑥 뜸의 고통을 나누어 했으니 이는 송 태조太祖의 우애였다.

「澤及枯骨, 西伯之深仁;
　灼艾分痛, 宋祖之友愛.」

【澤及枯骨】주나라 西伯(文王) 昌이 연못을 파다가 죽은 사람의 뼈가 나오자 제사를 지내고 잘 묻어주었다. 그러자 사람들이 "그 은택이 마른 뼈에까지 미치게 하니 하물며 산 사람에게랴?(西伯澤及枯骨, 況於人乎) 함.(《新序》)
【灼艾分痛】宋 太祖는 동생이 아파 뜸을 뜨게 되었을 때 동생이 고통스러워 하자 자신도 곁에서 뜸을 뜨며 고통을 함께 나누었다 함.(300 참조)

568

당 태종太宗은 신하가 자신의 수염으로 병을 고칠 수 있다고 하자 직접 그 수염을 잘라 주었고,

안고경顔杲卿은 적을 꾸짖기를 그치지 않자 적이 그의 혀를 잘라버렸다.

「唐太宗爲臣療病, 親剪其鬚;
　顔杲卿罵賊不輟, 賊斷其舌.」

【唐太宗】당나라 때 이적(李勣)이 병이 들어 의사가 '龍鬚(황제의 수염)를 태워 가루를 약으로 써야 한다'고 하자 太宗은 자신의 수염을 잘라 보냈다고 함.(《新唐書》 李勣傳)
【顔杲卿】당나라 때의 충신(692~756)이며 顔眞卿의 종형. 그가 常山太守로 있을 때 安祿山의 난이 일어나 안진경과 함께 군사를 이끌고 후미를 끊음. 뒤에 결국 상산이 함락되어 잡히게 되자 그 앞에서 끝없이 안록산을 꾸짖어 참다못한 안록산이 그의 혀를 잘라버림.(《新唐書》 忠義 顔杲卿, 752 참조)

569

횡역橫逆을 따지지 않음을 '치지도외'置之度外라 하고,
적군의 사정을 모두 통찰하고 있음을 '이입장중'已入掌中이라 한다.

「不較橫逆, 曰置之度外;
　洞悉虜情, 曰已入掌中.」

【置之度外】 度外視함.(《後漢書》隗囂傳)
【已入掌中】 적정을 아주 깊이 알고 있어 이미 손 안에 있는 것과 같이 여김.
(《資治通鑑》眞安帝義熙五年) 한편 鄒聖脈 주에 《朱子綱目》을 인용하여 劉裕가
南燕을 정벌할 때 남연이 나오지 못하자 유유가 희색이 만면하였음. 이에
좌우가 묻자 "兵已過險, 士有必死之志. 餘糧棲畝, 人無匱乏之憂, 賊已入吾
掌中矣"라 함.

570

마량馬良은 눈썹이 희어 홀로 무리 중에 뛰어났었고,
완적阮籍이 푸른 눈으로 보면 이는 호감을 가진 자라는 뜻이다.

「馬良有白眉, 獨出乎衆;
　阮籍作靑眼, 厚待乎人.」

【白眉】삼국시대 馬良의 하얀 눈썹으로 가장 특출하였음.(300참조)
【靑眼】검은 눈동자(黑眼)를 말함. 완적은 속된 사람을 보면 눈을 희게 하고
(白眼) 의견이 투합하는 사람을 보면 파랗게 하기도(靑眼) 하였다 함.(《晉書》
阮籍傳)

571

이를 갈 미운 놈 옹치雍齒이기에 여러 장수를 안심시킬 계책으로 활용
하였고,
　눈물을 머금고 정공丁公을 죽인 것은 배반한 신하를 바르게 처리하는
법을 세우고자 함이었다.

「咬牙封雍齒, 計安衆將之心;
　含淚斬丁公, 法正叛臣之罪.」

【雍齒】고조 유방이 가장 미워했던 인물. 고조가 천하를 평정한 후 혈족과
공신을 봉할 때 불만들이 터지자 張良이 평소 가장 미웠던 자가 누구냐고
물었다. 고조가 雍齒라는 놈이라 하자 그러면 그자를 먼저 봉하면 다들
안심할 것이라 하였다. 이에 장량의 계책을 실행하자 모두 "옹치 같은 자도
봉을 받는데 나야 당연하겠지"라 하였다.(《漢書》高帝紀, 《新序》)
【丁公】원래 항우의 부하대장으로서 좁은 곳에서 短刀를 쥐고 유방에게 덤비자
유방이 '서로 사나이로서 이렇게 싸울 필요가 있는가?'라 하여 물러섬. 뒤에
항우가 죽고 나자 이를 버리고 유방에게 빌붙었다. 그러자 유방이 아까워
하면서도 "丁公爲項王臣, 不忠"이라 하며 참형에 처해버렸다.(《史記》季布
欒布列傳)

572

수레에 과일이 가득하였음은 반악潘岳이 잘생겨 여인들의 인기를 얻었기 때문이요,

돌만 잔뜩 싣고 돌아왔음은 장맹양張孟陽이 너무 못생겨 남의 미움을 샀기 때문이었다.

「擲果盈車, 潘安仁美姿可愛;

　投石滿載, 張孟陽醜態堪憎.」

【潘安仁】 진나라 때 유명한 시인 潘岳.(203, 477 참조) 그는 아주 훤출한 미남이어서 그가 길에 나서면 많은 여자들이 과일을 던져 타고 가는 수레에 가득하였다고 한다.(《晉書》潘岳傳)
【張孟陽】 매우 못생겨 거리에 나서면 많은 아이들이 그에게 돌을 던지며 놀려 되돌아오곤 하였다고 한다.(《語林》)

573

일 중에 괴이한 것은 부인에게 수염이 난 것이요,
사람을 놀라게 하는 소문은 남자가 아이를 낳았다는 것이다.

「事之可怪, 婦人生鬚;

　人所駭聞, 男人誕子.」

【婦人生鬚】《搜神記》 등에 여자가 수염이 났다는 이야기는 상당히 많이 실려 있다. 한편 당나라 때 李光弼의 어머니 이씨도 수염이 수십 개가 나서 5, 6치나 자랐다고 한다.(《舊唐書》 李光弼傳)

【男人誕子】 이러한 괴담도 역시 《수신기》 등에 널리 실려 있으며, 《晉書》 五行志에(下) "光熙元年, 會稽謝眞生子"라 하였다.

574

물건을 구해 급한 데 쓰는 것을 일러 '연미지급'燃眉之急이라 하고, 후회만 하고 이룸이 없는 것을 '서제하급'噬臍何及이라 한다.

「求物濟用, 曰燃眉之急;
　悔事無成, 曰噬臍何及.」

【燃眉之急】 눈썹이 타는 급한 상황.《五燈會元》 法泉禪師에 "問如何是急切一句? 慧曰: 火燒眉毛"라 함.

【噬臍何及】 이룰 수 없는 일. 자신의 배꼽을 물 수는 없음. '後悔莫及'과 같음. 《左傳》 莊公 6년에 "若不早圖, 後君噬齊(臍)"라 함.

575

사정이 서로 아무런 관련 없는 것은 마치 '진나라 월나라 사람이 서로 뚱뚱하건 말랐건'하고 보는 것과 같고,

일에 근본을 따져보아야 하는 것은 마치 훌륭한 의사가 오직 그 질환의
정신 문제를 알아보아야 하는 것과 같다.

「情不相關, 如秦越人之視肥瘠;
　事當探本, 如善醫者只論精神.」

【秦越】 진나라는 서북쪽, 월나라는 서남쪽이어서 서로 전혀 서로 상관이 없음.
　韓愈 〈諍臣論〉에 "視政之得失, 若越人視秦人之肥瘠, 忽焉不加喜戚于其心"
　이라 함.
【善醫】 훌륭한 의사는 겉으로 드러난 증상으로 치료하는 것이 아니라 정신
　상의 문제 등 내재적인 것을 잘 판별함.

576

아무런 공도 없이 녹만 먹고 있는 것을 일러 '시위소찬'^{尸位素餐}이라 하고,
천박하여 무능한 것을 일러 '행시주육'^{行尸走肉}이라 한다.

「無功食祿, 謂之尸位素餐;
　讔劣無能, 謂之行尸走肉.」

【尸位素餐】 밥만 먹고 하는 일은 없음. 《漢書》 朱云傳에 "今朝廷大臣, 上不
　能匡主, 下亡以盜民, 皆尸位素餐"이라 함. '尸'는 제사에 신을 대신하여 앉아
　있는 아이. '尸童'을 가리킴.

【行尸走肉】몸체와 살덩어리가 걸어다님. 쓸모 없는 사람을 지극히 비하한
 표현. 《拾遺記》에 "好學者, 雖死若存; 不學者, 雖存行尸走肉耳"라 함.

577

늙을수록 더욱 건장하여야 하니 어찌 백발을 근심하고 있겠으며,
궁할수록 더욱 굳세어야 하니 그래야 청운의 뜻이 사라지지 않으리라.

「老當益壯, 寧知白首之心?
　窮且益堅, 不墜靑雲之志.」

【老當益壯】늙을수록 더욱 건장함. 唐 王勃의 〈滕王閣序〉에 "所賴君子安貧,
 達人知命. 老當益壯, 寧知白首之心? 窮且益堅, 不墜靑雲之志"라 함.

578

숨소리 하나만 남았어도 이 뜻을 조금도 해이하게 함을 용납할 수 없고,
열 손가락이 가리키고 있으니 어찌 스스로 자신의 마음을 속일 수 있겠
는가?

「一息尙存, 此志不容少懈;
　十手所指, 此心安可自欺?」

【一息尙存】조그마한 숨소리 하나만 남아 있어도 세운 의지를 소홀히 할 수
없음.《論語》泰伯篇 “曾子曰:「士不可以不弘毅, 任重而道遠. 仁以爲己任,
不亦重乎? 死而後已, 不亦遠乎?」”의 朱熹 주에 “一息尙存, 此志不容少懈”라 함.
【十手所指】모든 사람이 손가락으로 가리킴. 언행이 중요함을 뜻함.《大學》에
“十目所視, 十手所指, 其嚴乎!”라 함.

▶ 增文

579

'고대'高臺란 머리를 일컫는 말이요, '광택'廣宅은 얼굴을 일컫는 말이다.

「高臺曰頭, 廣宅云面.」

【高臺】 불경에서 머리를 '高臺'라 하고 얼굴을 '雲宅'이라 함. '廣宅'은 '운택'과 같은 것이 아닌가 함.(《事物異名錄》形貌에 인용된 《黃庭經》)

580

무리와 아주 다를 때 그 수염을 '우사于思라 부른다' 하고,
보통 사람과 아주 다르게 생겼을 때 그 손가락이 '병모騈拇가 되었다' 한다.

「頓殊於衆, 鬚號于思;
　迥異乎人, 指生騈拇.」

【于思】 수염을 말함. 《左傳》 宣公 2년에 "華元多鬚, 伐鄭, 爲鄭敗. 宋人歌曰: 于思于思, 棄甲復來"라 함.
【騈拇】 엄지와 둘째 손가락이 붙은 상태. 《莊子》 騈拇篇에 "騈拇枝指, 豈性也哉?"라 함. 본 장과 다음 장(581) 두 장은 《復旦大本》에는 누락되고 없음.

581

하안何晏의 얼굴은 분을 바른 듯이 하얗고, 진秦 장공莊公은 얼굴에 광채가 나는 붉은 빛이었다.

「何平叔面猶傅粉, 秦莊公顔若渥丹.」

【何平叔】何晏(?~249). 자는 平叔. 삼국시대 魏나라 사람으로 老莊에 밝았음. 그의 얼굴은 분을 바른 듯이 희어 사람들이 '傅粉何郞'이라 함.(《世說新語》 容止)

【秦莊公】춘추시대 秦나라 임금. 그는 얼굴이 붉고 광택이 있었다 함. '渥丹'은 광채가 나며 붉은 모습.《詩經》秦風 終南에 "顔如渥丹, 其君也哉"라 함. 그러나 이는 襄公을 두고 노래한 것이며 장공이 아님.

582

고필古弼은 머리가 붓처럼 생겨 '필공'筆公이라는 영웅의 칭호로 불렸고, 장창張蒼은 배가 박만큼 커서 후세까지 좋은 명성을 남겼다.

「古尙書頭尖似筆, 偏擅英稱;
　張太僕腹大如瓠, 更垂好譽.」

【古尙書】古弼(?~452). 北魏 때 尙書를 지냄. 그의 생김은 머리가 마치 붓과
같아 '筆公', '筆頭'라 불렀다 함.(《北史》後魏 古弼傳)
【張太僕】張蒼(?~B.C. 152). 西漢 때의 학자로 몸이 크고 배가 불룩하였다 함.
(《漢書》張蒼傳)

583

가히 백성의 임금이 될 상이었으니 바로 유요劉曜는 수염이 다섯 자나
되었다.

능히 제왕의 스승이 될 자였으니 장량張良은 혀가 세 치나 뽑을 수
있었다.

「可作生民主, 劉曜垂五尺之鬚;
　能爲帝者師, 張良掉三寸之舌.」

【劉曜】十六國시대 前趙의 군주(?~329). 흉노족이었음. 그는 생김이 특이하고
수염이 다섯 자나 되었다 함.(《晉書》載記 劉曜傳)
【張良】서한의 劉邦을 도와 漢나라를 일으킨 명신. 留侯에 봉해짐.(《史記》
留侯世家) '掉三寸之舌은 언변에 뛰어남을 뜻함.

584

상유한桑維翰은 얼굴이 한 자라 하였으니 재상으로서 기이한 형상이요,

비간比干은 심장에 구멍이 일곱이라 하였으니 충신으로 특이한 내장을 가진 것이다.

「維翰一尺面, 宰相奇形;
　比干七竅心, 忠臣異蘊.」

【維翰】桑維翰(898~947). 五代 때의 洛陽 사람으로 詞賦에 뛰어났으며 처음 石敬塘의 書記였음. 뒤에 권세가 극성하여 거만금을 모으기도 하였음. 매우 키가 작으면서 얼굴은 한 자나 되었다 함. 그가 거울을 보면서 "七尺之身, 不如一尺之面"이라 자신하였다 함.(《新五代史》桑維翰傳)
【比干】殷나라 말기의 귀족이며 紂王의 숙부. 심하게 간언을 하자 紂王이 "성인의 심장은 구멍이 일곱이라던데 한 번 열어보자" 하며 그의 심장을 해부하였다 함.(《史記》殷本紀)

585

영웅은 스스로 특별한 것이 있으니 모두들 '구준寇準의 코고는 소리는 마치 우레 같았다' 하였다.
준걸은 비범함이 있으니 '왕융王戎의 눈빛은 번개와 같다' 하였다.

「英雄當自別, 僉云寇來公鼻息如雷;
　俊傑卻非凡, 始信王濬沖目光若電.」

【寇萊公】寇準(139, 215, 458, 509, 659, 727, 808 참조). 송 시대의 재상. 거란이 침입하여 구준이 출정했을 때 진종이 시찰을 나왔더니 구준은 코를 심하게 골며 자고 있었다. 이에 임금이 "이렇게 편안히 잠을 자고 있는 걸 보니 틀림없이 이길 계산이 있는 게로군. 내 무엇을 걱정하겠는가"(渠安枕如此, 必有勝算也, 朕何憂!)라 하였다 함.(《夢溪筆談》)

【王濬沖】王戎(234~305). 자는 濬沖. 죽림칠현의 하나. 왕융은 태어났을 때 생김이 준수하고 해를 보아도 눈이 부시지 않다고 하여 裴楷가 이상히 여겨 "戎眼爛爛如岩下電"이라 함.(《晉書》王戎傳)

586

유비劉備는 어깨를 덮을 정도의 큰 귀를 가졌으니 필경 왕이 될 상이었으며,
가슴에 난 털이 덥수룩하니 덕겸德謙선사는 스스로 성불할 만하였다.

「垂肩耳大, 劉先主畢竟興王;
　蓋膽毛深, 德謙師自當成佛.」

【劉先主】劉備. 삼국 蜀漢의 임금. 유비는 귀가 어깨를 덮을 정도로 컸다고 함.(《三國志》蜀志 先主傳)

【德謙】고승 德謙大師. 《德謙大師語錄》에 어떤 스님이 배례를 하면서 "사흘만 보지 않아도 옛날에 본 것으로 여기지 않아야 합니다"(三日不相見, 莫作舊時看)라 하자 덕겸선사가 가슴을 열어 보이며 "너는 나의 이 가슴 털이 몇 가닥이 있다고 말할 수 있는가?"(你道我這裡有幾莖蓋膽毛) 하였다 함. 선문답의 일종임. '蓋膽毛'는 가슴의 털을 말함.

587

악비岳飛는 등에 글씨를 새겼으니 충성을 다할 것을 더욱 보인 것이요,
영포英布는 이마에 묵형을 받은 흔적을 가지고 있으나 어찌 그것이
추하게 보였겠는가?

「岳公刺背間之字, 愈見心忠;
　英布黥面上之痕, 何嫌貌醜?」

【岳公】 岳飛(1103~1142). 金나라의 남침에 맞서
싸웠던 남송의 명장. 악비의 어머니가 아들의
등에 “盡忠報國”이라는 네 글자를 문신하였으며
그가 전공을 세우자 高宗이 “精忠岳飛”라는
비단 旗를 내려주었다 함.(《宋史》 岳飛傳, 707,
710 참조)
【英布】 西漢의 명장으로 젊을 때 죄를 지어 이마
에 묵형을 받아 '黥布'라 불림. 처음 項羽를 따라
나서 九江王이 되었다가 劉邦에게 귀부하여
淮南王에 봉해짐.(《史記》 黥布傳)

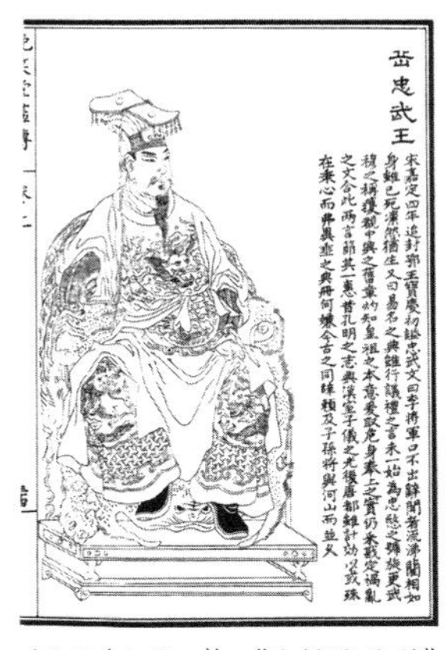

〈岳飛(忠武王)〉《晚笑堂畫傳》

588

소칙蘇則은 정직한데 어찌 자신의 무릎을 간신배의 베개로 삼도록
두었겠는가?

임온林蘊의 진실한 충성은 자신의 목이 못된 자의 숫돌로 삼도록 하지는 않았다.

「蘇生正直, 膝豈容佞士作枕頭;
　林蘊精忠, 項不使頑奴爲砥石.」

【蘇生】蘇則. 삼국 魏나라 때 인물로 董昭가 어느 날 그의 무릎을 베고 눕자 소칙이 동소의 머리를 내려놓으면서 "소칙의 무릎이 교활한 자의 베개가 될 수 없지"(昭則膝非佞人枕)이 함.(《三國志》魏志 蘇則傳)
【林蘊】당나라 때 인물로 劉闢이 반란을 일으키자 이를 심하게 꾸짖었다. 이에 임온을 회유하려고 칼을 그의 목에 대고 가는 시늉을 하며 위협을 하자 도리어 "죽는 것은 죽는 것이다. 그러나 내 목이 어찌 숫돌이겠는가?"(死便死, 吾項豈砥石耶)라 하였다 함.(《新唐書》儒學 林蘊傳)

589

저연褚淵의 수염은 창과 같았으나 어찌 그것이 난을 일으키라는 것이 었겠는가?
이담李瞻의 쓸개는 되만큼 컸으나 대절大節을 어그러뜨리는데 쓰지는 않았다.

「彦回之鬚似戟, 豈爲亂階;
　李瞻之膽如升, 不虧大節.」

【彦回】褚淵(435~482). 南朝 宋 文帝의 사위. 자가 彦回. 어느 날 저녁 늦도록
그가 관서에 있을 때 공주가 찾아왔다. 그가 전혀 움직이지 않자 공주가
"그대의 수염은 마치 창처럼 날카로운데 어찌 장부의 기개는 없소?"(公鬚
如戟, 何得無丈夫氣)라 함. 이에 저연은 "내 비록 민첩하지 못하나 감히 먼저
나서서 계단을 뛰어넘을 수 없소"(回雖不敏, 不敢首爲亂階)라 함. 결국 그는
蕭道成(南朝 齊나라 첫 황제)과 모의하여 송나를 멸하고 제나라의 南康郡公의
봉을 받았음.(《南史》褚淵傳)
【李瞻】南朝 梁나라 侯景의 亂 때 李瞻이 나서서 이를 막다가 결국 적에게
잡혀 살해되었다. 그때 그의 배를 갈라보니 쓸개가 되(升)만큼 컸다고 함.
(《南史》侯景傳)

590

장수양張睢陽의 매운 열기는 손을 쥐어 손톱이 뚫고 나올 정도였고,
　노중련魯仲連의 의를 위한 꾸짖음은 이빨을 물어 이가 잇몸을 뚫을
정도였다.

「張睢陽鼓烈氣, 握拳透爪;
　魯仲連噴義聲, 嚼齒穿齦.」

【張睢陽】張巡. 그가 叛軍을 심하게 꾸짖으며 손을 쥐자 그의 손톱이 손바닥
을 뚫고 나왔다 함. 그러나 《舊唐書》張巡傳에는 이런 기록이 없음.
【魯仲連】전국시대 노중련이 난신을 꾸짖으며 이를 갈아 이빨이 잇몸을 뚫고
들어갔다 하나 《史記》魯仲連鄒陽列傳,《戰國策》등에는 이런 기록이 없음.
그러나 蘇軾의 《東坡志林》偶書에 "張睢陽生猶罵賊, 嚼齒穿齦; 顔平原死
不忘君, 握拳透掌"이라는 표현이 있어 이를 인용한 것이 아닌가 함.

591

당진党進은 배만 불룩하였지 지모는 많지 못하였고,
이위李緯는 한갓 수염이나 만지기를 좋아하였으니 그 나이에 맞는 인물
이라 하기에는 부족하였다.

「党進雖然大腹, 非多算之人也;
　李緯徒有好鬚, 不足齒之傖歟.」

【党進】 북송 때 인물(약 929~약 979)로 都指揮使, 節度使 등을 지냈으며 힘만
　세고 지모는 없었다 함.(李燾《長編》)
【李緯】 唐初의 인물로 태종이 그를 尚書로 임명하려 하자 房玄齡이 "그는
　수염이나 만지기를 좋아하는 자입니다"(此人好鬚)라 하여 무능함을 일러
　주자 할 수 없이 洛州刺史로 보내버렸다 함.(《舊唐書》 房玄齡傳) '傖'은 남을
　낮추어 부르는 말. '녀석' 정도에 해당함.

⊛ 참고

〈身體〉편 '續增' 8聯

○「古謂思想本諸心, 今謂靈智原於腦.」

○「大腦居小腦之前, 脊髓在延髓之下.」

○「腦神經, 脊神經, 分布全體;
　　知覺系, 運動系, 各有專司.」

○「骨胳爲搘挂之干, 肌肉有伸縮之能.」

○「外部之作用, 五官四肢主之;
　　內部之機關, 五臟六腑司之.」

○「消化器, 呼吸器, 循环器, 排泄器, 相助爲用;
　　多血質, 膽汁質, 神經質, 粘液質, 所禀不同.」

○「爲健全之身體, 斯有健全之精神;
　　欲保衛其身家, 必先保衛其軀干.」

○「故敎育家恒重體育, 而生理學兼及衛生.」

18. 의복衣服

※ 본 장은 역대 이래 의복의 명칭과 유래, 그리고 인의예절을 위한 복식제도에 대한 설명과 아울러 의복에 관련된 일화와 고사 등을 모아 설명하고 있다.(총 36연)

〈女史箴圖〉 顧愷之 大英博物館 소장

592

모자를 '원복'元服이라 하고, 옷을 '신장'身章이라 한다.

「冠稱元服, 衣曰身章.」

【元服】'元'은 頭와 같아 머리에 쓰는 모자를 '원복'이라 함.(《儀禮》士冠禮)
《釋名》에 "冠居首, 故曰元服"이라 함.
【身章】몸을 장식하여 신분을 나타냄.《身章撮要》에 "衣服, 身之章也"라 함.
 (635 참조)

593

'변'弁, '후'冔, '면'冕은 모두 모자에 대한 호칭이요,
'이'履, '석'舃, '사'屣는 모두가 신발에 대한 이름이다.

「曰弁·曰冔·曰冕, 皆冠之號;
  曰履·曰舃·曰屣, 悉鞋之名.」

【弁·冔·冕】弁은 귀족의 모자로 皮弁(무관)과 爵弁(문관)의 구별이 있었음.
(《尙書》金縢) 冔 역시 殷代의 모자.《儀禮》士冠禮에 "周弁, 殷冔, 夏收"라 함.
冕은 제왕이나 제후 및 경대부들이 쓰던 모자.(《淮南子》主術)

【履·舃·屐】 모두 신발의 명칭. 《身章撮要》에 "朝服曰履, 祭服曰舃, 燕服曰屐"
라 함.

594

높은 벼슬하는 자의 명복命服에는 '구석'九錫이 있고, 선비가 처음 관례를
행할 때는 '삼가'三加라는 것이 있다.

「上公命服有九錫, 士人初冠有三加.」

【九錫】 고대 帝王이 공이 있거나 권세가 있는 제후에게 내리던 아홉 가지
　　물건. 《禮緯》에 "禮有九錫: 一輿馬, 二衣服, 三樂則, 四朱戶, 五納陛, 六虎賁,
　　七弓矢, 八斧鉞, 九秬鬯"이라 함.(《說苑》 등 참조) '命服'은 一命부터 九命까
　　지의 관직 등급에 맞는 복장을 말함.
【三加】 고대 남자의 冠禮(성년식)에 세 번 바꾸어 쓰는 모자. 처음 緇布冠을
　　쓰며 다음으로 皮弁, 세 번째 爵弁을 씀.(《儀禮》 士冠禮)

595

'잠영'簪纓, '진신'縉紳은 벼슬하는 자를 칭하는 것이요,
'장보'章甫, '봉액'縫掖은 유가들이 입는 복장을 말한다.

「簪纓・縉紳, 仕宦之稱;
　章甫・縫掖, 儒者之服.」

【簪纓・縉紳】簪은 비녀, 纓은 갓끈. 고대 귀족의 장식. '진신'은 허리띠로 笏을 꽂을 수 있도록 한 장식. 모두 귀족의 장식을 가리키며 귀족, 紳士라는 뜻으로 쓰임.

【章甫・縫掖】'장보'는 모자.《禮記》儒行에 "孔子長居宋, 冠章甫之冠"이라 함. '縫掖'은 '逢衣'라고도 하며 소매가 넓은 옷으로 儒者들이 입었음.《禮記》儒行에 "孔子少居魯, 衣縫掖之衣"라 함.

596

'포의'布衣란 벼슬 없는 평민을 일컫는 말이며, '청금'青衿이란 생원을 지칭하는 말이다.

「布衣卽白丁之謂, 青衿乃生員之稱.」

【布衣】아무런 벼슬이 없는 평민. 고대의 평민은 麻布로 짠 옷을 입게 되어 있었음.《史記》孔子世家에 "孔子布衣, 傳十餘世, 學者宗之"라 함.

【白丁】역시 아무런 벼슬이 없는 평민. 평민은 흰색 옷을 입게 되어 있었음. (《北史》李賢傳)

【青衿】'青襟'으로도 쓰며, 옷섶을 푸른색으로 하여 공부하는 젊은이들이 입었음.《詩經》鄭風 子衿에 "青青子衿"이라 한데서 유래됨.

【生員】唐代 學館에 정원이 있어 이에 선발된 학생을 뜻함.(《新唐書》選擧志 上)

597

'갈구이상'葛屨履霜이란 시의에 맞지 않게 검소하고 인색함을 꾸짖는 말이요,
'녹의황리'綠衣黃裏란 귀천의 질서가 뒤바뀌었음을 기롱하는 말이다.

「葛屨履霜, 誚儉嗇之過甚;
　綠衣黃裏, 譏貴賤之失倫.」

【葛屨履霜】'갈구'는 칡으로 만든 신발로 여름에 신게 되어 있으나 이를 '겨울에 신고 서리를 밟는다'는 뜻으로 시의에 맞지 않음을 뜻함.《詩經》魏風 葛屨에 "糾糾葛屨, 可以履霜"이라 함.
【綠衣黃裏】녹색은 잡색으로 천한 신분이며 황은 정색으로 귀한 신분을 뜻함. 겉에 녹색을 입고 속에 황색을 입어 귀천이 뒤바뀜을 뜻함.《詩經》邶風 綠衣에 "綠兮衣兮, 綠衣黃裡. 心志憂矣, 曷維其已"라 함.

598

웃옷을 '의'衣라 하고, 아래옷을 '상'裳이라 하며,
옷의 앞단을 '금'襟이라 하고, 옷의 뒷단을 '거'裾라 한다.

「上服曰衣, 下服曰裳;
　衣前曰襟, 衣後曰裾.」

【衣·裳】衣는 저고리, 裳은 치마.(《釋名》釋衣服)
【襟·裾】襟은 깃, 두에 옷의 앞쪽 폭을 말함.(《爾雅》釋器) 裾는 뒤쪽 폭.
(《方言》四)

599

낡은 옷을 입은 것을 '남루襤褸하다'라 하고, 아름다운 옷을 입은 것을
'화거華裾하다'라 한다.

「敝衣曰襤褸, 美服曰華裾.」

【襤褸】옷이 허름함을 표현하는 雙聲連綿語.《方言》(四)에 "以布而無緣, 敝而
紩之, 謂之襤褸"라 함.
【華裾】화려하고 좋은 옷. 李賀의 〈高軒過〉에 "華裾纖翠青如蔥"이라 함.

600

'강보'襁褓는 어린 아기의 옷이요, '변모'弁髦는 어린아이의 장식이다.

「襁褓乃小兒之衣, 弁髦亦小兒之飾.」

【襁褓】어린 아기를 싸는 포대기.(《玉篇》)
【弁髦】‘弁’은 緇布冠으로 검은색의 베로 만든 고깔모자. ‘髦’는 어린 아기의
검은 머리카락.

601

‘좌임’左衽은 오랑캐의 복장이요, ‘단후’短後는 무사의 복장이다.

「左衽是夷狄之服, 短後是武夫之衣.」

【左衽】옷을 왼쪽으로 여밈. 이는 이민족의 복장 풍습으로 여겼음.《論語》
憲問에 “微管仲, 吾其披髮左衽矣”라 함.
【短後】뒤쪽 폭을 짧게 한 옷. 무사들이 말을 타기에 편하도록 만든 옷.
(《莊子》說劍)

602

존비가 질서를 잃음은 마치 ‘모자와 신발을 거꾸로 뒤바뀐 것과 같다’
하고,
부귀해지고 고향에 돌아가지 않는 것은 마치 ‘비단옷 입고 밤길 다니는
것과 같다’라 한다.

「尊卑失序, 如冠履倒置;
　富貴不歸, 如衣錦夜行.」

【冠履倒置】 머리에 쓸 것을 발에 대고 신발로 신을 것을 머리에 씀. 존비나
귀천이 뒤바뀜을 비유한 것.《史記》儒林列傳에 "冠雖敝, 必加於首; 履首新,
必關於足. 何者? 上下之分也"라 함.
【衣錦夜行】 '錦衣夜行'과 같음. 項羽가 咸陽을 점령하고 나서 고향에 돌아
가고 싶은 생각에 "부귀하고 나서 고향에 돌아가지 않는 것은 밤에 비단
옷을 입고 다니는 것과 같다"(富貴不歸故鄕, 如衣錦夜行)라 한 데서 유래됨.
(《史記》項羽本紀,《漢書》項籍傳)

603

여우 외투를 30년 입은 것은 안자晏子의 검소함을 칭한 것이요,
비단 휘장을 50리 둘렀다는 것은 석숭石崇의 부귀를 부러워함이다.

「狐裘三十年, 儉稱晏子;
　錦幛五十里, 富羨石崇.」

【晏子】 춘추 말기 齊나라 대부 안자(晏嬰)는 검소하여 검은 여우 가죽 외투를
30년이나 입었다 함.(《孔子家語》,《晏子春秋》,《史記》管晏列傳)
【石崇】 晉나라 때 큰 부자. 자는 季倫(249~300). 金谷園에 화려한 집을 짓고
살았으며 王愷와 사치를 다툰 일로 유명함. 왕개 등이 武帝의 지지를 받아
궁중 보물까지 가지고 와서 경쟁하였으며 왕개가 자주색 비단 휘장을
40리를 치자 석숭은 50리를 둘러쳤다 함.(《世說新語》汰侈, 980 참조)

604

맹상군孟嘗君에게는 구슬 신발을 신은 식객이 3천 명이나 되었고, 우증유
牛僧孺에게는 금비녀를 꽂은 비첩이 열두 줄로 세울 만큼 많았다.

「孟嘗君珠履三千客, 牛僧孺金釵十二行.」

【孟嘗君】田文. 戰國四公子의 하나로 그의 문하에 3천 식객이 있었음. 그
식객이 모두 구슬 신발을 신었다 하는 것은 春申君(黃歇)의 일화임.(《史記》
孟嘗君列傳, 春申君列傳)

【牛僧孺】당대 정치가로 절도사, 병부상서 등을 지냄. 그가 자신은 鐘乳石
(당시 丹藥으로 여겼음)을 먹고 비첩 미녀가 많다고 자랑하자 白居易가 "鐘乳
三千兩, 金釵十二行"이라 시를 써서 보냄.(《山堂肆考》魚集 23) 이에 '金釵
十二行'은 금비녀 꽂은 미녀 비첩을 열두 줄이나 세울 수 있다는 뜻으로
많은 비첩을 거느리고 있음을 말함.(1197 참조)

605

값이 천금이나 되는 비싼 외투는 여우 겨드랑이 털 하나로 만들 수
있는 것이 아니요,
온 몸에 비단을 두르고 다니는 사람은 누에치는 자가 아니더라.

「千金之裘, 非一狐之腋;
　綺羅之輩, 非養蠶之人.」

【千金之裘】 이는 《史記》 劉敬叔孫通列傳에 실려 있음. 한편 《韓詩外傳》(7)에
"千羊之皮, 不若一狐之腋; 衆人諾諾, 不若一士之諤諤. 昔者, 商紂黙黙而亡,
武王諤諤而昌"이라 함. 《新序》(1), 《史記》 趙世家, 《藝文類聚》(58) 등에도
널리 전재되어 있음.
【綺羅之輩】 이는 宋代 張兪 〈蠶婦〉 시의 구절임. "어제 시내에 나갔다가 돌아
올 때는 수건에 눈물 가득. 온 몸 비단 두른 자, 누에치는 자는 아니더라"
(昨日到城郭, 歸來淚滿巾. 遍身綺羅者, 不是養蠶人)라 함.

606

귀한 자는 자리와 깔개를 두 겹으로 하지만, 가난한 자는 홑겹 베옷조차
온전한 것이 없다.

「貴者重裀疊褥, 貧者短褐不完.」

【重裀疊褥】 裀은 茵과 같으며 두 겹의 깔개, 褥은 역시 따뜻하게 깔고 앉는
　자리.(《孔子家語》 致思) 부자는 이를 두 겹씩 깔고 앉음.
【短褐不完】 홑 겹의 얇은 베옷. 매우 가난함을 뜻함. 가난한 이는 이것조차
　온전한 것이 없음. 《漢書》 貢禹傳에 "妻子糠豆不贍, 短褐不完"이라 함.

607

복자하卜子夏는 너무 가난하여 꽁지 빠진 메추라기와 같은 옷을 백 군데나 꿰맨 것이요,
　공손홍公孫弘은 매우 검소하여 베옷을 10년이나 입었다.

「卜子夏甚貧, 鶉衣百結;
　公孫弘甚儉, 布被十年.」

【卜子夏】卜商. 공자의 제자로 문학에 뛰어났으며 매우 가난하게 살았다 함. 《荀子》大略에 "卜子夏家貧, 徒有四壁, 衣若縣鶉"이라 함. 鶉衣(순의)의 鶉은 메추라기. 이 새는 꽁지가 빠져 마치 백 군데를 꿰맨 것 같다 함.
【公孫弘】한대의 학자로 재상을 지냈으며 武帝 때 平津侯에 봉해짐.(B.C.200~B.C.121) 그는 매우 검소하여 베 이불에 고기도 먹지 않았다 함.(《史記》平準書)

608

'남주관면'南州冠冕이란 사마휘司馬徽가 방통龐統이 여러 사람 중에서 뛰어남을 칭찬한 표현이요,
　'삼하영수'三河領袖란 최호崔浩가 배준裴駿의 출중함을 부러워하며 한 말이다.

「南州冠冕, 德操稱龐統之邁衆;
　三河領袖, 崔浩羨裴駿之超群.」

【德操】司馬徽(?~208). 동한 때의 인물로 자는 덕조. 사람을 보는 눈이 뛰어나 '水鏡'이라 불렸으며 제갈량과 방통을 유비에게 추천함. 방통(179~214)은 제갈량과 함께 '鳳鷄'라 불림.(《三國志》蜀志 龐統傳) 그가 젊을 때 사마휘를 찾아가자 말을 나누어본 사마휘가 그를 "生當爲南州士之冠冕"이라 칭찬함. 이에 재예가 뛰어난 자를 일컬어 '南州冠冕'이라 함.

【崔浩】北魏 때 인물로 서예와 천문 역법에 뛰어났던 학자.(381~450) 裴駿 역시 북위인으로 위 태조 때 中書博士를 지냄. 그가 태조의 마음에 들어 태조가 칭찬할 때마다 최호 역시 이를 칭찬하여 '삼하의 영수'라 칭하였음. (《北史》裴駿傳) '삼하'는 河東, 河內, 河南을 가리키며 당시 북위는 이 지역을 관할하고 있었음.

609

순舜임금이 처음으로 복장의 제도를 만들었으니 이는 그의 다스림에 덕이 있도록 명한 것이요,

소후昭侯는 낡은 바지를 갈무리해 두었으니 이는 공 있는 자를 기다리기 위함이었다.

「虞舜製衣裳, 所以命有德;
　昭侯藏敝袴, 所以待有功.」

【虞舜】순임금. 이름은 重華이며 有虞氏였음. 그가 처음으로 의복제도을 제정 하였다 함.《尙書》益稷에 "帝曰: 予欲觀古人之象, 日月星辰, 山龍華蟲作會; 宗彛藻火粉米黼黻絺繡, 以五彩彰施於五色, 作服"이라 함.

【昭侯】 전국시대 韓나라 군주. 申不害를 등용하여 훌륭한 정치를 실현함.
그가 낡은 바지를 갈무리해 두도록 신하에게 명하자 "어찌 좌우에게 주지
않습니까?"(何不賜左右)라 물었다. 이에 소후는 "吾聞明主愛一顰一笑, 玆袴
豈特顰笑哉, 吾必待有功, 故藏之"라 하였다.(《韓非子》 內儲說上)

610

당 문종文宗은 옷을 세 번 빨아 입었고, 진 문공文公은 비싼 외투를
귀하게 여기지 않았다.

「唐文宗袖經三浣, 晉文公衣不重裘.」

【唐文宗】 당나라 문종이 어느 날 신하들에게 자신의 옷을 들어 보이며 "此衣
已三浣矣"라 하였다 함.(《新唐書》 柳公權傳, 510, 791 참조)
【晉文公】 춘추시대 晉나라 군주. 春秋五霸의 하나. 獻公의 아들로 이름은
重耳. 19년 간 망명생활 끝에 돌아와 즉위한 다음, 사치의 폐해를 바로잡아
스스로 화려한 가죽 외투는 입지 않았다 함.(《尹文子》 大道)

611

'옷이나 신발은 해어지지 않으면 바꾸지 말라' 했으니 세상에 요堯임금의
훌륭함을 칭하는 것이요,

'새 옷을 입어 헌 옷이 되게 하지 않고서야 어찌 헌 옷이 있겠는가'라
한 것은 환충桓沖의 부인이 권한 말이다.

「衣履不敝, 不肯更爲, 世稱堯帝;
　衣不經新, 何由得故, 婦勸桓沖.」

【堯帝】요임금. 그는 옷과 신발은 추위와 더위를 막기 위한 정도면 족하다
하였음.《帝堯本紀》에 "布衣掩形, 鹿裘禦寒. 衣履不敝, 不更爲也"라 함.
【桓沖】동진 때 인물(328~384)로 새 옷으로 갈아입기를 지극히 싫어하여 아
내가 목욕 후 고의로 새 옷을 바치자 크게 화를 내는 것을 보고 "새 옷을
입지 않으면 어찌 헌옷이라는 것이 생겨나겠소?"라 하여 깨우쳤다 함.《世說
新語》賢媛에 "桓車騎不好箸新衣, 浴後, 婦故送新衣與; 車騎大怒, 催使持去.
婦更持還, 傳語云: '衣不經新, 何由而故?' 桓公大笑, 箸之"라 함.(336 참조)

612

　왕씨王氏의 딸이 미간을 꽃무늬 장식을 붙여 가린 것은 위고韋固의 칼에
찔린 자국 때문이요,
　양귀비楊貴妃가 젖을 가리는 작은 속저고리를 입은 것은 안록산安祿山의
손톱자국을 숨기기 위한 것이었다.

「王氏之眉貼花鈿, 被韋固之劍所刺;
　貴妃之乳服訶子, 爲祿山之爪所傷.」

【韋固】중매쟁이(月下老人)를 만났던 당나라 때 인물.(412, 418참조) 그가 월하 노인을 만나 나중에 자신의 처가 될 사람이 누구냐고 묻자 "그대 아내 될 사람은 지금 세 살로 성 북쪽에서 채소장사를 하는 陳씨 할머니의 딸이다" 라 하였다. 위고가 그를 찾아가 보았더니 그 여아는 너무나 못생겨 차마 볼 수가 없었다. 이에 위고는 노비를 시켜 몰래 그를 죽여버리도록 하였다. 그런데 던진 칼이 그만 그 아이의 미간에 맞아 상처만 내고 말았다. 14년 세월이 흐른 다음 위고는 相州刺史가 되어 王泰의 딸을 아내로 맞았다. 그런데 아내가 대답했다. 언제나 미간에 꽃무늬 장식을 붙여 감추고 다니는 것이었다. 그 까닭을 묻자 아내는 "부친께서 宋城 宰의 벼슬을 하다가 돌아 가시고 집이 몰락하여 유모가 자신을 채소장사를 하면서 길렀지요. 그 때 어떤 자가 칼을 던져 입은 상처가 지금까지 남아 있는 것"이라 하였다. (《續幽怪錄》) '詞子'는 '아들을 꾸짖다'라는 뜻으로 젖을 더 먹지 못하도록 아들을 꾸짖으며 젖을 가리는 작은 저고리.

【貴妃】당 현종의 애첩이었던 楊貴妃. 그는 늘 젖을 가리는 작은 속저고리를 입었으니, 이는 安祿山과 사통할 때 손톱자국이 남아 있어 이를 감추기 위한 것이었다 함.(《事物記原》 衣裳帶服) 안록산(?~757)은 본성은 康씨, 어머니가 돌궐인 安延偃에게 개가하자 성을 安씨로 바꾸었음. 지략이 있었으며 여섯 나라의 말을 할 줄 알았다 함. 뒤에 현종에게 총애를 입어 현종이 양귀비의 양자로 삼도록 하였다. 그는 결국 755년 반란을 일으켜(安史之亂) 당나라를 뒤흔들었으며 2년 뒤 그 아들과 함께 참수당함.(741 참조)

613

강굉姜肱은 아우들과 우애가 깊어 장가간 후에도 형제가 매일 밤 큰 이불을 함께 덮고 자고,
왕장王章은 미천할 때 부부가 밤에 소 덮어주는 덕석을 이불 삼아 추위를 견뎠다.

「姜氏翁和, 兄弟每宵同大被;
　王章未遇, 夫妻寒夜臥牛衣.」

【姜氏】姜肱. 後漢 시대 인물로 아우 仲海, 季江과 우애가 너무 깊어 각기 장가를 들고도 함께 큰 이불을 만들어 덮고 잤다 하여 이를 '강씨이불' (姜被)이라 하였다 함.(《後漢書》江肱傳. 300 참조)

【王章】서한 시대 인물(?~B.C.24). 왕장이 젊어서 長安에서 공부할 때 牛衣를 덮고 추위를 견뎠음. 그러나 가난을 못이겨 결국 아내에게 헤어지자고 하자 아내는 "장안에 나에게 존중받기로 그대를 넘어서는 자가 누가 있소? 지금 용기를 내지 않고 도리어 눈물을 흘리다니 어찌된 일이오?"(京師尊重, 誰逾 君者? 今不激昂, 反涕泣何也)라 격려하였다 함. 뒤에 그는 京兆尹의 높은 관직에 올랐음.(《漢書》王章傳) '牛衣'는 '덕석'. 겨울에 추위를 막기 위해 소의 등을 덮어주는 짚으로 짠 가마니나 멍석 따위. '牛被'라고도 함.

614

허리띠만 띠고 가벼운 외투만 입고 싸움에 나서지 않았으니 양호羊祜는 '사문장군'斯文將軍이라 할 수 있었고,
　칡 모자에 거친 복장을 하였으니 도연명陶淵明은 정말로 '육지의 신선' 陸地神仙이었다.

「緩帶輕裘, 羊叔子乃斯文主將;
　葛巾野服, 陶淵明眞陸地神仙.」

【羊叔子】 羊祜(221~278). 자가 叔子. 서진 때 인물로 그가 襄陽을 진수할 때
  마침 晉 武帝가 魏나라를 없애고 吳나라를 칠 계획을 세우자 그는 吳나라
  사람에게 은덕을 입었던 일이 있어 전쟁은 하지 않고 호위병 수십 명만
  데리고 산수를 유람하며 시를 짓고 있어 당시 그를 '斯文將軍'이라 불렀다 함.
  (《晉書》 羊祜傳)
【陶淵明】 陶潛. 그는 청빈하였으나 시와 술로 살아 사람들이 '陸地神仙'이라
  불렀다 함.(《宋書》 陶潛傳, 020, 533, 793 참조)

615

복장이 바르지 않으면 그 몸에 재앙을 불러오는 법이요,
거친 옷을 입고도 부끄러워하지 않은 자는 그 의지가 뛰어난 것이로다.

「服之不衷, 身之災也;
  縕布不恥, 志獨超歟.」

【服之不衷】《左傳》 僖公 24년에 鄭子臧이 羽毛로 모자를 만들어 쓰기를 즐겨
  하자 鄭伯이 미워하여 죽여버림. 이에 사람들이 "복장이 옳지 않으면 그
  몸에 재앙을 불러온다"(服之不衷, 身之災也)라 하였음.
【縕布不恥】 孔子가 子由(子路)를 칭찬한 말.《論語》 子罕篇에 "衣敝縕布, 與衣
  狐貉者立„ 而不恥者, 其由也歟"라 함.

▶ 增文

616

해치獬豸의 모습으로 만든 모자는 법관이 쓰는 것이요,
연꽃으로 해 입은 옷이란 은자의 복장을 말한다.

「製豸作法冠, 裁荷爲隱服.」

【豸】해치(獬豸). 전설상의 동물로 두 사람이 싸울 때 곁에 있다가 옳지 못한
자를 판별하여 뿔로 찌른다 함. 이에 따라 법원 앞에 이 형상을 만들어
세우고 법관은 獬豸冠의 모자를 씀.(《後漢書》輿服志)
【隱服】隱者의 복장. 屈原의 〈離騷〉에 "製菱荷以爲衣兮, 集芙蓉以爲裳"이라 함.

617

왕교王喬는 신선 세계의 벼슬아치로 그 신발이 하늘로 날아 오리가
되었고,
이부인李夫人은 아름다운 여자로 선물 받은 비녀가 궁중에서 제비로
변하였다.

「王喬屬仙令, 鳥飛天外之鳧;
　李后是嬌姝, 釵化宮中之燕.」

【王喬】東漢 顯宗 때 인물로 신선술을 부릴 줄 알았던 방사. 그가 현령이
되어 조정에 나타날 때면 그의 신발을 오리로 변하게 하여 하늘로부터 날아
오게 하였다 함.(《後漢書》方術傳,《搜神記》, 981, 1176 참조)
【李后】漢 武帝의 애첩이었던 李夫人. 어느 날 무제가 그에게 백옥의 비녀
(白玉釵)를 선물하여 이를 화장갑에 넣어두었다가 나중에 열어보았더니
옥 제비(玉燕)로 변하여 날아가 버렸다 함.(《洞冥記》) 그러나 《동명기》에는
成帝가 趙婕妤(趙飛燕)에게 준 것으로 되어 있음.(889 참조)

618

'기생은속'肌生銀粟이란 추울 때 누가 따뜻한 자타니紫駝尼라는 모포를
보내줄까 하는 뜻이요,
'견용옥루'肩聳玉樓란 따뜻한 봄에 나들이 나가 기운 옷을 벗어버림을
말한다.

「肌生銀粟, 是誰寒贈紫駝尼;
　肩聳玉樓, 有客暖捐紅衲襖.」

【肌生銀粟】 너무 추워 피부에 닭살이 돋는 것.
【紫駝尼】 서북 소수민족이 사용하는 모포의 일종으로 매우 따뜻하다 함.
　黃庭堅 〈次陳榮緖惠示之字韻〉에 "飢餐靑籸飯, 寒贈紫駝尼"라 함.
【肩聳玉樓】 '玉樓'는 어깨를 뜻함. 장평자라는 사람이 봄나들이를 가서 웃옷
　을 모두 벗자 친구가 "감기 조심하라"고 했다. 그러자 그는 "봄이 어깨로
　들어오는데 옷을 벗지 아니하면 코로 나갈까 겁이 난다"고 하였다 함.

619

충성을 다하여 황제에게 사랑을 받으니 적인걸狄仁傑은 금으로 글씨를 쓴 도포를 하사받았고,

몰래 덕을 베푸는 것을 하늘이 알았다 하니 배도裵度가 귀한 물소 무늬 허리띠를 되돌려준 일로 재상까지 올랐던 것이다.

「精忠膺主眷, 狄仁傑披金字之袍;
　陰德有天知, 裴晉公還紋犀之帶.」

【狄仁傑】 당나라 때의 명신. 武則天(측천무후)이 그를 매우 아껴 그에게 금으로 열두 자의 글씨를 쓴 외투를 내려 입혀주었다 함.(《新唐書》 狄仁傑傳)
【裴晉公】 裵度(765~839). 재상을 지냈으며 晉國公에 봉해짐. 젊을 때 그가 香山寺에 놀이 갔다가, 마침 문 위에 물소 무늬의 귀한 옥대를 걸어놓고 기도하다가 이를 잊고 간 여인이 있어 이를 되돌려 주었음. 그 여인은 마침 억울하게 옥살이를 하는 아버지를 위해 대속으로 쓰려던 것이었다 함. 뒤에 그가 재상까지 오른 것은 이 음덕 때문이라 여겼음.(《唐摭言》)

620

군영에서 여우가죽 모자를 쓰고 다녔다는 것은 심경지沈慶之가 그 용맹한 군사를 지휘한 것을 말하는 것이요,

냇가에서 양가죽 외투를 입었다는 것은 엄광嚴光이 높은 벼슬을 오만하게 여긴 것을 말하는 것이다.

「軍中狐帽, 沈慶之鎭壓貔貅;
　灘上羊裘, 嚴子陵傲睨軒冕.」

【沈慶之】 남조 宋나라 때의 인물(386~465). 글자를 몰랐으나 지략이 있고
용병에 뛰어나 남방 이민족을 평정하였으며 뒤에 司空을 거쳐 始興郡公에
봉해짐. 그는 두통이 있어 항상 여우가죽 모자를 쓰고 다녀 사람들이
'蒼頭公'이라 부르며 겁을 냈다 함. '貔貅(豼貅)'는 맹수 이름으로 여기서는
戰士를 뜻함.(《宋書》 沈慶之傳)
【嚴子陵】 嚴光. 동한 시대 인물로 항상 양가죽 외투를 입고 富春江에서 낚시를
하던 은자. 한 光武帝(劉秀)와 함께 공부하였으나 뒤에 은자가 됨.(《後漢書》
逸民傳, 089, 532 참조) '軒冕'은 높은 벼슬을 뜻함.

621

통천대通天帶라는 허리띠를 가진 배호裴皞에게 엄속嚴續은 도박에 져
미녀를 주었고,
　숙상구鷫鷞裘는 사마상여司馬相如가 탁문군卓文君을 데리고 술집을 열어
술 심부름을 할 때 입은 옷이다.

「通天帶, 頓輸嚴續之姬;
　鷫鷞裘, 爲貰相如之酒.」

【嚴續】 南唐의 嚴續에게는 예쁜 미녀가 있었고, 裴皞에게는 '通天犀帶'라는
귀한 허리띠가 있었다. 두 사람이 도박을 하여 결국 엄속이 지자 미녀를
내놓고 말았다 함.(《南唐遺事》) '頓輸'는 도박에 져서 머리를 숙임. 인정함.

【相如】司馬相如가 卓王孫의 딸 卓文君을 데리고 成都로 나와 '숙상구'라는
옷을 입고 술집을 차려 술 심부름을 하였다 함.(《西京雜記》 권2, 331 참조)
숙상구는 숙상(오리의 일종)의 깃털으로 짠 옷.

622

학식이 높았던 도홍경陶弘景은 자신을 깨끗이 하려고 신무문神武門에
모자를 걸어놓고 표표히 떠나버렸으며,
　신기한 것을 보겠다고 어깨를 비집은 자들에게 마외역馬嵬驛의 양귀비
버선이 구경꾼들을 다투어 몰려들게 하였다.

「高人能潔己, 飄飄掛神武之冠;
　樂士共摩肩, 濟濟看馬嵬之襪.」

【神武之冠】남조 梁나라 陶弘景은 수만 권의 책을 읽어 천문 역법은 물론
의약과 점술 도가에까지 통달하여 南齊 때 많은 왕들이 그에게 배웠음.
그러나 永明 10년(492) 그는 神武門에 자신의 관을 걸어놓고 句曲山으로
은거해 버림. 이에 梁武帝가 여러 차례 불렀으나 나오지 않자 국가 대사가
있을 때면 대신을 보내어 자문을 구했다 함. 그리하여 당시 그를 '山中宰相'
이라 불렀음.(《南史》 陶弘景傳)
【馬嵬之襪】양귀비가 馬嵬坡(馬嵬驛)에서 죽고 나서 그 시신을 찾을 수 없었다
함. 그 때 어떤 노파가 비단 버선을 주워 이를 양귀비의 유품이라 말하자 많은
사람들이 이를 구경하였으며 노파는 한 번 보여주는 값으로 백 文씩 받아
큰 부자가 되었다고 함.(《楊太眞外傳》)

623

진晉 회제懷帝는 노비 복장으로 술을 따랐으니 만년을 두고 추한 사건이요,

광무제光武帝는 붉은 머리띠를 두르고 기병起兵하였으니 그 이름이 천고에 아름답도다.

「晉懷以靑衣行酒, 事醜萬年;
　光武以赤幘起兵, 名芳千古.」

【晉懷】晉 懷帝. 永嘉之亂 때의 일을 말함. 西晉 永嘉 5년(311) 劉曜(前趙의 개국 군주)가 洛陽을 함락하고 晉 懷帝를 포로로 평양으로 끌고 가 잔치를 할 때 회제에게 靑衣(노예의 복장)를 입고 술 따를 것을 요구하였음.(《晉書》 懷帝紀, 583, 740 참조)
【光武】서한 말 劉秀(光武帝)가 기병할 때 군사들이 모두 붉은 옷에 붉은 머리띠를 하였음.(《東觀漢紀》)

624

왕몽王濛에게 새 모자를 주겠다는 여자들이 다투어 몰려들었으나, 소진蘇秦의 낡은 외투를 바꾸어 준 자는 누구인가?

「有女遺王濛之新帽, 誰人換季子之敝裘.」

【王濛】 동진 때 인물(309?~347). 자는 仲祖. 그는 너무 잘생겨 거리에 나서면 많은 여자들이 달려들었으며 그의 모자가 찢어지자 서로 새 모자를 주겠다고 다투었다 함.(《晉書》王濛傳)

【季子】 蘇秦. 전국시대 유명한 유세가. 그가 유세에 성공하기 전 처음에는 많은 고생을 하여 검은 貂裘도 모두 다 떨어진 것을 입고 다녔다고 술회함. (《戰國策》秦策 1, 932 참조)

625

위수韋綬가 낮잠을 자자 황제가 황후의 힐포纈袍를 벗겨 덮어주었으니 그 영광이 이와 같았고,

　　제준祭遵은 가난 속에 베 바지로 살았으니 그 청렴함이 어떻다 하겠는가?

「韋綬寢覆纈袍, 榮施若此;

　祭遵貧衣布袴, 廉潔何如.」

【韋綬】 당나라 때 한림학사를 지냈는데 어느 날 덕종과 우비가 한림원에 들렀을 때 마침 그는 낮잠을 자고 있었음. 날이 춥다고 여긴 덕종이 우비의 纈袍를 벗겨 그에게 덮어주었다 함. '힐포'는 蜀(四川)에서 생산되는 비단으로 짠 외투.(《新唐書》韋綬傳)

【祭遵】 동한 초의 인물(?~33). 劉秀와 함께 기병하여 東漢의 건국에 공을 세웠으며 穎陽侯에 봉해짐. 아주 검소하여 집안에는 사사로운 재물이 없었으며 베로 짠 옷으로 살았다 함.(《後漢書》祭遵傳)

626

진晉 혜제惠帝는 차마 군복을 씻지 못하게 하였으니 이는 혜소嵇紹가
자신을 호위하다가 튀긴 피를 그대로 남겨두고자 함이었고,
　당나라 한사언韓思彦은 효도의 복장으로 만들겠다고 비단을 그대로 두었
으니 이는 효자 장승철張僧徹의 비단을 중히 여긴 때문이었다.

「晉君不忍浣征袍, 留彼嵇侍中之血;
　唐士未須裁道服, 重他張孝子之縑.」

【晉君】晉　惠帝(259~307). 八王의　난　때　永安　원년(304)　東海王(司馬越)이
혜제를 믿고 成都王(司馬穎)과 蕩陰에서 교전을 벌여 혜제가 대패함. 이 때
모두들 도망하였지만 嵇紹만은 혜제를 호위하다가 피살되면서 그 피가
혜제의 옷에 튀김. 나중에 신하가 그 옷을 세탁하려 하자 "이는 혜소의 피
이다. 씻지 말라"고 하였다 함. 혜소(259~304)는 嵇康의 아들로 자는 延祖,
侍中의 벼슬을 지냄.《晉書》忠義傳)
【唐士】당나라 韓思彦. 그가 효자 張僧徹을 위하여 묘지명을 써 주자 장승
철이 그 값으로 비단 2백 필을 보냄. 한사언은 한 필만 받고 되돌려보내면서
집안 사람들에게는 "효자의 비단이니 허투루 사용하지 말고 그대로 두어라"
하였다 함.(《新唐書》韓思彦傳)

627

한漢 고조高祖는 대나무 순 껍질로 만든 관을 쓰고 다녔지만 그래도
위의는 남과 달랐고,

민자건閔子騫은 갈대 솜을 넣은 옷을 입었지만 효행은 지순하였다.

「漢王製竹籜之冠, 威儀自別;
　閔子衣蘆花之絮, 孝行純全.」

【漢王】漢 高祖(劉邦)가 평민일 때 '竹籜冠'을 쓰고 다녔지만 그래도 남과
다른 풍모가 있었다 함.(《史記》高祖本紀) '죽탁관'은 대나무 순이 나오고
떨어지는 부분을 재료로 만든 모자.
【閔子】閔子騫(閔損). 공자의 제자로 덕행으로 이름이 났었음. 민자건이 어릴
때 계모가 겨울에 자신이 난 아들에게는 솜옷을 입히고 자신에게는 갈대
솜을 넣은 옷을 입혔음. 너무 추워하는 아들의 모습을 본 아버지가 이를
알고 계모를 내쫓으려 하자 민자건이 끓어앉아 울면서 "어머니를 내쫓지
않으면 나 하나만 춥지만 내쫓고 나면 세 아들이 춥습니다"라 하였다 함.
(《孝子傳》) 그러나 이와 같은 고사는 민자건 외에도 매우 널리 퍼져 있음.

⊛ 참고

이상 616부터 627까지 12장은 《幼學故事瓊林》(復旦大學本)에는 누락되어 있으며, 〈身體〉편 '續增' 3聯은 다음과 같다.

○ 「禮制更新, 服色易舊.」

○ 「禮服有新章, 曰褂曰袍曰鞋帽;
　　織品有數種, 用絲用毛用棉麻.」

○ 「布帛足以保體溫, 而御寒之衣, 以毛布綿布爲最勝;
　　顔色有關於光熱, 故當暑之服, 以灰色白色爲較良.」

19. 인사 人事

❋ 본 장은 인간관계와 사회 활동 중에 갖추어야 할 예절과 행동, 그리고 그에 관한 각종 일화와 고사 등을 폭넓게 모아 설명하고 있다.(총 129연)

〈人物交談圖〉(彩畫磚) 漢

628

대학의 첫 머리에는 '명'明과 '신'新을 중시하였고, 어린 아이로서 '응대'
應對보다 앞세워야 할 것이 없다.

「大學首重夫明新, 小子莫先於應對.」

【明新】《대학》 첫머리에 "大學之道, 在明明德, 在新民, 在止於至善"이라 하여
'명명덕'(明德을 밝힘)과 '신민'(백성을 새롭게 함, 혹 '親民'으로 백성을 친하게 함)을
내세운 것을 뜻함. 또는 '新'은 역시 《대학》에 "苟日新, 日日新, 又日新"의
뜻을 말한 것이 아닌가 함.
【應對】《論語》 子張篇에 "子游曰: '子夏之門人小子, 當洒埽應對進退, 則可矣.
抑末也. 本之則無, 如之何?'"라 함. 예절바르고 사물을 바르게 보아 반응하고
대답(대처)함을 뜻한다.

629

용모는 의당 그 도度에 맞아야 하고, 내 뱉는 말에는 조리가 있음을
귀히 여겨야 한다.

「其容固宜有度, 出言尤貴有章.」

【容】태도와 용모. 행동거지. 《玉藻》에 "足容重, 手容恭, 目容端, 口容正, 聲
　容靜, 頭容直, 氣容肅, 立容德, 色容莊"이라 하였고, 《詩經》小雅 都人士에
"其容不改, 出言有章"이라 함.
【章】조리와 문법.

630

지혜는 원만하되 행동은 방정하게 해야 하며, 담은 크게 가지되 마음은
조심하여야 한다.

「智欲圓而行欲方, 膽欲大而心欲小.」

【智欲圓】《淮南子》主術訓에 "心欲小而志欲大, 智欲圓而行欲方"이라 하였고,
《明心寶鑑》에는 遜思邈의 말로 되어 있으며, 《賢文》에도 실려 있다.

631

'각하'閣下, '족하'足下는 모두가 남을 부르는 말이며,
'불녕'不佞, '추생'鰍生은 모두가 자신을 낮출 때 하는 말이다.

「閣下‧足下, 幷稱人之辭;
　不佞‧鯫生, 皆自謙之語.」

【閣下‧足下】'각하'는 상대를 직접 부를 수 없고 그 집 아래 있는 시종자를
통하여 아룀을 뜻함.(《漢書》高帝紀 下 顏師古 注,《困話錄》) '족하'는 춘추시대
晉 文孔이 介子推의 도움으로 왕위에 오른 후 그에게 벼슬을 주지 않아
그가 綿山에서 나무를 껴안고 타죽어(098 참조) 이를 안타깝게 여긴 문공이
그 나무를 베어 나막신으로 신으면서 늘 "悲乎足下!"라 한 데서 유래되었다
함.(《困話錄》,《異苑》권 10)
【不佞‧鯫生】'不佞'은 재주가 없음을 뜻하며 흔히 자신을 낮출 때 사용함.
《左傳》成公 13년에 "寡人不佞, 其不能以諸侯退矣"라 하였으며,《戰國策》
趙策(1)에 "不佞寢疾, 不能趨走"라 함. '추생(鯫生)'은 원래 雜魚를 뜻하며
고대 남을 꾸짖는 말, 혹은 자신을 낮추어 쓸 때 사용함.《史記》留侯世家에
"沛公曰: 鯫生敎我距關中"이라 하였고,《西廂記》酬簡에 "歎鯫生不才"라 함.

632

죄를 용서함을 '관유'寬宥라 하고, 황공할 때는 '주신'主臣이라 한다.

「恕罪曰寬宥, 惶恐曰主臣.」

【寬宥】너그러이 용서해줌.《후한서》王梁傳에 "雖蒙寬宥, 猶執謙退"라 함.
【主臣】신하가 임금을 향해 황공하여 몸둘 바를 모를 때 쓰는 말. '그대의
신하'라는 뜻.《史記》陳丞相世家에 漢 文帝가 국가의 수입을 陳平에게 묻자
진평이 "主臣宰相, 上佐天子, 理陰陽, 順四時, 外鎮撫四夷, 內親附百姓, 使大
夫各任其職焉而已"라 함.

633

‘대춘원’大春元, ‘대전선’大殿選, ‘대회장’大會狀은 과거에 참가한 사람을 부르는 칭호가 한 가지가 아님을 말하는 것이요,

‘대추원’大秋元, ‘대경원’大經元, ‘대삼원’大三元은 선비의 명예가 각기 달리 부르는 것이 많음을 말한 것이다.

「大春元·大殿選·大會狀, 擧人之稱不一;
　　大秋元·大經元·大三元, 士人之譽多殊.」

【春元】원래 과거에 응시하여 일등을 함. 혹 남을 추천하고 미리 축하하는 말로도 쓰임. 당대 이후로 禮試나 會試를 대개 봄에 거행하여 이를 ‘春闈’, 혹은 ‘春試’라 하였음.(《宋史》選擧志 2)
【殿選】황제가 직접 관장하는 시험을 ‘殿試’, 혹은 ‘廷試’라 함.(《陔餘叢考》殿試)
【會狀】會試와 殿試에 모두 장원함을 말함.(《履園叢話》科第 鼎甲)
【秋元】명청 때는 향시를 가을에 거행하였음. 이 시험에서 일등을 한 자를 ‘추원’, 혹은 ‘解元’이라 함.(《明史》選擧志 2)
【經元】명청 때 五經으로 시험을 보아 각 경별로 최고 실력자를 가렸는데 그 일등을 ‘경원’, 혹은 ‘經魁’라고 불렀음.(《稱謂錄》經魁)
【三元】鄕試, 會試, 殿試에 모두 일등을 한 자를 뜻함.(《朝野類要》擧業)

634

‘대연사’大掾史는 관리들을 아름답게 부르는 것이요,
‘대주석’大柱石은 향의 벼슬아치를 존경하여 부르는 이름이다.

「大掾史, 推美吏員;
　大柱石, 尊稱鄉宦.」

【掾史】 고대 하급관리도 모두 연으로 불러 이를 높여 부르는 말로 쓰임.
（《後漢書》百官志）
【柱石】 국가의 중요한 책임을 맡은 자를 말함. 국가의 기둥과 초석이 될
　사람이라는 뜻.(《漢書》辛慶忌傳) ‘鄉’은 하나의 행정단위로 5백 가를 一鄉
　으로 하였음.

635

입학을 축하함을 ‘운정발인’雲程發軔이라 하고,
새로이 벼슬자리에 나감을 축하할 때는 ‘원복가영’元服加榮이라 한다.

「賀入學, 曰雲程發軔;
　賀新冠, 曰元服加榮.」

【雲程發軔】靑雲(관리)의 길이 열려 수레의 제동장치(軔)를 풀고 출발함.
【元服加榮】'元服'은 모자의 일종으로 관리로서 새로운 복장을 하여 영광이
  더해짐을 뜻함.(592 참조)

636

성공하여 영광스럽게 고향에 돌아옴을 '금선'錦旋이라 하고,
장사를 하여 돈을 벌어 돌아오는 것을 '균재'稛載라 한다.

「賀人榮歸, 謂之錦旋;
  作商得財, 謂之稛載.」

【錦旋】'錦衣還鄕'과 같음. 성공하여 고향
  에 돌아옴.《荊釵記》獲報에 "他既登金傍,
  怎不錦旋?"이라 함.
【稛載】상업 등으로 성공하여 재물을 묶고
  싣고 하여 고향에 돌아옴.《國語》齊語에
  "諸侯之使, 垂槖而入, 稛載而歸"라 함.

〈進士榮歸圖〉

637

자신이 보내는 선물을 겸손히 일러 '헌근'獻芹이라 하고,
남이 보낸 선물을 받지 않고 돌려줌을 '반벽'反璧이라 한다.

「謙送禮, 曰獻芹;
　不受饋, 曰反璧.」

【獻芹】 고대 농부가 이웃 부자에게 아무 것도 아닌 야생 미나리(芹)를 매우
맛있는 것이라 하자 부자가 이를 먹어보았더니 혀가 붓고 배가 아팠다 함.
《列子》 楊朱篇에 "昔者宋國有田夫, 常衣緼黂, 僅以過冬. 暨春東作, 自曝於日,
不知天下有廣廈隩室, 綿纊狐貉. 顧謂其妻曰: '負日之暄, 人莫之者; 以獻吾君,
將有重賞.' 里之富室告之曰: '昔人有美戎菽, 甘枲莖芹萍子者, 對鄕豪稱之.
鄕豪取而嘗之, 蜇於口, 慘於腹, 衆哂而怨之. 其人大慙. 子, 此類也.'"라 함.
이에 자신이 보내는 예물을 낮추어 부르는 말로 쓰임.(1310 참조)
【反璧】 춘추 시대 晉나라 重耳(뒤에 文公)가 망명 중에 曹나라를 지날 때
그곳 대부 僖負羈의 처가 중이에게 酒食과 玉璧을 선물하자 옥벽은 되돌려
주었음.《左傳》 僖公 23년에 "及曹, 曹共公聞其騈脅, 欲觀其裸. 浴, 薄而觀之.
僖負羈之妻曰: '吾觀晉公子之從者, 皆足以相國. 若以相, 夫子必反其國.
反其國, 必得志於諸侯. 得志於諸侯, 而誅無禮, 曹其首也. 子盍蚤自貳焉!'
乃饋盤飧, 寘璧焉. 公子受飧反璧"이라 함. 이에 남의 과분한 선물을 되돌려
줌을 뜻하는 말로 쓰임.(523 참조)

638

남의 후한 선물에 감사할 때 '후황'厚貺이라 하고,
보내는 선물이 미약함을 겸손히 말할 때 '비의'菲儀라 한다.

「謝人厚禮; 曰厚貺;
　自謙禮薄, 曰菲儀.」

【厚貺】 '후하게 내려주다'의 뜻. 白居易 〈代王佖答吐蕃北道節度論贊勃藏書〉에
"遠辱來書, 兼蒙厚貺"이라 함.
【菲儀】 '菲'는 '薄'의 뜻. 미약한 선물이라는 뜻.(《輟耕錄》, 醋鉢兒)

639

떠나는 사람에게 예물을 드리는 것을 '신의'贐儀라 하고,
처음 만날 때 예의로 드리는 예물을 '지경'贄敬이라 한다.

「送行之禮, 謂之贐儀;
　拜見之貲, 名曰贄敬.」

【贐儀】길을 떠나는 사람에게 주는 여비나 예물.《孟子》公孫丑(下)에 "行者
  必以贐"라 함.
【贄敬】처음 만날 때 선생님에게 드리는 예물.(《左傳》莊公 24년)

640

장수를 빌 때 해 드리는 의식을 '축경'祝敬이라 하고,
죽은 이를 조문함을 '전의'奠儀라 한다.

「賀壽儀, 日祝敬;
  弔死禮, 日奠儀.」

【祝敬】장수를 비는 뜻으로 드리는 예물.
【奠儀】상을 당한 집에 보내는 물건.《孔氏談苑》丁諷久居에 "京師諸公競
  致奠儀"라는 말이 있음. '奠'은 《시경》大雅 雲漢 "上下奠瘞"의 孔穎達 疏에
  "奠謂置之於地, 瘞謂埋之於土"라 함.

641

먼 곳에서 온 자를 청하여 모실 때 '세진'洗塵이라 하고,
술을 들고 떠나는 사람을 보낼 때의 잔치를 '조전'祖餞이라 한다.

「請人遠歸, 曰洗塵;
　攜酒送行, 曰祖餞.」

【洗塵】 먼길 오는 동안의 티끌을 씻음. 멀리에서 온 손님을 맞이할 때 잔치나
　예물을 드림을 뜻하며 '接風'이라고도 함.(《風俗編》儀節)
【祖餞】 '餞行'과 같음. 길을 떠나보낼 때 여는 잔치. 고대 黃帝의 아들 유조
　(纍祖)가 먼길을 떠나 도중에 죽자 사람들이 그를 '路神'으로 여겨 길 떠나는
　자를 보호해 달라는 뜻으로 제를 올리기 시작한 것에서 유래되었다 함.
　(《四民月令》)

642

노비를 음식으로 위로하는 것을 '정사'旌使라 하고,
연극을 연기하는 자를 '배우'俳優라 한다.

「犒僕夫, 謂之旌使;
　演戲文, 謂之俳優.」

【旌使】 자신이 부리는 사람을 격려하여 부르는 말. '犒'는 음식을 차려 사람을
　위로하거나 격려함을 뜻함.
【俳優】 잡희, 골계희 등으로 각종 宴會에서 분장하여 배역을 수행하는 자.
　고대에는 주로 장님, 난쟁이 등이 이를 담당하였음. 《韓非子》 難三에 "俳優
　侏儒, 固人主之所與燕也"라 함.

643

남이 보내온 서신에 감사함을 표할 때 '욕승화한'辱承華翰이라 하고,
남을 통해 안부를 물어옴을 감사히 여길 때 '다몽기성'多蒙寄聲이라 한다.

「謝人寄書, 曰辱承華翰;
　謝人致問, 曰多蒙寄聲.」

【辱承華翰】'당신의 훌륭한 서신(華翰)을 받았습니다'라는 뜻. 劉禹錫의 〈謝寶
　相公啓〉에서 "每逢華翰, 賜之衷言"이라 함.
【多蒙寄聲】'전해오신 말(寄聲)을 전해 들었습니다'라는 뜻.(《漢書》 趙廣漢傳)

644

남의 소식을 기다릴 때 '조사옥음'早賜玉音이라 하고,
　남이 어떤 사물을 주기로 허락함을 감사히 여길 때는 '이몽금락'已蒙金諾
이라 한다.

「望人寄信, 曰早賜玉音;
　謝人許物, 曰已蒙金諾.」

【玉音】‘玉音’은 상대의 말을 높여 부른 것.《文選》曹植〈七啓〉에 “將敬滌耳,
  以聽玉音”이라 함. ‘早賜’는 ‘어서 내려주십시오’라는 뜻.
【金諾】 철석같은 허락이라는 뜻. ‘季布一諾’과 같음. ‘蒙’은 ‘은혜 등을 입다’의
  뜻.(305, 706 참조)

645

　명함을 준비했다가 자신을 소개함을 ‘투자’投刺라 하고, 편지 상자를 여는
것을 ‘개함’開緘이라 한다.

「具名帖曰投刺, 發書函曰開緘.」

【投刺】 명함을 던져 자신을 소개하고 일을 청탁함.《陔餘叢考》(30)에 “古昔
  削木以書姓名, 故謂之刺; 後世以紙書, 謂之名帖”이라 함.(751 참조)
【開緘】 서신의 봉투를 개봉함. 李白의 〈久別離〉에 “況有錦字書, 開緘使人嗟”
  라 함.

646

　존경하고 사모함이 오래인 것을 ‘극절첨한’極切瞻韓이라 하고,
　선망하여 따라 하고 싶어함을 ‘구회모린’久懷慕藺이라 한다.

「思慕久, 曰極切瞻韓;
　想望殷, 曰久懷慕藺.」

【瞻韓】당나라 시대 韓朝宗이 荊州刺史로 있을 때 훌륭한 사람을 잘 추천함을
알고 李白이 〈與韓荊州書〉라는 글을 올려 "白聞天下談士相聚而言曰: 生不
願封萬戶侯, 但願一識韓荊州"라 함.
【慕藺】한나라 시대 司馬相如는 어릴 때 학업에 전념하지 않고 검을 배우기를
좋아하여 그 부모가 '犬子'라 불렀음. 그가 학문을 하고 나서 전국시대 藺
相如를 매우 사모하여 자신의 이름도 상여로 고쳤다 함.(《史記》 司馬相如
列傳. 331, 375, 529, 621 참조)

647

아직 서로 깊이 아는 사이가 아님을 '반면半面의 앎'이라 하고,
약속을 하지 않았는데도 만나게 된 것을 '해후邂逅의 인연'이라 한다.

「相識未眞, 曰半面之識;
　不期而會, 曰邂逅之緣.」

【半面之識】'얼핏 본 사람'이라는 뜻. 後漢 때 應奉이라는 사람은 기억력이
대단하여 어느 날 수레 만드는 사람이 그의 문 앞을 지나면서 얼굴을 잠깐
내민 것을 보았을 뿐인데 10여 년 후 길에서 그를 만나 알아보고 불렀다
함.(《後漢書》 應奉傳)
【邂逅之緣】서로 약속을 하지 않았는데 우연히 만나게 됨을 뜻함. '邂逅'는
쌍성연면어. 《詩經》 鄭風 野有蔓草에 "有美一人, 淸揚婉兮. 邂逅相遇, 適我
願兮"라 하였고, 唐風 綢繆에 "今夕何夕, 見此邂逅"라 함.

648

'등룡문'登龍門이란 그에 참여할 수 있는 명사名士를 말하는 것이요,
'첨산두'瞻山斗란 높은 현인을 앙망함을 말한다.

「登龍門, 得參名士;
　瞻山斗, 仰望高賢.」

【登龍門】 後漢 시대 李膺(元禮)은 당시 명사로서 그와 한번 만나 대화를 나누어
보고 인정을 받으면 곧 명사로 인정을 받았음. 이에 따라 그를 통과함을
등용문을 통과하는 것으로 여겼음.(《後漢書》李膺傳) 원래 '등용문'은 매년
봄 황하에 모인 잉어들이 이 물살을 넘어서면 용으로 변하는 것으로 여겼음.
【瞻山斗】 훌륭한 사람을 흠모하고 존경하기를 泰山北斗처럼 여김.(《新唐書》
　韓愈傳贊, 1030 참조)

649

'일일삼추'一日三秋는 그리워함이 매우 심하고 절박함을 말하는 것이요,
'갈진만곡'渴塵萬斛이란 그립고 보고 싶음이 지극함을 말한 것이다.

「一日三秋, 言思慕之甚切;
　渴塵萬斛, 言想望之殷.」

【一日三秋】삼년, 가을 세 번, 혹은 가을 석 달로 보기도 함. 하루만 보지 않아도 석달을 보지 못한 듯 그리워함.《시경》王風 采葛에 "一日不見, 如三秋兮"라 함.

【渴塵萬斛】그리워 기다림이 지극함을 뜻함. 唐나라 때 시인 盧仝이 含曦上人 이라는 스님을 찾아갔으나 만나지 못하자 〈訪含曦上人〉이라는 시에서 "三入寺, 曦不來. 轆轤無繩井百尺, 渴心歸去生塵埃"라 함.(511, 763, 789 참조)

650

남의 가르침이나 명령을 어겼을 때 '비인부맹'鄙吝復萌이라 하고,
오가면서 어디 기댈 데가 없음을 '평종미정'萍蹤靡定이라 한다.

「暌違敎命, 乃云鄙吝復萌;
　來往無憑, 則曰萍蹤靡定.」

【鄙吝復萌】한나라 때 黃憲이란 사람은 매우 품덕이 높아 당시 陳蕃이 그를 좋아하여 "數月不見黃生, 鄙吝之氣復萌於心矣"라 하였음.(《後漢書》黃憲傳, 《世說新語》) '暌'는 '睽'로도 씀. '暌違'는 위배함을 뜻함.

【萍蹤靡定】부평초가 물에 떠서 정해진 갈 곳이 없음. 何景明의 〈除夕劉戶 部宅〉에 "漂轉歎萍蹤"이라 함.

651

순임금이 요임금을 그리워하여 국물에도 보였고 담에도 그 얼굴이
보였다.

문인이 공자의 성인됨을 따라 배우려고 그가 걸으면 따라 걷고 뛰면
따라 뛰었다.

「虞舜慕唐堯, 見堯於羹, 見堯於墻;
　門人學孔聖, 孔步亦步, 孔趨亦趨.」

【虞舜慕唐堯】《後漢書》李固傳에 "昔堯殂之後, 舜仰慕三年, 食則見堯於羹,
　坐則見堯於墻"이라 함.
【門人學孔聖】《莊子》田子方에 "顔淵問於仲尼曰: '夫子步亦步, 夫子趨亦趨,
　夫子馳亦馳; 夫子奔逸絶塵, 而回瞠若乎後矣!'"라 함.

652

일찍이 직접 만나 말을 나누었던 사람에게는 '지난 날 얼굴을 뵙고 말씀을
접했었습니다'라고 말하고,

남이 가르쳐 주었음을 고맙게 여길 때에는 '귀를 잡고 얼굴을 맞대고 가
르쳐 주셨었지요'라고 말한다.

「曾經會晤, 日向獲承顏接辭;
　謝人指教, 日深蒙耳提面命.」

【承顏接辭】 대행이 직접 얼굴을 뵙고 말씀을 들음.《漢書》雋不疑傳에 "竊伏
　海濱, 聞暴公之威名久矣, 今乃承顏接辭"라 함.
【耳提面命】 귀를 잡고 설명해주고 얼굴을 맞대고 일러줌. 아주 자상하게
　가르쳐 줌을 뜻함.《詩經》大雅 抑에 "匪面命之, 言提其耳"라 함. '深蒙'은
　'그러한 은혜를 깊이 입었다'라는 뜻.

653

남에게 넓게 용납함을 요구할 때는 '포황包荒을 바랍니다'라 하고,
자신을 추켜세워 주기를 바랄 때는 '급인汲引을 바랍니다'라 한다.

「求人涵容, 日望包荒;
　求人吹噓, 日望汲引.」

【包荒】 도량이 넓어 황당한 것까지 모두 포용함.《周易》泰卦에 "包荒, 用馮河,
　不遐遺"라 함.
【汲引】 길을 열어 안내하며 끌어줌.《漢書》劉向傳에 "禹稷與皐陶傳相吸引,
　不爲比周"라 함. '吹噓'는 '자신을 추켜세워 줌, 선전해줌, 자랑해줌'을 말함.

654

    자신을 추천하여 이끌어 주기를 바랄 때는 '선용先容해 주시면 행운이겠습니다'라 말하고,

    남에게 자신의 문장을 고쳐달라고 할 때는 '영착郢斲을 내려주시기를 바랍니다'라 한다.

「求人薦引, 曰幸爲先容;

  求人改文, 曰望賜郢斲.」

【先容】먼저 남을 소개해주고 추천함. 鄒陽의 〈於獄中尙書自明〉에 "蟠木根柢, 輪囷離奇, 爲萬乘器者, 以左右先爲之容也"라 함.

【郢斲】《莊子》徐无鬼에 "郢人堊漫其鼻端, 若蠅翼, 使匠石斲之. 匠石運斤成風, 聽而斲之, 盡堊而鼻不傷, 郢人立不失容. 宋元君聞之, 召匠石曰:'嘗試爲寡人爲之.' 匠石曰:'臣則嘗能斲之. 雖然, 臣之質死久矣.' 自夫子之死也, 吾无以爲質矣, 吾无與言之矣"라 함. 즉 초나라 서울(郢)에 어떤 뛰어난 장인이 있어 사람을 시켜 코 끝에 파리 날개만큼 분칠을 하여 이를 벗겨 내도록 하였더니 조금도 상처를 내지 않고 모두 벗겨냈다 함. 뒤에 남에게 자신의 문장을 고쳐줄 것을 청하는 말로 쓰임.

655

'거듭 정언_{鼎言}을 빌립니다'는 남에게 일을 부탁할 때 쓰는 말이요,
'옥지_{玉趾}를 옮겨주시기를 바랍니다'란 남에게 직접 와주실 것을 바랄 때
쓰는 말이다.

「借重鼎言, 是托人言事;
　望移玉趾, 是浼人親行.」

【鼎言】三足兩耳의 솥(鼎)처럼 굳건한 말.
【玉趾】남의 발걸음을 높여 부르는 말. 자신 때문에 발걸음을 했을 때 쓰는
　말.(545 참조) '매'(浼)는 청탁함을 뜻함.

656

'다몽추곡'_{多蒙推轂}은 남이 자신을 추천하여 준 것에 대하여 고맙게
여김을 말한 것이요,
'망작영수'_{望作領袖}란 남에게 앞서나가기를 부탁할 때 쓰는 말이다.

「多蒙推轂, 謝人引薦之辭;
　望作領袖, 託人倡首之說.」

【推轂】 수레를 밀어줌. 남을 추천함을 뜻함. 《사기》 魏其武安侯列傳에 "推轂
  趙綰爲御史大夫"라 함.
【倡首】 앞서서 나감. '倡導'와 같음. 《廣川書跋》 磨崖碑에 "以古學爲天下
  倡首"라 함.

657

말을 해 놓고 어그러짐이 없도록 할 때 이를 일러 '금석어'金石語라 하고,
향당鄕黨에서 공개된 논의를 벌이는 것을 일러 '월단평'月旦評이라 한다.

「言辭不爽, 謂之金石語;
  鄕黨公論, 謂之月旦評.」

【金石語】 언어가 정확하고 약속이 굳어 변하지 않음. 梅堯臣의 〈寄送謝師
  厚餘姚宰〉에 "但誦金石言, 於時儻無忤"라 함. '爽'은 '잃다, 지키지 못하다'
  의 뜻.
【鄕黨】 고대 周나라의 행정단위. 1만 2천 5백 가를
  '黨'이라 하며, 5백 가를 '鄕'이라 하였음.
【月旦評】 한나라 시대 許劭와 許靖은 당시 인물 품평에
  뛰어난 학자로 매월 초하루면 그 향당의 인물들을
  품평하였으니, 曹操가 그에게 찾아와 "我何如人?"이라
  묻자 대뜸 "子治世之能臣, 亂世之奸雄也"라 대답한
  일화로 유명함. 이에 흔히 인물 품평을 '月旦'이라 함.
(《後漢書》許劭傳)

〈月旦評〉

658

만나는 사람마다 항사項斯를 거론하니 이는 그의 행동을 드날려 줌이요,
이름 아래 허명虛名의 선비는 없다 하니 과연 이는 대단한 사람이다.

「逢人說項斯, 表揚善行;
　名下無虛士, 果是賢人.」

【項斯】당나라 때 시인으로 당시 楊敬之가 그를 존경하여 "平生不解藏人善,
　到處逢人說項斯"(《全唐詩話》項斯,《唐才子傳》)
【無虛士】허명으로 이름난 선비가 아님. 北齊 薛道衡이 시로 이름이 났었는데
그가 齊나라에 초빙을 받아 〈人日〉이라는 시를 지어 "立春才七日, 離家已
半年"이라 하자 어떤 이가 보고 "누가 이를 시로 이름났다 했는가? 글이
별것 아니군"이라 하였음. 그러나 "入歸落雁後, 思發在花前"의 구절을 보고는
"名下果無虛士"라 감탄하였다고 함.(《隋唐嘉話》上)

659

당黨을 지어 그릇된 짓을 하는 자를 '붕간'朋奸이라 하고,
도박에서 마지막 재물을 다 던지는 것을 '고주'孤注라 한다.

「黨惡爲非, 曰朋奸;
　盡財賭博, 曰孤注.」

【朋奸】 당을 지어 간악한 짓을 함.《淸波別志(上)에 "朋姦誤國"이라 함.
【孤注】 '注'는 도박에 돈을 거는 것을 뜻함. 이에 남은 돈을 다 모아 마지막
　패를 던지는 것을 '孤注一擲'이라 함.(《宋史》 寇準傳, 139, 215, 458, 509, 585,
　727, 808 참조)

660

일을 대강 마무리 함을 '단지 구실로 막기만 한다'但求塞責라 하고,
　지나치게 밝게 살핌을 경계하는 것을 '가혹하게 요구할 필요가 없다'
不必苛求라 말한다.

「徒了事, 曰但求塞責;
　戒明察, 曰不必苛求.」

【塞責】 일을 저질로 놓고 책임을 지지 않으며 핑계를 대는 것.(《史記》 項羽本紀)
【苛求】 가혹하게 찾아냄. 혹은 '苛斂誅求'의 줄인 말.

661

‘방명’方命이란 남을 거역한다는 말이요, ‘집요’執拗란 자신에게 집착하는
성격을 말한다.

「方命是逆人之言, 執拗是執己之性.」

【方命】 명령을 거역함. ‘放命’으로도 쓰며 ‘逆命’과 같음.《書經》堯典에 “方命
　圯族”이라 함.
【執拗】 어떤 일을 그만두지 못하고 고집을 부려 집착함.《續資治通鑑》宋紀
　神宗 熙寧 2년에 “但不曉事, 又執拗耳”라 함.

662

‘기유’覬覦, ‘비예’睥睨는 모두가 사심에 의해 엿보거나 바라는 것이요,
　‘공총’悾憁, ‘방오’旁午는 모두가 사람의 일이 어그러져 뒤엉킴을 말하는
것이다.

「曰覬覦, 曰睥睨, 總是私心窺望;
　曰悾憁, 曰旁午, 皆言人事之紛紜.」

【覬覦】바랄 수 없는 것을 바람. 《後漢書》楊秉傳에 “宜絕橫拜, 以塞覬覦
  之心”이라 함.
【睥睨】곁눈질함을 뜻함. 《魏書》爾朱榮傳論에 “而始則希覬非望, 睥睨宸極”
  이라 함.
【倥偬】쉴 틈이 없이 일이 많음. 疊韻連綿語. ‘倥傯’으로도 표기함. 孔稚珪의
  〈北山移文〉에 “牒訴倥傯裝其懷”라 함.
【旁午】엉클어지고 뒤틀림. 柳宗元의 〈寄京兆虛孟容書〉에 “詆訶萬端, 旁午
  搆扇”이라 함.

663

작은 과실일지라도 반드시 살펴야 함을 일러 ‘취모구자’吹毛求疵라 하고,
남의 환난을 틈타 서로 공격함을 일러 ‘낙정하석’落阱下石이라 한다.

「小過必察, 謂之吹毛求疵;
　乘患相攻, 謂之落阱下石.」

【吹毛求疵】‘吹毛覓疵’와 같음. 털을 입으로 불어 그 속에 있는 흠까지 찾아냄.
  《韓非子》大體에 “不吹毛而求小疵, 不洗垢而察難知”라 함.
【落井下石】함정에 빠진 자에게 돌을 던져 해를 입힘. 남의 어려움을 이용
  하여 괴롭힘을 뜻함. 韓愈의 〈柳子厚墓誌銘〉에 “一旦臨小利害, 僅如毛髮比,
  反眼若不相識; 落陷阱, 不一引手救, 反擠之, 又下石焉者, 皆是也”라 함.

664

사람의 욕심이란 한 골짜기를 다 채워도 끝내기 어려운 것과 같고,
재물이 쉽게 없어지기는 새는 술 주전자와 같다.

「欲心難厭如溪壑, 財物易盡若漏巵.」

【溪壑】구렁텅이. 골짜기. 《國語》晉語(8)에 "谿壑可盈, 是不可饜也, 必以
　賄死"라 함.
【漏巵】새는 주전자.(《淮南子》氾論訓)

665

'모색을 열어주시기 바랍니다'望開茅塞란 남에게 가르침을 구하는 것이요,
'약이 될 재료를 주신 은혜를 많이 입었습니다'多蒙藥石란 남이 일러준
규잠箴規을 고마워함이다.

「望開茅塞, 是求人之敎導;
　多蒙藥石, 是謝人之箴規.」

【茅塞】사람의 생각이 꽉 막혀 변통이 없음. 《孟子》盡心(下)에 "山徑之蹊間,
　介然用之而成路, 爲間不用, 則茅塞之矣; 今茅塞子之心矣"라 함.(1315 참조)

【藥石】약으로 쓰이는 砭石. 귀에 거슬리지만 자신의 결점을 고칠 수 있는
좋은 말이나 행동.《左傳》襄公 21년에 "臧孫曰: 季孫之愛我, 疾疢也; 孟孫
之惡我, 藥石也. 美疢不如惡石"이라 함.
【箴規】훌륭한 말이나 규범이 될 법도.(《潛夫論》明闇)

666

'방규'芳規, '방촉'芳躅이란 모두가 선행은 그대로 따라 하라는 뜻이요,
'격언'格言, '지언'至言은 모두가 훌륭한 말은 들으라는 뜻이다.

「芳規·芳躅, 皆善行之可摹;
　格言·至言, 悉嘉言之可聽.」

【芳規】좋은 규범이나 법도.《史記》樂毅列傳 司馬貞 〈述贊〉에 "芳規不渝"
라 함.
【芳躅】옛사람의 훌륭한 발자취.《史記》萬石張叔列傳 司馬貞 〈술찬〉에
"敏行納言, 俱嗣芳躅"이라 함.
【格言】법으로 삼을 만한 좋은 말.《宋史》吳玠傳에 "玠善讀史, 凡往事可師者,
　錄置座右, 積久, 墻牖皆格言也"라 함.
【至言】지극히 좋은 말.《說苑》君道에 "聞天下之至言, 而恐不能行"이라 함.

667

말이 없음을 '함묵'緘默이라 하고, 노기를 풀어 쉽게 함을 '제위'霽威라
한다.

「無言曰緘黙, 息怒曰霽威.」

【緘默】 입을 닫고 말을 하지 아니함. 침묵을 지킴.《宋史》范泰傳에 "是用
狂狂妄作而不能緘默者也"라 하였고,《孔子家語》觀周篇에는 "孔子觀周, 入后
稷之廟, 有金人焉, 三緘其口而銘其背"라 함.
【霽威】 노기를 풀어 얼굴이 밝아짐.(《新唐書》魏徵傳) '霽'는 날씨가 갬을 뜻함.

668

포청천包拯은 안색과 웃음이 적어 사람들이 그를 '황하가 맑아졌다'에
비유하였고,
　상앙商鞅은 흉악하고 잔혹하여 항상 죄수를 논할 때면 '위수가 붉었다'고
이야기한다.

「包拯寡色笑, 人比其笑爲黃河淸;
　商鞅最兇殘, 常見論囚而渭水赤.」

【包拯】북송 때 법 집행에 엄정했던 유명한 包靑天을 가리킴. '閻羅包老'라
  불렸으며 자는 希仁, 龍圖閣直學士, 三司使, 樞密副使 등을 역임함. 시호는
  孝肅(991~1062). 너무 엄숙하여 한 번도 웃지 않았다고 하며 그가 웃자
  '황하가 맑아졌다'(黃河淸)라고 비유하였다 함.(《宋史》包拯傳)
【商鞅】전국시대 법가. 衛鞅, 公孫鞅, 商君으로도 불리며 秦나라에 들어가
  孝公을 도와 가혹한 법치를 실행함.(《史記》商君列傳) 그가 渭水 가에서
  법 집행을 실시하여 7백여 명을 참수, 이로 인해 위수가 핏빛으로 붉어졌다
  함.(《東周列國志》87회, 079, 1304 참조)

669

원한이 심함을 '절치'切齒라 하고, 사람의 웃음을 '해이'解頤라 한다.

「仇深曰切齒, 人笑曰解頤.」

【切齒】이를 갈며 지극히 분하게 여김. 切齒腐心의 줄인 말.《後漢書》馬援
  傳에 "常懼海內切齒, 思相屠裂"이라 함.
【解頤】턱(頤)이 풀어질 정도로 크게 웃음.《漢書》匡衡傳에 "匡說詩, 解人頤"
  라 하였고 顔師古 주에 "使人笑不能止也"라 함.

670

사람이 빙그레 웃는 것을 '완이'莞爾라 하고, 입을 막고 웃는 것을 '호로'
胡盧라 한다.

「人微笑曰莞爾, 掩口笑曰胡盧.」

【莞爾】마음에 흡족하여 빙그레 웃음.《論語》陽貨篇에 "子之武城, 聞弦歌
之聲. 夫子莞爾而笑, 曰: '割雞焉用牛刀?'"라 하였고, 屈原〈漁父辭〉에 "漁父
莞爾而笑, 鼓枻而去"라 함.
【胡盧】'盧胡'로도 쓰며, '키득키득'을 웃음을 나타내는 疊韻連綿語, 擬聲語.
《孔叢子》抗志篇에 "衛君胡盧而笑"라 하였고,《後漢書》應劭傳에 어떤
바보가 돌덩이를 보석이라 하자 이를 본 사람들이 입을 막고 키득키득
웃었다 함.(夫睹之者, 掩口盧胡而笑)라 함.

671

크게 웃는 것을 '절도'絶倒라 하고, 여럿이 한꺼번에 웃는 것을 '홍당'哄堂
이라 한다.

「大笑曰絶倒, 衆笑曰哄堂.」

【絶倒】‘抱腹絶倒’의 줄인 말.《新五代史》出帝皇后馮氏에 “左右皆失笑, 帝亦
　自絶倒”라 함.
【哄堂】한꺼번에 웃어 건물 안이 온통 웃음소리로 가득함. ‘烘堂’으로도 씀.
《御史臺記》）

672

　자리를 비워두고 어진 이를 기다리는 것을 ‘허좌’虛左라 하고, 같은
부서의 관직에 함께 일하는 동료를 ‘동인’同寅이라 한다.

「留位待賢, 謂之虛左;
　官僚共署, 謂之同寅.」

【虛左】고대에는 왼쪽을 존중하여 수레의 왼쪽을 비워두고, 이를 ‘허좌’라
　하여 손님의 자리로 삼음.《史記》魏公子列傳에 “公子從騎, 虛左”라 함.
【同寅】동료. 같은 자리에서 관리직을 함께 함.《書經》皐陶謨에 “同寅協恭,
　和衷哉”라 함.

673

사람으로서 믿음을 잃는 것을 '상약'爽約, 또는 '식언'食言이라 하고,
사람으로서 맹세를 잊는 것을 '한맹'寒盟, 또는 '반한'反汗이라 한다.

「人失信, 曰爽約, 又曰食言;
　人忘誓, 曰寒盟, 又曰反汗.」

【爽約】약속을 위배함. 李商隱〈爲張周封上楊相公啓〉에 "寧爽約於虞人"이라 함.
【食言】말에 믿음이 없고 지키지 못할 말을 함.《書經》湯誓에 "爾無不信,
朕不食言"이라 함.
【寒盟】맹약을 잊거나 위배함.《左傳》哀公 12년에 魯 哀公과 吳나라 회담
에서 나온 말.
【反汗】명령 등을 내었다가 다시 거두어들임.《周易》渙卦 象에 "渙汗其大號"
라 함. 땀은 한 번 배출되면 다시 거두어들일 수 없는 것이므로 이에 상반
된다는 뜻.

674

마음에 새기고 골수에 새기는 것은 감사와 덕을 잊을 수 없음이요,
풀을 묶거나 구슬을 물고 오는 것은 은혜를 알았으면 반드시 갚아야
함을 말한다.

「銘心鏤骨, 感德難忘;
　結草啣環, 知恩必報.」

【銘心鏤骨】 마음에 새기고 뼈에 새김. 《顔氏家訓》 序致에 "追思平昔之指, 銘肌鏤骨"이라 함.

【結草】 '結草報恩'을 뜻함. 춘추시대에 魏武子에게 총애하는 첩이 있었다. 무자가 죽음에 임박하자 아들 顆에게 그 여자를 개가시키도록 명하였다. 그러나 다시 무자는 그 여자를 자신과 함께 순장하도록 명령을 바꾸었다. 무자가 죽고 나자 아들 魏顆는 아버지의 먼저 말한 것을 지켜 여자를 개가시켜 보내주었다. 뒤에 위과가 杜回와 전투를 벌였을 때 어떤 노인이 풀을 묶어 두회의 발이 걸려 넘어지도록 도와주어 결국 두회를 사로잡을 수 있었다. 꿈에 그 노인이 나타나 "나는 네가 풀어준 그 여인의 아버지이다. 네가 아버지의 첫 명령을 실행한 것을 고맙게 여겨 이에 보답한 것이다"라 하였다. (《左傳》宣公 15년)

【啣環】 구슬을 머금고 나타남. 東漢 楊寶가 어릴 때 華山에 놀러 갔다가 어린 참새가 새매에게 습격을 당하는 것을 보고 이를 구해주었더니 뒤에 黃衣童子가 나타나 구슬 네 개를 주면서 후손이 크게 번창할 것이라 하였다. 그 후 과연 삼대에 걸쳐 큰 인물이 났다 함.(《後漢書》楊震傳 李賢 주) 한편 《搜神記》권 20에는 "漢時弘農楊寶, 年九歲時, 至華陰山北, 見一黃雀, 爲鴟梟所搏, 墜於樹下, 爲螻蟻所困. 寶見愍之, 取歸, 置巾箱中, 食以黃花. 百餘日, 毛羽成, 朝去暮還. 一夕三更, 寶讀書未臥, 有黃衣童子, 向寶再拜曰: '我西王母使者, 使蓬萊, 不愼爲鴟梟所搏. 君仁愛見拯, 實感盛德.' 乃以白環四枚與寶, 曰: '令君子孫潔白, 位登三事, 當如此環.'"라 함.

675

스스로 재앙을 야기하는 것을 '해의포화'解衣抱火라 하고,
다행히 그 재앙에서 벗어남을 '탈망취연'脫網就淵과 같다고 한다.

「自惹其災, 謂之解衣抱火;
　幸離其害, 眞如脫網就淵.」

【解衣抱火】 옷을 벗고 불을 껴안음. 매우 위험한 일을 자행함.《魏書》崔浩傳
에 "劉裕克秦而歸, 必簒其主, 此無異解衣抱火"라 함.
【脫網就淵】 물고기가 그물을 벗어나 연못으로 되돌아 감. 재난에서 살아남을
뜻함.(《漢書》刑法志,《晉書》慕容載記)

676

두 가지가 서로 들어갈 수 없음을 '예착'枘鑿이라 하고,
두 가지가 서로 투합할 수 없음을 '빙탄'冰炭이라 한다.

「兩不相入, 謂之枘鑿;
　兩不相投, 謂之冰炭.」

【枘鑿】‘方枘圓鑿’의 줄인 말. 예(枘)는 장부(榫)의 자루, 착(鑿)은 장부의 눈.
　서로 맞지 않음을 뜻함.《楚辭》九辯에 “圓鑿而方枘兮, 吾固知其鉏鋙而難入”
　이라 함.
【冰炭】얼음과 숯처럼 서로 용납할 수 없음. ‘氷炭不相容’과 같음.《韓非子》
　顯學에 “夫冰炭不能同器而久, 寒暑不兼時而治, 雜反之學不兩立而治”라 함.

677

피차 화합하지 못함을 ‘저어’齟齬라 하고,
앞으로 나가고자 하나 나갈 수 없음을 ‘자저’趑趄라 한다.

「彼此不合, 曰齟齬;
　欲前不進, 曰趑趄.」

【齟齬】서로 맞지 않음. 疊韻連綿語. ‘鉏鋙’로도 표기함. 앞장(676) 참조.《太玄經》
　親에 “其志齟齬”라 함.
【趑趄】앞으로 갔다가 뒤로 오고 하여 결정을 하지 못함. 오도가도 못함.
　‘次且’로도 표기함. 雙聲連綿語.《周易》夬卦에 “臀無膚, 其行次且”라 함.

678

‘낙락’落落은 합하지 못함을 말하는 것이요,
‘구구’區區는 스스로 겸손히 함을 말하는 것이다.

「落落, 不合之詞;
　區區, 自謙之語.」

【落落】 고독한 모습. 때를 만나지 못함.《後漢書》耿弇傳에 “光武謂耿弇曰:
　將軍前在南陽, 建此大策, 常以爲落落難合. 有志者事竟成也”라 함.
【區區】 작음. 자질구레함.《漢書》禮樂志에 “河間區區小國”이라 하였고,《文選》
　答蘇武書에 “區區之心, 竊慕此耳”라 함.

679

‘준’竣이란 시작한 일을 끝냄을 말하는 것이요,
‘갹’醵이란 여럿이 돈을 모아 술을 마시는 것을 말한다.

「竣者, 作事已事之謂;
　醵者, 斂財飮酒之名.」

【竣】일을 끝내고 물러나서 섬. 일을 끝냈음을 뜻함.《國語》齊語에 "遺事
已於事而竣"라 함.
【釃】돈을 갹출(醵出)하여 술을 마심.《禮記》禮器에 "周禮其猶醵與?"라 하였고,
鄭玄의 주에 "合錢飮酒爲醵"이라 함.

680

어떤 일을 도와주는 것을 '옥성'玉成이라 하고,
나뉘고 찢어져 완성하기 어려운 경우를 '와해'瓦解라 한다.

「贊襄其事, 謂之玉成;
　分裂難完, 謂之瓦解.」

【玉成】옥이 되도록 도와 줌을 뜻함. 張載〈西銘〉에 "富貴福澤, 將厚吾之生.
　貧賤憂慽, 庸玉汝於成也"라 함. '贊襄'은 도와줌을 뜻함.
【瓦解】瓦工이 기와를 만들 때 원통의 틀에 흙을 넣어 만든 다음 이를 분리
　하여 4장의 기와가 나오도록 함. 이 때 분리하는 것을 '와해'라 함. 그러나
　뒤에 일이 분해되어 무너짐을 뜻하는 말로 쓰임.《漢書》徐樂傳에 "天下之
　患在於土崩, 不在瓦解"라 함.

681

일에 알맞은 높낮이가 있음을 일러 '헌지'軒輊라 하고,
힘이 서로 상하를 이루고 있음을 일러 '힐항'頡頏이라 한다.

「事有低昂, 曰軒輊;
　力相上下, 曰頡頏.」

【軒輊】 수레 중에 앞이 높고 뒤가 낮은 것을 '헌'(軒)이라 하며 앞이 낮고
뒤가 높은 것을 '지'(輊)라 함.《詩經》小雅 六月에 "戎車旣安, 如軒如輊"라 함.
'헌지'는 높낮이가 알맞음을 뜻함.
【頡頏】 원래 새가 높고 낮게 나는 모습. 쌍성연면어. 뒤에 서로 마주 당겨
맞섬을 뜻하는 말로 쓰임.《詩經》邶風 燕燕에 "燕燕于飛, 頡之頏之"라 함.

682

평안할 때 공연히 일을 일으키는 것을 '작용'作俑이라 하고,
여전히 앞사람의 폐단을 따라가는 것을 '효우'效尤라 한다.

「平空起事, 曰作俑;
　仍踵前弊, 曰效尤.」

【作俑】 순장에 쓰이는 허수아비를 만듦. 공자는 이를 좋지 않은 것으로 여겼음.
《孟子》梁惠王(上)에 "始作俑者, 其無後乎"라 함.
【效尤】 앞사람의 과오를 그대로 따라 함을 뜻함. 《좌전》莊公 21년에 "鄭伯
效尤, 其亦將有咎"라 함.

683

손과 입이 모두 힘들게 일해야 하는 것을 '길거'拮据라 하고,
몸치장할 겨를도 없이 바쁜 것을 '앙장'鞅掌이라 한다.

「手口共作, 曰拮据;
　不暇修容, 曰鞅掌.」

【拮据】 힘들게 일을 함. 궁색함을 뜻함. 《詩經》豳風 鴟鴞에 "予手拮据"라 함.
　쌍성첩운어.
【鞅掌】 아침 일찍 일어나서 저녁 늦도록 일하느라 의용을 다스릴 여유가
　없음. 일에 정신이 없음을 뜻함. 《詩經》小雅 北山에 "或栖遲偃仰, 或王事
　鞅掌"이라 함. 첩운연면어.

684

손과 발을 함께 하여 기는 것을 '포복'匍匐이라 하고,
머리를 숙여 생각하는 것을 '저회'低徊라 한다.

「手足並行, 曰匍匐;
　俯首而思, 曰低徊.」

【匍匐】'엉금엉금 기다'의 쌍성연면어. 《詩經》邶風 谷風에 "凡民有喪, 匍匐
　救之"라 함.
【低徊】'低回', '低徊', '低徊'로도 쓰며 '어슬렁거리며 골똘히 생각하다'의 첩운
　연면어. 《초사》九章 抽思에 "低徊夷猶, 宿北姑兮"라 함.

685

야광 구슬을 밤에 던지는 것은 재능 있는 자를 크게 굴복시키는 것이요,
방 안으로 들어와 창을 들고 덤비는 것은 자신의 논리로 서로 헐뜯고
죽이는 짓이다.

「明珠投暗, 大屈才能;
　入室操戈, 自相魚肉.」

【明珠投暗】밤중에 구슬을 지나가는 사람에게 던지면 모두가 칼을 빼어들고
경계를 함.《史記》魯仲連鄒陽列傳에 "明月之珠, 夜光之璧, 以暗投於道, 莫不
按劍相眄者, 何也? 無因而至前也"라 함.(1071 참조)
【入室操戈】상대방의 논리로 상대방을 반박함. 혹은 자신의 논리에 자신이
다침. 後漢 때 何休가 公羊學을 공부하여《公羊墨守》,《左氏膏肓》,《穀梁
廢疾》을 짓자 鄭玄이《廢墨守》,《針膏肓》,《起廢疾》을 지어 이를 반박
하였다. 하휴가 이를 보고 "鄭玄入吾室, 操吾戈而伐我乎?"라 탄식하였다.
(《後漢書》鄭玄傳)
【魚肉】서로 헐뜯고 죽임.(《史記》項羽本紀) 한편《사기》晉世家에는 "毋使
母子爲太子所魚肉"이라 함.

686

어리석은 사람에게 가르침을 구하는 것은 '맹인에게 길을 묻는 것'問道
於盲이요,
자신의 의지를 굽혀 벼슬을 구하는 것은 '옥을 자랑하면서 팔고자
하는 것'衒玉求售이다.

「求教於愚人, 是問道於盲;
　枉道以干主, 是衒玉求售.」

【問道於盲】맹인에게 길을 물음.
【枉道以干主】자신의 의지를 굽혀 임금에게 벼슬을 구함.(《論語》子罕篇
朱熹 주)

【衒玉求售】좋은 옥일수록 팔 때 지나치게 자랑을 하지 않음.《法言》問道에
"衒玉而賈石者, 其狙詐乎?"라 함. 한편 본장은 韓愈〈答陳生書〉에 "足下求
速化之術, 乃以訪愈, 是借聽於聾, 問道於盲, 未見其得也. 范氏曰: 士之待禮,
猶玉之待價也. 若伊尹之耕於野, 伯夷太公之居於海濱. 世無成湯文王則終焉
而矣, 必不枉道以從人衒玉而求售也"라 한 것을 근거로 한 것으로 보인다.

687

지혜와 모책이 있는 선비라면 '견해가 비슷한 법'所見略同이요,
어진 사람의 말 한마디는 '그 이익이 매우 넓은 법'其利甚溥이다.

「智謀之士, 所見略同;
　仁人之言, 其利甚溥.」

【所見略同】견해가 대체로 비슷함.《三國志》蜀志 龐德傳에 "劉備非久屈於
人下者, 恐蛟龍得雲雨, 終非池中物也. 備聞之曰: 天下智謀之士, 所見略同"
이라 함.(1067, 1259 참조)
【其利甚溥】어진 사람의 말은 그 이익이 널리 퍼진다는 뜻. '溥'는 '普'와 같음.
《左傳》(昭公 3년)과 《晏子春秋》에 晏子의 집이 시장에 가까워 시끄러울 것
이라 여긴 景公이 그의 집을 좋은 곳으로 옮겨주려 하자 안자가 "지금 시장
에서 발꿈치를 자른 형벌을 당한 자가 신는 신 값이 일반인의 신보다 비싸니
이는 형벌을 당한 자가 너무 많아 그 신발값이 오른 것이다"라고 하자 즉시
혹형을 줄였음. 이에 사람들이 "仁人之言, 其利溥哉"라 감탄했다 함.

688

‘노반의 문 앞에서 도끼 들고 나서는 것’^{班門弄斧}은 자신의 분수를 모르는
것이요,

‘높은 누각의 꼭대기와 같게 하려고 하는 것’^{岑樓齊末}은 높낮이를 모르는
자의 짓이다.

「班門弄斧, 不知分量;

　岑樓齊末, 不識高卑.」

【班門弄斧】‘班’은 公輸班, 魯班. 고대 전설상의 최고 목수(木匠人). 그집 문
앞에 연장을 들고 나서는 것은 상대가 되지 않음을 뜻함.(歐陽修 〈與梅聖
俞書〉) 한편 梅之渙의 〈題李白墓〉에 “采石江邊一堆土, 李白之名高千古. 來來
往往一首詩, 魯班門前弄大斧”라 함.

【岑樓齊末】밑바탕은 살피지 아니하고 아주 높은 건물 끝과 같아지기를 바람.
《孟子》 告子(下)에 “그 근본을 재어보지 아니하고 그 끝만 비교한다면, 겨우
한 치밖에 되지 않는 나무로도 잠루(岑樓)보다 더 높게 할 수가 있다”(不揣
其本而齊其末, 方寸之木可使高於岑樓)라 함.

689

형세가 걷잡을 수 없이 번져 그칠 수 없음을 일러 ‘자만난도’^{滋蔓難圖}라
하고,

마음 속에 남을 해칠 생각을 품고 있음을 일러 '인심파측'人心叵測이라
한다.

「勢延莫遏, 謂之滋蔓難圖;
　包藏禍心, 謂之人心叵測.」

【滋蔓難圖】 일단 화근이 생기면 그 줄기가 어디까지 뻗어나갈지 알 수 없음.
《左傳》隱公 元年에 "姜氏何厭之有, 不如早爲之所, 毋使滋蔓, 蔓, 難圖也.
蔓草猶不可除, 況君之寵弟乎?"라 함.
【包藏禍心】 안으로 남을 해칠 마음을 품고 있음.《좌전》昭公 원년에 "楚公
　子圍聘於鄭, 欲以兵入鄭逆婦, 子産患之, 使子羽辭曰: '小國無罪, 恃實其罪,
　將恃大國之安靖已, 而無乃包藏禍心以圖之乎?'"라 함.
【叵測】 '叵'(파)는 '不可'의 合音字.

690

'작사도방'作舍道旁은 의론이 너무 많아 일을 이루기 어려움을 말한
것이요,
　'일국삼공'一國三公은 권력의 자루가 분산되어 하나로 통일할 수 없음을
말한 것이다.

「作舍道旁, 議論多而難成;
　一國三公, 權柄分而不一.」

【作舍道旁】 길가에 집을 짓고 있으면 오가는 사람들이 누구나 의견을 내세워
 도저히 집을 완성할 수 없음.(《後漢書》曹褒傳) 이는 당시 속담으로 "作舍
 道旁, 三年不成"이라 함.
【一國三公】 하나의 나라 안에 상공이 셋이면 의견이 분분하여 일을 결정할
 수가 없음.《左傳》僖公 5년에 "一國三公, 吾誰適從"이라 함.

691

어떤 일에 기이한 인연이 있을 때 '삼생유행'三生有幸이라 하고,
일마다 뜻이 흔들릴 뿐 이룬 것이 없을 때 '일사무성'一事無成이라 한다.

「事有奇緣, 曰三生有幸;
 事皆拂意, 曰一事無成.」

【三生有幸】 '三生'은 불교어로 전생, 현생, 내세를 뜻함.(王實甫《西廂記》
 一本二則)
【一事無成】 하나의 일도 성취하지 못함.(白居易〈除夜寄微之〉) 한편 王中의
 시에 "干戈未定欲何之, 一事無成兩鬢絲"라 함.

692

주색에 탐닉함은 마치 두 날 도끼로 홀로 선 나무를 찍는 것과 같고,
역량이 부족함은 마치 한 치의 아교로 황하를 맑게 하고자 함과 같다.

「酒色是耽, 如以雙斧伐孤樹;
　力量不勝, 如以寸膠澄黃河.」

【酒色是耽】《元史》阿沙不花傳에 "阿沙不花見武宗容色日瘁, 諫曰: '人貪酒色,
　如雙斧伐孤樹, 未有不仆者'"라 함. '耽'은 '貪'과 같음.
【寸膠】《抱朴子》外篇 喜遁에 "寸膠不能理黃河之濁, 尺水不能卻蕭丘之熱"
　이라 함.

693

'상치되는 의견을 함께 들으면 밝아지고, 한쪽 말만 믿으면 어둡게
된다' 함은 위징魏徵이 당 태종太宗에게 일러준 말이요,
　'모든 사람이 다 노할 때는 맞서지 말아야 하고 전횡을 부리는 욕심
으로는 일을 이룰 수 없다' 함은 자산子産이 자공子孔에게 일러준 말이다.

「兼聽則明, 偏信則暗, 此魏徵之對太宗;
　衆怒難犯, 專欲難成, 此子産之諷子孔.」

【兼聽】《資治通鑑》唐太宗貞觀 2년에 "太宗問魏徵曰: ‘人主何爲而明? 何爲
而暗?’ 徵對曰: ‘兼聽則明, 偏聽則暗’"이라 함. 위징(580~643)은 태종 때의
명신으로 태종과 함께 나눈 이야기를 쓴 《貞觀政要》 등이 유명함.
【衆怒難犯】《左傳》襄公 10년에 子孔이 나라를 다스리며 여러 사람의 의견
듣기를 매우 싫어하자 子産이 "衆怒難犯, 專欲難成"이라 함. 자산(公孫僑)은
춘추시대 鄭나라 대부로 선정을 베풀어 나라의 안정을 이룩했던 사람으로
공자도 매우 칭찬하였음.

694

자신의 장기를 자랑하고 싶은 것을 일러 ‘심번기양’^{心煩技癢}이라 하고,
   감정과 욕심을 다 끊어 전혀 없도록 하는 것을 일러 ‘고목사회’^{槁木死灰}라
한다.

「欲逞所長, 謂之心煩技癢;
  絶無情慾, 謂之槁木死灰.」

【心煩技癢】자신이 잘하는 재주나 技藝를 남에게 보여주고 싶어 몸이 근지
러울 정도라는 뜻. 潘岳의 〈射雉賦〉에 "徒心煩而伎癢"이라 함.
【槁木死灰】마른 나무나 불이 꺼져 재가 된 것. 아무런 생기도 없고 의욕도
없는 상태. 《莊子》齊物論에 "形固可使如槁木, 心固可使如死灰耶"라 함.

695

‘이 자리에 강남 사람이 있을지 모른다’ 함은 말은 반드시 조심해야
함을 뜻하고,
  ‘내왕하는 사람으로 백정(白丁, 평민)은 없다’ 함은 사귀는 사람이 모두
어진 이라는 뜻이다.

「座上有江南, 語言須謹;
  往來無白丁, 交接皆賢.」

【座上有江南】자리에 혹 강남 사람이 있을지 모르니 조심하라는 뜻. 黃山谷의
  〈席上貽歌者〉에 “座上若有江南客, 莫問春風唱鷓鴣”라 함. 여기서 ‘鷓鴣’는
  고악부 〈鷓鴣曲〉을 가리키며 남방사람이 이 곡을 들으면 고향으로 돌아
  가고 싶어한다 함.
【往來無白丁】劉禹錫의 〈陋室銘〉에 “談笑有鴻儒, 往來無白丁”이라 하여 서로
  사귀는 자 중에 일반 평민은 없음을 뜻함.

696

장차 점점 좋은 쪽으로 접근함을 ‘점입가경’漸入佳境이라 하고,
이유 없이 거만하게 구는 것을 ‘방약무인’旁若無人이라 한다.

「將近好處, 曰漸入佳境;
　無端倨傲, 曰旁若無人.」

【漸入佳境】顧愷之(長康)가 사탕수수를 먹으면서 밑 부분부터 먹자 이유를
　물었더니 갈수록 달기 때문이라 함.(《晉書》顧愷之傳) 사탕수수는 밑 부분이
　덜 달고 위로 갈수록 더 단맛이 남.《世說新語》排調篇에 "顧長康噉甘蔗,
　恒自尾至本. 人問所以? 云: '漸入佳境.'"이라 함.(1307 참조)
【無端倨傲】이유 없이 거만하게 구는 것을 말함.(《荀子》不拘)
【旁若無人】곁에 사람이 없는 듯이 여김. 荊軻와 高漸離가 함께 술을 마실
　때 傍若無人의 태도였다 함.(《史記》刺客列傳)

697

일을 하다가 그 역할을 풀어주는 것을 '고가'告假라 하고,
돈으로 위촉하고 부탁하여 영달하는 것을 '인연'夤緣이라 한다.

「借事寬役, 曰告假;
　將錢囑托, 曰夤緣.」

【告假】휴가의 뜻.(王禹偁〈求致仕第一表〉) '告'도 휴가를 뜻함.
【夤緣】남을 타고 올라감. 힘있는 자에게 빌붙어 영달함.《舊唐書》令狐楚
　牛僧孺傳贊에 "喬松孤立, 蘿蔦夤緣"이라 함.

698

일에 큰 이익이 있는 것을 '기화가거'奇貨可居라 하고,
일에 의당 옛것을 거울삼아야 함을 '복거당계'覆車當戒라 한다.

「事有大利, 曰奇貨可居;
　事宜鑒前, 曰覆車當戒.」

【奇貨可居】전국시대 呂不韋가 趙나라 邯鄲에 인질로 와 있던 子楚를 보고
아버지에게 물었을 때 이를 사두면 '대단한 상품'(奇貨)이 될 것이라 한 말
에서 유래됨. 과연 뒤에 그가 秦나라 莊襄王이 되었고 자신은 승상이 됨.
아울러 이미 아이를 가진 자신의 첩을 주었으니, 그에게서 난 아이가 秦始皇
(嬴政)이었다 함.(《史記》 呂不韋列傳, 740 참조)
【覆車當戒】《韓詩外傳》 권5에 "前車覆, 而後車不誡, 是以後車覆也"라 함. 이미
실패한 일을 거울삼아 전철을 밟지 않도록 경계함을 뜻함.

699

저彼를 멀리하고 이此를 지지함을 '좌단'左袒이라 하고,
일을 처리함에 양쪽 다 옳다고 함을 '모릉'模稜이라 한다.

「外彼爲此, 曰左袒;
　處事兩可, 曰模稜.」

【左袒】 한나라 때 장군 周勃이 劉邦의 아내 집안 呂氏의 권세가 극심해지자 참다못해 난을 일으키고자 군사들을 불러놓고 여씨를 지지하는 자는 오른 쪽 어깨를 벗고(右袒), 유씨를 지지하는 자는 왼쪽 어깨를 벗도록(左袒) 하자 모두 좌단하였다 함.(《史記》 呂太后本紀)

【模稜】 ‘摸稜’, ‘模棱’과 같음. 모서리만 만지고 있음. 곤란할 때 어느 쪽의 의견도 따르지 않고 모호한 태도로 피해나감. 당나라 蘇味道는 언제나 남에게 동조하는 척만 하고 행동을 하지 않으면서 "處事不欲明白, 但模稜 持兩端可矣"라 하여 ‘蘇模稜’이라 불렸다 함.(《舊唐書》 蘇味道傳)

700

적을 쉽게 꺾을 수 있다고 여기는 것을 ‘발몽진락’發蒙振落이라 하고,
반드시 이기고 말겠다는 의지를 보임을 ‘파부침주’破釜沈舟라 한다.

「敵甚易摧, 曰發蒙振落;
　志在必勝, 曰破釜沈舟.」

【發蒙振落】 먼지받이 천막을 벗겨 먼지가 쏟아지게 함. 경솔한 행동을 뜻함. (《漢書》 淮南王安傳)

【破釜沈舟】 項羽가 군사를 이끌고 황하를 건넌 다음 병사마다 사흘 간의 식량만 지니게 하고 솥을 부수어 버렸으며 타고 온 배도 가라앉혀 승리하지 않고는 다시 되돌아가지 않을 것임을 결의하였음.(《史記》 項羽本紀)

701

‘구들을 굽게 하고 섶을 옮겨놓도록 일러준 사람에게는 아무런 은혜를 느끼지 못한다’ 함은 예방의 힘이 크다는 것을 염두에 두지 않음이요,
 ‘그 불을 끄느라 머리를 태우고 이마를 덴 사람은 상객으로 대접받는다’ 함은 한갓 급한 데서 구제해준 공이 큰 것만을 안다는 뜻이다.

「曲突徙薪無恩澤, 不念豫防之力大;
　焦頭爛額爲上客, 徒知救急之功宏.」

【曲突】본 장은《漢書》霍光傳 및《說苑》權謀篇,《十八史略》卷1,《明心寶鑑》등에 널리 실려 있는 고사이다. 곽광이 난을 꾸미자 이를 徐福이 임금에게 예비하도록 알린 이야기이다. 어떤 이가 부엌의 구들을 곧게 하고 아궁이 옆에 많은 나무를 어지럽게 쌓여 있는 것을 보고 불이 날 염려가 있으니 구들을 구불구불하게 하고 섶을 멀리 치우도록 일러주었으나 이를 듣지 않아 결국 불이 나고 말았다. 집 주인은 이웃 사람들의 도움으로 불을 끄고 나서는 고마움에 소를 잡고 큰 대접을 하느라 많은 돈을 쓰게 되었다는 것이다. 결국 임금은 도리어 곽광을 총애하여 난이 일어나고 말았다. 이를 진압한 董忠 등은 큰 벼슬을 받았지만 예방하기를 일러준 서복은 아무런 칭찬 한 마디 듣지 못하였다. 어떤 이가 이에 앞의 두 구절을 들어 말한 것이다. 한편 安重根 의사가 옥중에서 이 구절을 글씨로 써서 당시의 상황을 경계한 것이 전하고 있다.

702

　도둑을 일러 '양상군자'梁上君子라 하고, 강경하여 고집이 센 것을 '화외
완민'化外頑民이라 한다.

「賊人曰梁上君子, 强梗曰化外頑民.」

【梁上君子】 후한 시대 陳寔의 집에 도둑이 들어 급한 대로 대들보에 올라 숨어
　있었다. 이를 알아차린 진식이 식구들을 불러놓고 "夫人不可不自勉, 不善
　之人, 未必本惡, 習與性成耳, 與梁上君子是矣"라 하자 도둑이 내려와 죄를
　빌어 비단 2필을 주어 돌려보냈다 함.(《後漢書》 陳寔傳)
【强梗】 '强硬', '强勁'과 같음.
【化外頑民】 교화에서 벗어나 있는 완악한 백성.(《唐律疏義》 名例六)

703

　'목설죽두'木屑竹頭는 모두가 언젠가는 쓸 곳이 있는 물건이라는 뜻이요,
'우수마발'牛溲馬渤이란 약으로 비치하여 쓸 수 있는 재료라는 뜻이다.

「木屑竹頭, 皆爲有用之物;
　牛溲馬渤. 可備藥石之資.」

【木屑竹頭】나무를 다듬고 남는 톱밥(대패밥)이나 대나무 부스러기. 아무 쓸모가 없지만 상황에 따라서는 요긴하게 쓰임을 뜻함. 晉나라 陶侃이 荊州刺史로 있을 때 배를 만들면서 남은 대패밥을 모아둘 것을 명함. 뒤에 겨울이 되어 대청 앞이 질퍽거리자 이를 뿌려 사용함. 또 桓溫이 蜀을 벌할 때 역시 도간이 모아두었던 대나무 조각으로 뱃머리에 못으로 사용하여 꽂았다 함.(《晉書》陶侃傳)

【牛溲馬渤】'牛溲'는 질경이(車前草)이며, '馬渤(馬勃)'은 '馬屁勃'이라는 풀로 습지에 나며 菰(줄풀)와 비슷하나 둥글고 가볍다 함. 모두가 흔하여 쉽게 구할 수 있는 것들이라는 뜻. 그러나 쇠오줌과 말똥으로 보기도 함.

704

'오경소지'五經掃地란 축흠명祝欽明이 경학의 문장을 제멋대로 더럽혔음을 말하고,

'일목탱천'一木撑天이란 진晉나라 왕동王敦이 아직 움질일 때가 아님을 말한 것이다.

「五經掃地, 祝欽明自褻斯文;

　一木撑天, 晉王敦未可擅動.」

【五經掃地】오경의 귀한 책으로 땅을 쓸고 있음. 唐나라 祝欽明은 오경과 제자백가에 통달하였으나 中宗 때 韋后에 영합하여 經義를 왜곡하였으며 궁중에서 연회를 열어 자신이 〈八鳳舞〉를 잘 춘다고 하는 등 온갖 추태를 부렸다 함. 이에 당시 사람들이 "祝公五經掃地盡矣"라 함. 뒤에 '五經掃地', '斯文掃地' 등은 문인으로서 추태를 부림을 뜻하는 말로 쓰임.(《新唐書》 祝欽明傳)

【一木撑天】晉나라 王敦이 기병하기 전에 기둥 하나가 하늘을 받치고 있는 꿈을 꾸고 이를 해몽하는 자에게 묻자 "이는 '未'자입니다. 아직 나서지 마십시오"라 하였다 함.(《太平廣記》 14) 왕돈(266~324)은 晉 武帝의 사위로 西晉이 망하자 사촌 王導와 함께 司馬睿(元帝)를 옹립하여 남으로 내려와 建康(南京)에 東晉을 세워 그로 인해 세력이 강해졌음. 이에 사마예가 이를 억제하려 하자 난을 일으켜 건강을 함락, 승상이 됨.(《晉書》 王敦傳)

705

'봉鳳 자와 오午 자를 써 놓고 간 것은 친구를 놀리는 말을 은연 중에 드러낸 것이요,

파맥破麥과 파리破梨는 남편을 만나고 아들을 만나리라는 기이한 꿈을 꾼 것이다.

「題鳳·題午, 譏友譏親之隱詞;
　破麥·破梨, 見夫見子之奇夢.」

【題鳳】晉나라 呂安과 稽康은 친구 사이로 여안이 어느 날 천리 먼길의 혜강을 찾아갔을 때 마침 혜강이 없자 대문에 '鳳'자를 써 놓고 떠났음. 이는 '鳳'자를 破字하여 '凡鳥'(별것 아닌 자)라는 의미였음.(《世說新語》 簡傲, 398 참조)
【題午】어떤 사람이 친구를 찾았을 때 역시 그가 없자 '午'자를 대문에 써 놓고 가버렸음. 이를 본 자가 "午자는 소(牛)가 뿔이 나지 않은 것이니 놀린 것이다"(午字乃牛不出頭, 譏之也)라 하여 '송아지 같은 녀석'이라는 놀림이었다 함.(《談林》)
【破麥】寧波라는 곳에 어떤 부인이 전란으로 가족이 모두 헤어지고 절에

기거하게 되었다. 그런데 밀을 빻고 연꽃이 떨어지는 꿈을 꾸어 이를 스님에게 물어보았더니 "밀을 빻으면 '麩'(밀기울)가 생기니 이는 '夫'와 같다. 연꽃이 떨어지고 나면 씨(子)가 맺히니 남편과 아들을 모두 만나게 될 것이다"라 하여 과연 모두 만나게 되었다 함.

【破梨】옛날 楊進이라는 사람이 南陽刺史로 부임하던 중 풍랑을 만나 아들이 떠내려가고 말았다. 부부가 배(梨)를 가르는 꿈을 꾸었는데 친구가 "배를 쪼개면 그 속에 씨(子)가 보이게 마련이다"라 하여 열흘 후 아들이 살아 돌아왔다 함.

706

'모수毛遂는 말 한 마디가 구정九鼎'이라 함은 남이 그의 말을 중히 여긴 것이요,

'계포季布의 한번 허락은 천금'이라 한 것은 사람들이 그의 신의를 탄복한 것이다.

「毛遂片言九鼎, 人重其言;
　季布一諾千金, 人服其信.」

【毛遂片言九鼎】전국시대 趙나라 平原君의 식객 毛遂가 스스로를 추천하여 (毛遂自薦) 楚나라로 가서 맹약을 성공시키자, 평원군이 "毛先生至楚, 以三寸之舌, 强百萬之兵, 使趙重於九鼎矣"라 함.(《史記》 平原君列傳, 223, 235 참조)

【季布一諾千金】계포는 원래 楚나라 유협으로 처음 項羽를 따라 나섰다가 뒤에 劉邦에게 사면을 받아 郎中이 된 인물. 그는 한 번 약속을 하면 절대로 어기는 법이 없어 당시 "得黃金百斤, 不如得季布一諾"이라 하였음.(《史記》 季布欒布列傳, 305, 644 참조)

707

악비岳飛는 등에 '진충보국'盡忠報國이라 문신을 떴고, 양진楊震은 '청백리'
清白吏라는 것을 집안의 재산으로 물려주었다.

「岳飛背涅盡忠報國, 楊震惟以清白傳家.」

【岳飛】 송나라 장군으로 金나라에 맞서 싸웠던 인물. 그의 어머니가 등에
'盡忠報國'이라는 묵서를 썼던 것으로 유명함.(《宋史》 岳飛傳, 587, 710 참조)
【楊震】 東漢 弘農 華陰 사람(?~124). 자는 伯起. 학문에 뛰어나 따르는 자가
천여 명이었으며 당시 그를 '關西夫子', 혹은 '關西孔子'라 불렀음. 청백리로
이름을 떨치던 그에게 어떤 친구가 재산을 모아 자손에게 물려줄 것을 권하자
"후세에 청백리라는 재산을 물려준 것이면 충분하다. 하필 속인처럼 재산을
물려주어야 한다는 것인가?(使後世稱爲淸白吏子孫, 所遺不已多乎? 何必同流
俗之人見而置産業乎?)라 하였다 함.(《後漢書》 楊震傳, 289, 538, 674 참조)

708

아래는 강하고 위가 약한 것을 '미대부도"尾大不掉라 하고,
위의 권세를 아래에서 빼앗는 것을 '태아도지'太阿倒持라 한다.

「下强上弱, 曰尾大不掉;
　上權下奪, 曰太阿倒持.」

【尾大不掉】꼬리가 너무 길어 움직일 수 없음.《左傳》昭公 11년에 王이 申无宇
에게 "國有大城, 何如?"라 묻자 "末大必折, 尾大不掉, 君所知也"라 함.
【太阿倒持】太阿(泰阿)는 고대 名劍의 이름. 이를 거꾸로 잡고 있음. 권력을
잘못 넘겨줌을 뜻함.《漢書》梅福傳에 "倒持泰阿, 授楚其柄"이라 함.

709

지금 세상에는 임금이 신하를 택할 뿐만 아니라 신하 역시 임금을
택한다.
천명을 받은 제왕은 창업만 어려운 것이 아니라 수성守成 역시 쉽지 않다.

「當今之世, 不但君擇臣, 臣亦擇君;
　受命之王, 不獨創業難, 守成亦不易.」

【擇臣·擇君】임금이 신하를 택할 수 있듯이 신하가 임금을 택할 수도 있음.
왕에게 심하게 권고하는 말.《後漢書》馬援傳에 마원이 光武帝에게 "當今
之世, 非但君擇臣, 臣亦擇其君耳. 天下反覆, 盜名者不可勝數. 今見陛下, 恢廓
大度, 同符高祖, 乃知帝王自有眞也"라 함.
【創業·守成】이는 唐 太宗(李世民)이 즉위하여 여러 신하들과의 대화에서
비롯된 것으로 창업도 어렵지만 수성도 역시 쉽지는 않다는 뜻임.《貞觀
政要》論君道에 "貞觀十年, 太宗謂侍臣曰: '帝王之業, 草創與守成孰難?' 尙書
左僕射房玄齡對曰: '天地草昧, 群雄競起, 攻破乃降, 戰勝乃克. 由此言之, 草創
爲難.' 魏徵對曰: '帝王之起, 必承衰亂, 覆彼昏狡, 百姓樂推, 四海歸命; 天授
人與, 乃不爲難. 然旣得之後, 志趣驕逸. 百姓欲靜而徭役不休, 百姓彫殘而侈
務不息; 國之衰弊, 恆由此起. 以斯而言, 守文則難.' 太宗曰: '玄齡昔從我定天下,

備嘗艱苦, 出萬死而遇一生, 所以見草創之難也, 魏徵與我安天下, 慮生驕逸
之端, 必踐危亡之地, 所以見守文之難也. 今草創之難, 旣已往矣, 守文之難,
當思與公等愼之.”라 함.

710

‘평소 한 일을 남에게 모두 말할 수 있다’ 함은 사마광司馬光이 자신 있게
한 말이요,
　‘병법을 운용하는 묘책은 오직 마음에 달려 있다’라 함은 악비岳飛가
병법을 논한 말이다.

「生平所爲皆可對人言, 司馬光之自信;
　運用之妙惟存乎一心, 岳武穆之論兵.」

【司馬光】 사마광이 일찍이 “내 남보다 뛰어난 것은 없다. 다만 평소 한 일을
　남에게 말할 수 없는 일이란 없었을 뿐이다”(吾無過人者, 但生平所爲, 未嘗
　不可對人言耳)라 하여 숨길 일은 없었다고 말하였음.(《宋史》司馬光傳)
【岳武穆】 岳飛를 가리킴. 그가 金軍을 물리치고 나서 宗澤에게 “陣而後戰,
　兵法之常, 運用之妙, 存乎一心”이라 함.(《宋史》岳飛傳, 587, 707 참조)

711

‘변폭邊幅을 정리하지 않는다’는 것은 몸 치장에 신경을 쓰지 않는다는
것이요,
‘돌출 행동을 하지 않는다’는 것은 천성이 남과 잘 어울림을 말한 것이다.

「不修邊幅, 謂人不飾儀容;
　不立崖岸, 謂人天性和樂.」

【不修邊幅】 옷의 수식을 중시하지는 않음. 작은 문제에 얽매이지 않음을
뜻함.《顔氏家訓》序致에 “雖讀禮傳, 微愛屬文, 頗爲凡人之所陶染, 肆欲輕言,
不脩邊幅”이라 함.
【不立崖岸】 남과 잘 화합하고 거만하게 굴지 않음을 뜻함. 낭떠러지 같은
행동을 하지 않음. 唐나라 鄭群은 天性이 和樂하여 사대부들과 사귀면서
崖岸 같은 행위나 斬絶한 행동은 하지 않았다 함.《北史》崔逞傳에도 같은
말이 나옴.

712

‘최이’蕞爾, ‘요마’么麼란 매우 작은 것을 말할 때 쓰는 표현이요,
‘노망’鹵莽, ‘멸렬’滅裂은 정밀하지 못함을 일컫는 것이다.

「蕞爾·幺麼, 言其甚小;
  鹵莽·滅裂, 言其不精.」

【蕞爾】아주 작은 것을 뜻함.《三國志》魏志 陳留王奐傳에 "蜀蕞爾小國, 土狹
  民寡"라 함.
【幺麼】'幺麼'로도 표기하며 역시 아주 작은 것을 뜻함.《史通》外篇 雜說(下)
  에 "雖其間伸以狀迹, 粗陳一二, 幺麼恒事, 曾何足觀"이라 함.
【鹵莽·滅裂】'鹵莽'은 구차스러운 것, '滅裂'은 경박하고 조속함을 뜻함.《莊子》
  則陽에 "長梧封人問子牢曰: 君爲政焉勿鹵莽, 治民焉勿滅裂"이라 함. '滅裂'은
  첩운연면어.

713

  과실은 모두 배우지 않은 데서 생기고, 억지로라도 하다 보면 저절로
자연스럽게 된다.

  「誤處皆緣不學, 强作乃成自然.」

【緣不學】모든 과오는 배우지 못한 데서 연유함. 이는 宋代 唐仲友가 한
  고조(劉邦)를 평한 말에서 유래됨. 한 고조는 평생 많은 실수가 있었으면서도
  그렇게 대성할 수 있었던 것에 대해 "誤處皆緣不學, 改處改由敏悟"라 함.
【成自然】전국시대 魏나라 安釐王이 孔斌에게 '훌륭한 선비가 누구냐'고 묻자
  '魯仲連'이라 대답하였다. 왕이 "이는 억지로 한 것이지 자연스럽게 타고

난 자가 아니다"(强作之者, 非自然也)라 하자 공빈이 "사람마다 억지로라도
해서 그치지 않으면 군자가 되는 것입니다. 계속하면서 변함이 없으면 습관과
성품이 자연이 되는 것입니다"(人皆作之, 作之不止, 乃成君子; 作之不變, 習與
性成, 乃自然耳)라 함.(《孔叢子》)《論語》陽貨篇에는 "性相近也, 習相遠也"라 함.

714

일에 차례를 지키지 않고 급히 이루려고 함을 '엽등'躐等이라 하고,
예모禮貌를 지나치게 차리는 것을 일러 '주공'足恭이라 한다.

「求事速成, 曰躐等;
　過於禮貌, 曰足恭.」

【躐等】단계나 등급을 뛰어넘음. 차례를 지키지 아니함.《禮記》學記에 "幼者
　聽而弗問, 學不躐等也"라 함.
【足恭】'주공'으로 읽으며 공경을 과분하고 지나치게 하여 남에게 사랑을
　받으려 애쓰는 것을 말함.《論語》公冶長篇에 "子曰: '巧言·令色·足恭, 左丘
　明恥之, 丘亦恥之. 匿怨而友其人, 左丘明恥之, 丘亦恥之.'"라 하였고, 注에
　"足, 過也"라 함.

715

충후忠厚한 척하는 자를 일러 '향원'鄕愿이라 하고,
여러 무리 속에 뛰어난 자를 일러 '거벽'巨擘이라 한다.

「假忠厚者, 謂之鄕愿;
　出人群者, 謂之巨擘.」

【鄕愿】'鄕原'으로도 쓰며, 愿은 아는 척하는 것. 한 고을에서 아는 척하는
위선자를 뜻함.《論語》陽貨篇에 "子曰: '鄕原, 德之賊也.'"라 하였고,《孟子》
盡心(下)에는 "閹然媚於世也者, 是鄕原也. 又說; 非之無擧也, 刺之無刺也.
同乎流俗, 合乎汚世. 居之似忠信, 行之似廉潔, 衆皆悅之, 自以爲是, 而不可
與人堯舜之道. 故曰'德之賊'也."라 하였다.
【巨擘】엄지손가락. 최고를 뜻함.《孟子》滕文公(下)에 "孟子曰: '於齊國之士,
吾必以仲子爲巨擘焉. 雖然, 仲子惡能廉? 充仲子之操, 則蚓而後可者也. 夫蚓,
上食槁壤, 下飮黃泉. 仲子所居之室, 伯夷之所築與? 抑亦盜跖之所築與? 所食
之粟, 伯夷之所樹與? 抑亦盜跖之所樹與? 是未可知也.'"라 함.

716

맹랑孟浪함은 경박하고 들 뜬 속에서 생기고, 정밀하고 상세함은 한가한
여유를 가질 때 나타난다.

「孟浪由於輕浮, 精詳出於暇豫.」

【孟浪】경솔함. 맹랑함.《莊子》齊物論에 "瞿鵲子問乎長梧子曰: '吾聞諸夫子:
《聖人不從事於務, 不就利, 不違害, 不喜求, 不緣道; 无謂有謂, 有謂无謂, 而遊
乎塵垢之外》夫子以爲孟浪之言, 而我以爲妙道之行也. 吾子以爲奚若?'"이라 함.
【暇豫】한적함.(《國語》晉語 二)

717

선을 행하면 꽃다운 이름이 백세를 이어가지만, 악한 짓을 하면 더러운
냄새가 만년을 간다.

「爲善則流芳百世, 爲惡則遺臭萬年.」

【流芳百世】晉나라 때 桓溫이 반란을 일으킬 야심을 품고 밤에 베개를
쓰다듬으며 "대장부가 세상에 꽃다운 이름을 남기지 못할 바에야 추한
이름이라도 만세에 남겨야지"(大丈夫不能流芳百世, 亦當遺臭萬世)라 함.(《晉書》
桓溫傳)《世說新語》尤悔篇에 "桓公臥語曰: '作此寂寂, 將爲文·景所笑!' 旣而
屈起坐曰: '旣不能流芳後世, 亦不足復遺臭萬載邪!'"라 함.

718

지나치게 많은 것을 일러 '임악'稔惡이라 하고, 죄가 가득한 것을 일러 '관영'貫盈이라 한다.

「過多曰稔惡, 罪滿曰貫盈.」

【稔惡】 임(稔)은 '積'과 같음.(《舊唐書》憲宗紀 上)
【貫盈】 물건이 줄 끝까지 다 꿰어 줄이 끝남.《書經》泰誓에 "商罪貫盈, 天命
　誅之"라 함.

719

얼굴을 요상하게 꾸미면 음란한 놈을 부르는 것을 보았으니, 모름지기 재물을 갈무리하면서 잘 지키지 않으면 도적을 부른다는 것을 알아야 한다.

「嘗見冶容誨淫, 須知慢藏誨盜.」

【冶容誨淫】《周易》繫辭(上)에 "慢藏誨盜, 冶容誨淫"이라 함. 재물을 모아두고 잘 관리하지 않으면 도둑을 부르는 것이요, 요염한 자태는 음란함을 부른다는 뜻.

720

'대롱으로 표범 무늬를 본다'管中窺豹는 것은 소견이 풍부하지 못함을 말하고,

'우물에 앉아 하늘을 본다'坐井觀天는 것은 지식이 넓지 못함을 말한다.

> 「管中窺豹, 所見不多;
> 　坐井觀天, 知識不廣.」

【管中窺豹】 대롱으로 표범의 무늬를 봄. 왕헌지가 어릴 때 門生의 저포(樗蒲) 놀이를 구경하면서 훈수를 두자 문생이 비꼬아 한 말.(《晉書》 王獻之傳) 《世說新語》 方正篇에 "王子敬數歲時, 嘗看諸門生樗蒲; 見有勝負, 因曰: '南風不競.' 門生輩輕其小兒, 迺曰: '此郎亦管中窺豹, 時見一斑'; 子敬瞋目曰: '遠慙荀奉倩, 近愧劉眞長!' 遂拂衣而去"라 함.

【坐井觀天】 우물에 앉아 하늘을 봄. 식견이 좁음을 뜻함. 韓愈 〈原道〉에 "坐井而觀天, 曰天小者, 非天小也"라 함.

721

'어디 기댈 데가 없다는 것'은 영웅이 무력을 써볼 데가 없음을 말하는 것이요,

'세상에 도가 있으면 나타난다'는 것은 군자가 일을 계획하고 행동으로 나설 생각을 가짐을 말한다.

「無勢可乘, 英雄無用武之地;
　有道則見, 君子有展采之思.」

【無勢可乘】 어디 기댈 데가 없음. 《三國志》 蜀志 諸葛亮傳에 孔明이 孫權에게
"海內大亂, 將軍起江東, 劉豫州亦收漢南諸郡, 與曹操幷爭天下. 今曹破荊州,
威震四海. 英雄無用武之地, 故豫州逃遁至此, 願將軍力量而處之"라 함.
【有道則見】 도가 있으면 나타나 벼슬을 하거나 세상에 쓰임.
【展采】 큰 뜻을 품고 사업을 벌임. 《史記》 司馬相如列傳에 "展采錯事"라 함.

722

명리나 영달을 구함을 '첩족선득'捷足先得이라 하고,
선비로서 성공이 느린 것을 일러 '대기만성'大器晩成이라 한다.

「求名利達, 曰捷足先得;
　慰士遲滯, 曰大器晩成.」

【捷足先得】 빨리 발을 옮기는 자가 먼저 얻음. '疾足先得'과 같음. 《史記》
淮陰侯列傳에 "秦失其鹿, 天下共逐之, 高才捷足者先得耳"라 함.
【大器晩成】 《老子》 41장에 "大方無隅, 大器晩成, 大音希聲, 大象無形, 道隱
無名"이라 하여 '큰그릇은 이루어짐이 없다'이나 일반적으로 '큰그릇은 늦게
이루어진다'로 해석하고 있음.

723

상황에 대처하는 능력이 없을 때 '한갓 아버지 책만 읽었을 뿐'徒讀父書
이라 하고,

스스로 총명하다고 여기는 것을 '오직 자기 의견만 고집한다'徒執己見
라고 한다.

「不知通變, 曰徒讀父書;
　自作聰明, 曰徒執己見.」

【徒讀父書】전국시대 趙나라 대장군 趙奢의 아들 趙括은 아버지의 영향을
받았으나 그 흉내만 낼 줄 알았지 변통력이 없었음. 그가 秦나라와 싸울
때 范雎의 반간계로 趙王이 廉頗 대신 조괄을 장군으로 삼으려 하자
藺相如가 "王以名使括, 若膠柱鼓瑟, 括徒能讀其父書, 不知合變也"라 함.
(《史記》廉頗藺相如列傳, 841 참조)
【徒執己見】한갓 자기 의견만을 고집함.(《宋史》陳宓傳)

724

천박한 견해를 '부견'膚見이라 하고, 속되어 투박한 말을 '이언'俚言이라
한다.

「淺見曰膚見, 俗言曰俚言.」

【膚見】‘膚’는 가죽에 붙은 아주 얇은 피부를 뜻하며 아주 작은 양을 재는
　단위로도 쓰임. ‘膚見’은 아주 얇고 천박한 견해.(《南齊書》陳澄傳)
【俚言】‘俚語’와 같음. 민간의 투박하고 비속한 언어나 내용을 비유함.《新
　五代史》王彦章傳에 “彦章武人, 不知書, 常爲俚語”라 함.

725

때맞추어 해야 할 일을 아는 자를 ‘준걸俊傑답다’라 하고, 먼저 보이는
징조에 어두운 자를 ‘명철明哲하지 못하다’라 한다.

「識時務者爲俊傑, 昧先幾者非明哲.」

【俊傑】司馬徽가 劉備에게 “糜竺諸人, 乃白面書生, 不知時務, 識時務者在於
　俊傑”이라 함.(《三國志》蜀志 諸葛亮傳)
【明哲】《周易》繫辭(下)에 “幾者, 動之微, 吉凶之先見者也, 惟明哲者知之, 昧之
　者則不然也”라 함.

726

촌부는 곰배 정丁 자도 모른다고 하였으나, 어리석은 자라고 해서 어찌
한 가지라도 얻는 것이 없겠는가?

「村夫不識一丁, 愚者豈無一得?」

【不識一丁】'目不識丁'과 같음. 唐나라 때 張弘靖이 군사를 꾸짖을 때 "지금
천하가 무사하다고 해서 너희들은 활을 두 손으로 당길 줄 알면서 그
모습이 丁자처럼 보이는데도 이를 모르느냐?"(今天下無事, 爾輩能挽兩石弓,
不如識一丁字)라 함.
【豈無一得】《史記》淮陰侯列傳에「智者千慮, 必有一失; 愚者千慮, 必有一得」
이라 하였고, 《晏子春秋》(雜下)에「聖人千慮, 必有一失; 愚人千慮, 必有一得」
이라 함.

727

'못 하나 빠졌다'拔去一丁라 한 것은 하나의 재해를 제거함을 말하고,
'또 하나의 진나라를 살려주는 것이다'又生一秦라 한 것은 원수 하나를
더 만듦을 말한다.

「拔去一丁, 謂除一害;
 又生一秦, 是增一仇.」

【一丁】 ‘丁’은 ‘釘’과 같음. 못. 오대 때 趙在禮가 宋州에 관리로서 학정을 행하다가 파직되자 사람들이 "眼中拔釘, 豈不樂哉!"라 함.(《新五代史》趙在 禮傳) 한편 宋 仁宗 때 丁謂가 정권을 잡고 寇準을 雷州로 귀양보내자 당시 사람들이 "欲得天下寧, 拔去眼中丁, 欲得天下好, 不如召寇老"라 하였다 함. 여기서 ‘丁謂’의 ‘丁’과 못의 ‘釘’을 빗대어 사용한 것임.(139, 215, 458, 509, 585, 659, 808 참조)

【一秦】 秦나라 말기 천하가 기병할 때 陳涉(陳勝)도 일어났다. 그 때 자신이 평정한 趙나라 땅을 순시하러 들어갔더니 자신의 부하였던 자가 먼저 趙王 으로 자처하고 있었다. 이에 그를 죽여 없애려 할 때 부하 房君이 "아직 진나라가 망하지 않았는데 먼저 무신 하나를 죽이는 것은 다시 진나라를 하나 더 살려놓는 것과 같습니다"(秦未亡而誅武臣, 是又生一秦)라 하였다. (《漢書》張耳傳)

728

말조심을 경계할 때 ‘담에도 귀가 있을지 모르니 조심하라’ 하고,
　적을 가볍게 여기는 것을 경계할 때 ‘진나라에 사람이 없다고 말하지
말라’고 한다.

「戒輕言, 曰恐屬垣有耳;
　戒輕敵, 曰無謂秦無人.」

【恐屬垣有耳】 ‘담에도 귀가 있음을 두려워하라’의 뜻.《詩經》小雅 小弁에 "君子無易由言, 耳屬於垣"이라 함.

【無謂秦無人】'진나라에 사람이 없다고 말하지 말라'의 뜻. 춘추 시대 晉나라 士會가 秦나라로 도망가자 晉나라에서는 魏壽余를 秦나라에 보내어 그를 데려오려고 秦王을 설득했지만 왕이 이를 듣지 않음. 그 때 秦나라 신하 繞朝가 "그대는 진나라에 사람이 없다고 말하지 말라. 내 모책이 들어 먹히지 않을 뿐이다"(子無謂秦無人, 吾謀適不用也)라 함.

729

함께 악한 짓을 하면서 서로 돕는 것을 '조걸위학'助桀爲虐이라 하고,
탐욕스런 마음이 끝이 없음을 일러 '득롱망촉'得隴望蜀이라 한다.

「同惡相幇, 謂之助桀爲虐;
　貪心無厭, 謂之得隴望蜀.」

【助桀爲虐】폭군 주가 나쁜 짓을 하는 것을 조장함을 비유함. 劉邦이 秦나라 서울 咸陽에 진격하여 들어왔을 때 張良이 나쁜 짓을 하지 말도록 권하면서 "秦爲無道, 故公得至此, 今使始入秦, 卽安其所樂, 此所爲助桀爲虐也"라 함. (《史記》留侯世家)
【得隴望蜀】서쪽 隴右 땅을 얻고 나면 蜀 땅까지 차지하고 싶어함. 《後漢書》 岑彭傳에 "人若不知足, 旣平隴, 復望蜀"이라 함.

730

그릇이 가득 차면 기운다는 것을 알아야 하고, 만물은 극에 달하면
반드시 되돌아옴을 순리라 여겨야 한다.

「當知器滿則傾, 順知物極必反.」

【器滿則傾】 '座右銘'과 '欹器' 고사를 뜻함. 그릇에 물이 가득하면 기울게
마련임.《荀子》宥坐篇에 "孔子觀於魯桓公之廟, 有欹器焉. 孔子問於守廟者曰:
'此爲何器?' 守廟者曰: '此蓋爲宥坐之器.' 孔子曰: '吾聞宥坐之器者, 虛則欹,
中則正, 滿則覆.' 孔子顧謂弟子曰: '注水焉.' 弟子挹水而注之, 中而正, 滿而覆,
虛而欹"라 함.《說苑》,《孔子家語》등에도 널리 실려 있음.
【物極必反】 만물은 극에 달하면 다시 돌아옴.《鶡冠子》環流에 "物極必反,
名曰環流"라 함.

731

놀기를 좋아하는 것을 '호농'好弄이라 하고,
우스개 소리를 잘하는 것을 '회해'詼諧라 한다.

「喜嬉戲, 名爲好弄;
　好笑謔, 謂之詼諧.」

【好弄】유희하고 놀기를 좋아함.《左傳》僖公 9년에 "夷吾弱, 不好弄"이라 함.
【詼諧】말에 풍취가 있고 유모어가 뛰어남. '諧謔'과 같음. 쌍성연면어.《漢書》
　東方朔傳에 "東方朔好詼諧, 武帝以俳優蓄之"라 함. '笑謔'역시 우스개 소리를
　뜻함.《後漢書》皇后 陰皇后紀에 "不喜笑謔"이라 함.

732

　헐뜯는 말이 부풀려 돌아다니게 되면 이는 시중에 호랑이가 나타났다
하면 믿게 되는 것과 같아지고,
　무리지어 간악한 짓을 하면서 떠들어대면 모기들이 모여 우레 소리를
내는 것과 같다.

「讒口交加, 市中可信有虎;
　衆奸鼓釁 聚蚊可以成雷.」

【交加】서로 부풀려 퍼뜨림.
【市中有虎】'三人成虎', '曾參殺人', '衆口鑠金' 등과 같음. 많은 사람이 똑 같은
　말을 하면 사실이 아닌 것도 믿게 됨.《戰國策》魏策에 "市本無虎, 以三人
　言之, 則信."이라 함.
【鼓釁】'鼓'는 북, '釁'은 피를 바른 종. 이 소리처럼 입을 놀려 소문을 널리
　퍼뜨림.
【蚊可成雷】모기도 많이 모이면 그 소리가 우레 소리처럼 커질 수 있음.
　《漢書》中山靖王傳에 "침도 모이면 산을 뜨게 할 수 있고, 모기소리도
　모이면 우레 소리가 된다"(夫衆煦漂山, 聚蚊成雷)라 함.

733

‘비처성금’萋斐成錦이란 남을 헐뜯는 말이 화를 길러냄을 말한 것이요,
‘모래를 머금어 그림자를 쏜다’含沙射影 함은 귀신과 역蜮이 사람을 해
침을 말한다.

「萋斐成錦, 謂譖人之釀禍;
　含沙射影, 言鬼蜮之害人.」

【萋斐成錦】《詩經》小雅 巷伯에 “萋兮斐兮, 成是貝錦; 彼譖人者, 亦已太甚”
이라 함. ‘萋斐’는 가로세로의 무늬. ‘貝錦’은 조개가 비단 같은 무늬를 가
지고 있으며, 이처럼 형형색색 뒤섞어 비단을 짜듯 중상하는 말을 엮어나
감을 뜻함.

【含沙射影】‘短狐’라고도 하며 ‘물여우’라는 물짐승.《釋文》에 ‘蜮, 狀如鼈,
三足. 一名射工, 俗好之水弩. 在水中含沙射人. 一云射人影’이라 하여 모래를
머금었다가 사람이나 먹이에게 쏘는 능력을 가지고 있으며, 사람은 그림자만
그 모래에 맞아도 병이 난다 함.《搜神記》권 12에 “漢光武中平中, 有物處
於江水, 其名爲蜮, 一曰短狐, 能含沙射人. 所中者, 則身體筋急, 頭痛發熱,
劇者至死. 江人以術方抑之, 則得沙石於肉中. 詩所謂‘爲鬼爲蜮, 則不可測’也.
今俗謂之‘溪毒’. 先儒以爲男女同川而浴, 淫女爲主, 亂氣所生也”라 함.

【鬼蜮】음험한 마음을 품고 남을 해치려는 사람.《詩經》小雅 何人斯에
“爲鬼爲蜮, 則不可得. 有靦面目, 視人罔極”이라 함.

734

‘침폄’鍼砭은 병을 고치는 데 쓰는 기구요, ‘짐독’鴆毒은 반드시 사람을
죽음에 이르게 하는 독약이다.

「鍼砭所以治病, 鴆毒必至殺人.」

【鍼砭】고대 의료용의 철침과 돌침. 사람의 과실을 고친다는 뜻으로도 쓰임.
　范成大의 〈晞眞閣留別方道士賓實〉에 “時時苦語見鍼砭”이라 함.
【鴆毒】‘鴆’은 전설상의 毒鳥로 그 깃만 술에 넣어도 이를 마시면 사람이
　죽는다 함.《左傳》閔公 元年 “晏安鴆毒, 不可懷也”라 함.

735

이의부李義府는 겉으로는 미소를 짓고 속으로는 남을 해쳐서 사람들은
그를 ‘소리장도’笑裏藏刀라 불렀고,
　이임보李林甫는 간악하게 남을 모함하여 세상에서는 그를 ‘구밀복검’
口蜜腹劍이라 불렀다.

「李義府陰柔害物, 人謂之笑裏藏刀;
　李林甫奸詭陷人, 世謂之口蜜腹劍.」

【李義府】당나라 시대의 재상(614~666)으로 남과 말할 때는 미소를 짓지만 자신과 조금만 의견이 달라도 해를 입혀 '笑裡藏刀'라 불렀음.(《舊唐書》 李義府傳)

【口蜜腹劍】당나라 李林甫(?~752)는 간악하여 겉으로는 친밀한 듯이 하면서도 속으로는 남을 시기하고 괴롭히는 음험함이 있어 당시 '口蜜腹劍'이라 불렀음.(《資治通鑑》 唐玄宗天寶元年, 420, 530 참조)

736

남이 할 일을 대신하려 나서는 것을 '대포'代庖라 하고,
남을 위해 모책을 짜 주는 것을 '차저'借箸라 한다.

「代人作事, 曰代庖;
　與人設謀, 曰借箸.」

【代庖】'越俎代庖'의 준말. 제사 상을 차리는 자(俎, 尸祝)가 부엌 일 하는 자(庖人)가 잘 하지 못한다고 상을 넘어 그 일을 대신하려고 함. 각자 자신이 할 업무가 있음을 뜻함.《莊子》逍遙遊에 "許由曰: '庖人雖不治庖, 尸祝不越樽俎而代之.'"라 함.

【借箸】밥 먹던 젓가락을 빌려 상황을 계산하고 설명함. 역이기(酈食其)가 한 고조(劉邦)에게 六國의 후대를 분봉할 것을 건의하여 이를 허락하고 도장까지 새기도록 명하자 그 때 막 식사를 마친 유방에게 張良이 들어가 불가함을 설명하면서 "臣願請借前箸, 爲大王籌之"라 함.(《漢書》 張良傳)

737

보이는 사물이 지극히 사실일 때 '명약관화'明若觀火라 하고,
적을 상대하여 쉽게 이기는 것을 '세약최고'勢若摧枯라 한다.

「見事極眞, 曰明若觀火;
　對敵易勝, 曰勢若摧枯.」

【明若觀火】밤에 불을 보듯 확실함.《書經》盤庚(上)에 "予若觀火"라 함
【勢若摧枯】고목 쓰러뜨리는 것처럼 쉬운 형세.《晉書》甘卓傳에 "將軍之擧
　武昌, 若摧枯拉朽"라 하였고, 曹彬이 "以國家之甲兵精銳, 剪太原之孤壘, 如
　摧枯拉朽耳"라 함.

738

　한漢 무제武帝는 속으로는 많은 욕심을 가지고 있으면서 겉으로는 인의를
베푸는 척하였고, 염파廉頗는 나라의 어려움을 먼저하고 자신의 원수는
뒤로 미루었다.

「漢武內多欲而外施仁義, 廉頗先國難而後私仇.」

【漢武】漢 武帝가 어진 이를 초치하자 汲黯이 이를 비꼬아 "陛下內多欲而
外施仁義, 奈何欲效唐虞之治乎?"라 함.(《漢書》汲黯傳)
【廉頗】전국시대 趙나라 장군으로 藺相如와 '完璧歸趙'의 일로 사이가 벌어졌
으나 국가를 먼저하고 사사로운 원수는 뒤로 함.(《史記》廉頗藺相如列傳,
219, 375, 529, 888 참조)

739

'내 잠자리에서 남이 코를 골고 자는 꼴을 어찌 용납하랴' 한 것은
송 태조가 한 말이요,
　'천하가 통일되니 북쪽 호胡와 남쪽 월越이 한집안이 되었구나'라 한
것은 당 고조가 한 말이다.

「臥榻之側, 豈容他人鼾睡, 宋太祖之語;
　一統之世, 眞是胡越一家, 唐高祖之時.」

【臥榻之側】송 태조 趙匡胤(927~976)이 江南을 정벌할 때 曹彬이 南唐을 포위
하자 남당 후주(李煜)가 조빈을 통해 조광윤에게 사신을 보내어 화해를 청하
였다. 그러자 태조는 "강남(남당)이 무슨 죄가 있겠는가? 그러나 천하를 통일
하려고 하는 터에 어찌 내 침대 옆에 남이 코를 골며 자고 있는 것을 허용
하겠는가?"(江南亦有何罪, 但天下一家, 臥榻之側, 豈容他人鼾睡乎)라 하여 점령
하지 않을 수 없음을 통고함. 조광윤은 원래 後周의 殿前都指揮使로 병권을
장악하였을 때 960년 陳橋에서 군인들이 兵變을 일으켜 그를 황제로 옹립,
송나라 개국군주가 되었음.(《續資治通鑑長編》宋太祖紀, 157, 300, 567, 1026 참조)
【一統之世】唐 高祖가 未央宮에서 잔치를 열어 突厥王 頡利可汗에게는 춤을
추게 하고, 南蠻(越)의 馮智載에게는 시를 짓게 하면서 "胡越이 이렇게

한 집안이 된 적은 자고로 없었다"(胡越一家, 自古未有也)라 함. 고조 李淵은
당나라를 건립하고 아들 李世民(太宗)에게 물려주고 太上皇으로 있었음.
(《舊唐書》高祖紀, 365, 421, 517 참조)

740

포악한 진秦나라는 여씨呂不韋가 영씨嬴氏를 대신하였으니 이는 장양왕
莊襄王의 손에서 이미 진나라는 망한 것이요,
　나약해진 진晉나라는 우씨牛金가 마씨司馬氏를 바꾸었으니 이는 회제懷帝,
민제愍帝 때 진나라는 이미 망한 것이다.

「至若暴秦以呂易嬴, 是嬴亡於莊襄之手;
　弱晉以牛易馬, 是馬滅於懷愍之時.」

【以呂易嬴】呂氏(呂不韋)가 嬴氏(秦나라)를 바꾸어 차지함. 전국시대 여불위가
조나라 한단에 인질로 와 있던 秦나라 왕자 子楚에게 자신의 애첩 하나를
주어 진나라로 돌려보낸 다음 계략을 꾸며 왕(莊襄王)이 되도록 하였음.
한편 그 애첩은 이미 여불위의 아이를 잉태한 상태였고 그에게서 태어난
자가 영정(嬴政)이며 이가 秦始皇이 됨. 따라서 실제로 秦(嬴氏)나라는 이미
呂氏의 핏줄로 바뀌었다는 뜻.(《史記》呂不韋列傳, 698 참조)
【以牛易馬】牛氏(牛金)가 司馬氏(晉나라 성씨)의 나라를 바꾸어 차지함. 동진을
세워 사마씨를 회복한 元帝 司馬睿는 원래 瑯邪王(司馬覲)의 아들이지만
실제로 낭야왕비가 궁중의 소리 牛金과 사통하여 낳았다 함. 따라서 서진
말기에 나라가 약해졌고 이 때 이미 망한 것이나 다름없다는 뜻. 懷帝와
愍帝는 서진 말기의 황제로 회제 사후에 조카 민제가 이었으나 316년에
劉曜(前趙)가 장안을 함락, 민제를 포로로 평양으로 끌고 가서 죽였으며

이로써 西晉이 망함. 뒤이어 원제가 남으로 내려와 건강(남경)에 東晉을 건립함.(《晉書》元帝紀, 623, 583 참조)

741

중종中宗은 위후韋后가 사통하는 줄도 모르고 그의 바둑을 계산해 주었으니 그 오욕이 천추에 퍼지게 되었고,
　당 현종明皇은 양귀비에게 안록산의 '세아전'洗兒錢을 하사하였으니 그 추함이 만대에 남게 되었다.

「中宗親爲點籌於韋后, 穢播千秋;
　明皇賜洗兒錢於貴妃, 醜遺萬代.」

【韋后】唐나라 中宗의 황후였던 韋后는 武三思와 사통하고 있으면서 어느 날 雙陸이라는 바둑을 두고 있을 때 중종은 오히려 친히 곁에서 그 점수를 확인해 주고 있었음. 중종(李顯)은 高宗의 아들로 武則天과의 사이에서 나 고종이 죽고 제위를 이어받았으나 곧바로 어머니 무측천의 눈에 벗어나 축출당하여 盧陵王으로 강등되었다가 705년 張柬之 등에 의해 복위되는 등 많은 고통을 당하였음. 게다가 그는 황후 위후와 무삼사 등이 권력을 농단함을 제어하지 못하였고 결국 위후에게 독살당함.(《舊唐書》中宗韋庶人傳)
【貴妃】唐 明皇(玄宗, 李隆基)은 처음 安祿山이 궁궐에 들어왔을 때 매우 아껴 楊貴妃가 이를 양자로 삼고자 함을 알고 허락하였음. 사흘 뒤 양귀비는 당시 풍속대로 '洗兒宴'(아이를 낳은 지 사흘째 되는 날 아이를 씻겨 공개하는 잔치, 486 참조)을 열겠다고 비단 강보에 안록산을 싸서 채색을 한 수레에 태워 들여옴. 명황이 시끄러운 소리에 좌우에게 묻자 "貴妃三日洗祿山兒"라 하자 명황은 즐거워하며 이를 축하한다고 '洗兒錢'을 내렸다 함.(《資治通鑑》

唐紀) 그러나 실제로 안록산은 양귀비보다 20여 살이나 많았다고 하며 사통하는 사이였다 함.(612 참조) 뒤에 결국 안록산은 난을 일으켰다가 참수당함.

742

같은 동류가 아님에도 이를 따르는 것을 '메추리나 까치만도 못하다' 하고, 부자가 같은 하나의 암컷을 차지함을 일러 '취우'聚麀라 한다.

「非類相從, 不如鶉鵲;
　父子同牝, 謂之聚麀.」

【鶉鵲】 메추리와 까치. 옛사람들은 이 새들은 부부가 함께 하며 무리가 倫常을 지킨다고 보았음. 《詩經》 鄘風 鶉之奔奔에 "鶉之奔奔, 鵲之彊彊"이라 함.
【聚麀】 '麀'(우)는 사슴의 일종. 고대 사람들은 사슴은 윤상이 없어 어미를 함께 차지하여 교미한다고 여겼음. 《禮記》 曲禮(上)에 "夫唯禽獸無禮, 故父子聚麀"라 함.

743

나이 어린 자가 나이 많은 자와 음행을 저지르는 것을 '증'烝이라 하고, 야합野合과 간륜奸倫을 일러 '난'亂이라 한다.

「以下淫上, 謂之烝; 野合·奸倫, 謂之亂.」

【烝】 어머니 또래의 여자, 혹은 아버지의 여자와 通淫하는 것.《左傳》桓公
　　16년에 "衛宣公烝於夷姜, 生急子"라 함.
【野合】 정식 혼인 관계를 치르지 않고 부부관계를 가짐을 뜻함.《史記》孔子
　　世家에 "伯夏生叔梁紇. 紇與顔氏女野合而生孔子, 禱於尼丘得孔子"라 함.

744

　예로부터 '숙특'淑慝은 그 가는 길이 다르니 오직 후인의 법과 경계로
삼을 것이요,
　이 세상에 '청탁'淸濁의 품위가 다르니 모두 우리들이 악을 물리치고
선을 선양함에 달려 있는 것이다.

「從來淑慝殊途, 惟在後人法戒;
　斯世淸濁異品, 全賴吾輩激揚.」

【淑慝】 貞淑함과 邪慝함. 선은 선양하고 악은 징계함.《書經》畢命에 "旌別
　　淑慝, 表其宅里"라 함.
【激揚】 '激濁揚淸'의 줄인 말. 악한 것은 제거하고 선한 것은 드러냄.《尸子》
　　君治에 "水有四德: 揚淸激濁, 蕩去滓穢, 義也"라 함.

745

‘휴휴’休休, ‘막막’莫莫은 그만두라는 말이요,
‘곤곤’袞袞, ‘총총’匆匆은 급하여 정신이 없다는 뜻이다.

「休休·莫莫, 禁止之詞;
　袞袞·匆匆, 倉皇之義.」

【休休·莫莫】 ‘그만두다, 하지 말라’의 뜻. 周煇의 《淸波雜志》 9에 “金樽玉酒,
勸我花前千萬壽, 莫莫休休, 白髮簪花我自羞”라 함.
【袞袞·匆匆】 ‘袞袞’은 원래 물길 등이 끊임없이 흐르는 모습이나 여기에서는
두 어휘 모두 매우 창망한 모습을 나타내는 것으로 사용하였음.《晉書》
王戎傳에 “論前言往行, 袞袞可聽”이라 함.
【倉皇】 매우 다급하거나 바쁜 모습을 나타내는 첩운연면어.

746

잠시 발을 붙임은 마치 ‘초료일지’鷦鷯一枝와 같은 것이요,
　자신의 몸을 안전하도록 대책을 세움에 교묘한 것은 ‘교토삼굴’狡兔
三窟의 이야기와 같다.

「暫爲寄足, 有似鷦鷯一枝;
　巧於營身, 還如狡兔三窟.」

【鷦鷯一枝】뱁새나 굴뚝새가 둥지를 짓는다 해도 겨우 가지 하나 차지할 뿐임. 《莊子》逍遙遊에 "鷦鷯巢於深林, 不過一枝"라 함.

【狡兎三窟】전국시대 馮諼(馮驩)이 孟嘗君을 위하여 미래 어떤 위험이 닥치더라도 안전하게 신변을 보장받을 수 있도록 마련한 사건. 그가 薛 땅의 빚을 처리한 후 맹상군에게 "狡兎有三窟, 今君有一窟, 未能高枕而臥也. 臣請爲君鑿二窟"이라 함.(《史記》孟嘗君列傳,《戰國策》齊策 4, 401, 1261 참조)

747

'올빼미는 놓아주고 봉황새는 가둔다'放梟囚鳳는 것은 어진 이는 학대하고 포악한 자는 풀어주는 짓을 말하고,

'지렁이를 미끼로 이용하여 물고기에게 던진다'用蚓投魚는 것은 귀한 것을 얻기 위해 가벼운 것은 버린다는 뜻이다.

「放梟囚鳳, 虐仁縱暴奚爲;
　用蚓投魚, 得重棄輕應爾.」

【放梟囚鳳】올빼미 같은 흉악한 새는 놓아주고 봉황새 같은 좋은 새는 가두어 둠. 인의를 속여 잔혹한 짓을 함을 말함. 《後漢書》劉陶傳에 "今公卿所擧, 所謂放鴟鴞而囚鸞鳳"이라 함.

【用蚓投魚】지렁이를 미끼로 하여 고기를 잡음. 작은 것을 투자하여 귀중한 것을 얻음을 뜻함. 《隋書》薛道衡傳에 "繹以詩五十韻示薛道衡, 衡和之, 南北稱美. 魏收曰: '繹所謂以蚓投魚耳.'"라 함.

748

사그러져 가는 불꽃은 태양만큼 밝지는 못하지만 그래도 빛이 있고,
납으로 만든 무딘 칼이라 해도 끝내 한 번 벨 수는 있다.

「爝火雖無大明之耀, 鉛刀竟有一割之能.」

【爝火】 아주 미약한 불꽃. 《莊子》 逍遙遊에 "日月出矣, 而爝火不息"이라 함.
【大明】 햇빛과 같은 아주 밝은 광선.
【鉛刀】 납으로 만든 칼. 별로 쓸모가 없으나 한 번은 써먹을 수 있음을 뜻함.
《後漢書》 班超傳에 반초가 출정을 윤허해 줄 것을 바라는 글에서 "昔魏絳
列國大夫, 尚能和輯諸戎, 況臣奉大漢之威, 而無鉛刀一割之用乎?"라 함. 《晉書》
에도 王敦이 王承에게 "足下雅素佳士, 恐非將相材也"라 하자 王承이 "公未
見知耳, 鉛刀豈無一割之用?"이라 함.(843 참조)

749

회남일로准南一老라 불린 응요應曜는 조정의 초빙에 나가지 않았으니 그
고상함은 가히 흠모할 만하고,
조정에서 노魯나라 선비들을 불렀지만 그 중 두 사람은 가지 않겠다고
했으니 그 깨끗한 지조는 족히 법이 될 만하다.

「淮南一老不就聘, 高尚可欽;
　魯國兩生不肯行, 清操足式.」

【淮南一老】應曜를 가리킴. 漢初 淮陽山(淮南山)에 은거하던 은사. 劉邦이 늙어 태자를 바꾸려는 사건으로 商山四皓(상산의 원로 네 사람, 園公, 綺里季, 夏黃公, 甪里先生.《新序》권 10.《史記》留侯世家,《漢書》張良傳 참조)는 초빙을 받자 조정에 나갔지만 응요는 끝까지 응하지 않았다 함. 이에 당시 사람들은 "商山四皓, 不如淮陽一老"라 하였다 함.
【魯國兩生】漢나라 叔孫通이 예를 정하면서 魯나라 선비들을 불러 자문을 청할 때 그 중 두 선비는 끝까지 응하지 않았다 함.(《漢書》叔孫通傳)

750

'대나무 한 그루'一株竹는 두 아들이 모두 과거에 급제할 영광을 미리 점쳐준 것이요,
　'꼬리가 둘 달린 소'兩尾牛란 출병해야 실패할 것임을 미리 알려준 것이다.

「一株竹, 先兆應擧皆榮;
　兩尾牛, 預識行兵有失.」

【一株竹】송대에 王君炳이라는 사람의 두 아들이 과거에 나갔다. 그날 밤 그의 꿈에 어떤 사람이 나타나 대나무 한 그루를 주기에 심었다. 이에 해몽하는 자가 "'竹'이라는 글자는 '个'자가 두 개 합친 것이니 두 아들 모두

급제할 것이요”(二郞君俱中選矣, 竹字兩个也)라 하였으며, 과연 그의 말대로 되었다 함.

【兩尾牛】당나라 시대 黃巢가 난을 일으키려고 할 때 꿈에 꼬리가 두 개인 소가 보여 이를 해몽자에게 물었더니 “소 우(牛) 자에 꼬리가 둘이면 실(失) 자가 되니 승리하지 못할 것”(牛兩尾, 失字也. 恐行軍不利)이라 하였다 함. (《唐史》)

751

악양樂羊은 결국 공적을 이루지 못한 셈이니 비방의 글이 상자에 가득하였고,

곽태郭泰의 명성은 최고로 높아 그를 만나려 던지고 간 명함이 수레에 가득하였다.

「樂羊子功績未成, 謗書滿篋;
　郭林宗聲名最重, 謁刺盈車.」

【樂羊子】전국시대 魏나라 장수 樂羊이 中山을 공격할 때 마침 그 아들은 중산에 갇혀 있었다. 中山君이 그 아들을 삶아 국물을 만들어 보내자 이를 받아 마시며 결의를 다졌다. 그러자 魏 文侯는 그의 잔인함을 오히려 의심하여 귀환하였을 때 그에 대한 비방의 글이 담긴 상자를 내보이며 공을 인정하지 않았음.(《戰國策》秦策 3)

【郭林宗】한나라 郭泰(128~169). 자가 林宗. 당시 太學의 영수로 관직에 나가지 않고 귀향하였으며 黨錮之禍가 일어나자 오직 제자를 가르치는 일에만 힘써 천여 명이 모였다 함.(《後漢書》郭泰傳, 281, 476, 931 참조) ‘刺’는 명함을 뜻함.(645 참조)

752

개같이 흉한 행동을 한 자는 안고경顔杲卿의 꾸짖음을 면할 길이 없었고,
짐독鴆毒 같은 자가 중매쟁이가 되었으니 굴원屈原의 비애는 이미 시작된
것이었다.

「黠狗行兇, 難免杲卿之罵;
　鴆媒肆毒, 已生屈子之悲.」

【杲卿】顔杲卿. 顔眞卿의 종형. 安史의 난 때 그가 常山太守로 있다가 안록산
에게 잡히자 "조정이 너에게 무슨 해를 준 게 있다고 네가 반란을 일으켰
느냐?"(朝廷何負於汝, 而汝反耶)라 하자 안록산이 그의 혀를 잘랐다 함.
(《新唐書》顔杲卿傳, 568 참조) '黠狗'는 교활한 개, 꾸짖는 말.
【屈子】屈原.(101, 482, 616, 670 참조) 〈離騷〉에 "吾令鴆爲媒兮, 鴆告予以不好"
라 함. 즉 '鴆毒같은 자가 매파가 되어 이 여자(有娀氏의 딸)가 나쁜 여자
라고 거짓말을 함.'

753

'남들은 하늘이 하나라 하나 나에게는 하늘이 둘이다'라 하는 것은
하늘의 큰 은혜를 보고 하늘을 사랑하고 추대함을 말한 것이요,
　'하수는 백리를 윤택하게 하고 바다는 천리를 적셔준다' 하는 것은
물이 적셔주고 혜택을 주고 있음을 고맙게 여겨 표현한 것이다.

「人有一天, 我有二天, 便見大恩之愛戴;
　河潤百里, 海潤千里, 乃爲渥澤之沾濡.」

【人有一天】 하늘의 은혜를 고맙게 여겨 '남들은 하늘이 하나라 하지만
나에게는 하늘이 둘'이라는 뜻. 《翰苑新書》에 "大德崢嶸, 人有一天, 我有二天,
厚恩滂沛; 河潤百里, 海潤千里"라 함.

754

내가 한 걸음 물러서서 양보하니 이것이 진실로 '안락법'安樂法이라는
것이요,
　남의 잘하는 점 세 가지씩 칭찬하니 더욱 '환희의 인연'喜歡緣을 맛보도다.

「退我一步行, 固云安樂法;
　道人三個好, 尤見喜歡緣.」

【安樂法·喜歡緣】 안락하게 사는 법과 서로 기쁨을 느낄 수 있는 인연. 蘇軾
의 시에 "退一步行安樂法, 說三個好喜歡緣"이라 함.

755

‘잎 하나만 빌려도 짙은 그늘이 된다’ 함은 그 정도만 해도 그늘로
도움을 삼을 수 있음을 말하는 것이요,
‘천만 칸의 큰집으로 보호한다’ 함은 그것으로 가난한 선비 모두를
감쌀 따뜻한 휘장으로 삼겠다는 것이다.

「籍一葉之濃陰, 可資覆蔭;
　擴萬間之巨庇, 盡屬帡幪.」

【一葉濃陰】唐나라 鄭太穆이 刺史였을 때 司空頲에게 준 글에 “分千樹一葉
　之影, 卽是濃陰”이라 함. 남의 작은 도움이 자신에게도 기쁨이 될 수 있다는 뜻.
【萬間巨庇】만 칸이나 되는 큰 집. 杜甫의 〈茅屋爲秋風所破歌〉에 “安得廣廈
　千萬間, 大庇天下寒士俱歡顔?”이라 함.

756

‘죽간을 엮은 철사 줄이 세 번 부러지고, 가죽끈이 세 번 끊어지고,
글씨가 세 번 마모되었다’ 하였으니 이는 학문을 좋아함이 대단한 것이요,
‘눈에는 눈물, 마음에는 사랑, 의중에는 그 사람’이라 하였으니 그리워
함을 이렇게 한 가지로 표현한 것이다.

「撾三折, 編三絶, 書三滅, 好學十分;
　眼中淚, 心中事, 意中人, 相思一樣.」

【撾三折】공자가 《周易》 읽기를 좋아하여 竹簡을 엮은 철사가 세 번 부러
지고, 가죽끈이 세 번 끊어졌으며, 글씨가 세 번이나 마멸되었다 함.(《論語
考比識》,《史記》孔子世家) 흔히 '韋編三絶'로 공자가 주역 읽기를 좋아
하였음을 표현함.
【眼中淚】송대 詞 작가로 유명한 張先(子野)은 남녀의 애정 이야기를 너무나
잘 표현하여 '눈에는 눈물(眼中淚)', '마음에는 만나고 싶은 일(心中事)',
'의중에는 그리운 사람(意中人)'이라는 구절을 잘 써서 사람들이 '張三中'이라
불렀다 함.(《樂府紀聞》)

〈人事〉편 '續增' 9聯

○ 「行己立身, 務持大體; 待人接物, 應協時宜.」

○ 「視聽言動準諸體, 忠信篤敬反諸身.」

○ 「蠹衆則木折, 隙大則墻壞, 故先事貴在預防;
　　近火方知熱, 履冰乃知寒, 故臨事尤宜戒愼.」

○ 「名譽重於生命, 自由基於法律.」

○ 「愛國卽是愛身, 故曰爲國自愛;
　　公德原於私德, 故曰由私及公.」

○ 「鞠躬所以表敬, 脫帽亦足示恭.」

○ 「貪利忘害, 譬諸螳螂捕蟬; 嫉惡如仇, 譬諸鷹鸇逐雀.」

○ 「勤儉家之本, 廉恥國之維.」

○ 「樹業建功, 莫非人杰; 因人成事, 悉屬庸奴.」

20. 음식飲食

✸ 본 장은 사람의 의식주 중에 음식에 관한 명칭, 유래, 그리고 그에 얽힌 일화와 고사 등을 모아 재미있게 설명하고 있다.(총 38연)

畵像磚(宋) 〈婦女剖魚圖〉

757

달고 맛있고 기름지고 좋은 음식은 바로 창자를 썩게 하는 독약이요,
거친 국이나 조악한 음식을 먹는 자에게 '태뢰'太牢의 맛을 말해주기
어렵다.

「甘脆肥膿, 命曰腐腸之藥;
　羹藜含糗, 難語太牢之滋.」

【腐腸之藥】창자를 썩게 하는 독약. 좋은 음식을 뜻함. 枚乘의 〈七發〉에
"皓齒蛾眉, 命曰伐命之斧; 甘脆肥膿, 命曰腐腸之藥"이라 함.
【太牢之滋】'太牢'는 고대의 제왕이 사직에 제사를 올릴 때 소, 양, 돼지를
갖추어 아주 풍성하게 차리는 음식을 뜻함. 여기서는 대단하게 차린 음식상.
王襃의 〈聖主得賢臣頌〉에 "夫荷旃被毳者, 難與道純錦之麗密; 羹藜含糗者,
不足與論太牢之滋味"라 함.

758

임금의 식사를 '진수'珍饈라 하고, 흰쌀을 '옥립'玉粒이라 한다.

「御食曰珍饈, 白米曰玉粒.」

【珍饈】'珍羞'로도 표기하며, 진귀한 음식.《周禮》天官 膳夫에 "凡王之饋食,
羞用百二十品, 珍用八物"이라 함.
【玉粒】쌀을 말함.《博物志》에 "歸州有米田, 屈原耕此, 産白米似玉"이라 함.
(지금의《박물지》에는 이 구절이 없음)

759

좋은 술을 '청주종사'青州從事라 하고, 그 다음의 술을 '평원독우'平原
督郵라 한다.

「好酒曰青州從事, 次酒曰平原督郵.」

【青州從事】晉나라 때 桓溫의 속관 중에 술을 변별하는 데 뛰어난 자가
있었음. 그는 좋은 술이면 '青州從事'라 하고, 그만 못하면 '平原都督'(督郵)
이라 표현하였다. 青州에는 齊郡이 있어 이 '齊'는 '臍'(배꼽)와 같아 좋은
술은 그 기운이 배꼽까지 내려가며, 平原에는 鬲縣이 있어 '鬲'은 '膈'과 같아
좋지 않은 술은 膈(橫膈膜)까지만 간다는 뜻이었다 함. 그리고 '從事'는
하루 업무를 齊郡까지 할 수 있고, '都督'(督郵)은 그 지위가 태수의 아래,
현령의 위로써 신체 부위로 橫隔膜(膈)에 해당하므로 이렇게 표현하였다
함.《世說新語》術解篇에 "桓公有主簿善別酒, 有酒輒令先嘗; 好者謂'青州
從事', 惡者謂'平原督郵'. 青州有齊郡, 平原有鬲縣. '從事'言'到臍', '督郵'
言在'膈上住'."라 함.

760

‘노주’魯酒, ‘모시’茅柴는 모두 박주薄酒를 말하며,
‘용단’龍團, ‘작설’雀舌은 모두 향기로운 차를 말한다.

「魯酒·茅柴, 皆爲薄酒;
　龍團·雀舌, 盡是香茗.」

【魯酒】魯나라 술로 아주 좋지 않았다 함.《莊子》胠篋篇 “魯酒薄而邯鄲圍”
의 주에 許愼의《淮南》을 인용하여 춘추시대 楚 宣王이 제후와 회맹할 때
魯나라와 趙나라가 모두 술을 바쳤으니, 노나라 술은 형편없었고 조나라
것은 매우 좋았다. 초나라의 술 담당하는 관리가 조나라에게 술을 더 요구
하였지만 거절을 당하자 그만 왕에게 바칠 때 술을 바꾸어버렸다. 이에 선왕이
노하여 조나라 서울 邯鄲을 포위하였다는 것이다.
【茅柴】‘茆柴’로도 쓰며 열악한 술. 馮時化의《酒史》酒品에 “惡酒曰茅柴”라 함.
【龍團】좋은 차 이름. 송나라에서는 이를 둥근 떡(圓餅) 형태로 만들어 위에
용봉의 무늬를 찍어 해마다 황제에게 진상하였다 함. (《石林燕語》八)
【雀舌】雀舌茶. 찻잎 모습이 참새 혀 같아 붙여진 이름.《夢溪筆談》권24에
“茶芽, 古人謂之雀舌, 麥顆, 言其至嫩也”라 함.

761

남을 대접하면서 예가 제대로 갖추어지지 않았을 때 ‘예주불설’醴酒
不設이라 하고,
손님 대접이 심히 박할 때 ‘탈속상류’脫粟相留라 한다.

「待人禮衰, 曰醴酒不設;
　款客甚薄, 曰脫粟相留.」

【醴酒不設】한나라 楚元王(劉交)은 穆生과 친한 사이로 목생이 술을 마시지
못하자 늘 그를 위해 단술(醴酒)을 준비하였음. 그러나 그 아들 劉戊가
왕위를 이어받아 역시 목생을 위해 주연을 베풀면서 단술을 준비하지 않자
"可以逝矣, 醴酒不設, 王之意怠, 不去, 楚人將鉗我於市"라 화를 내며 돌아
섰다고 함.(《漢書》 楚元王傳) 이에 따라 대접이 소홀해지는 것을 '醴酒不設'
이라 함.(386 참조)
【脫粟相留】탈속은 겨우 껍질만 벗기고 정제하지 아니한 쌀.(米之未春者) 이런
것조차 내놓지 않고 남겨둠.《晏子春秋》(雜下)에 晏子는 "衣十升之布, 食脫
粟之食"이라 함.

762

'죽엽청'竹葉靑, '장원홍'狀元紅은 좋은 술이요,
'포도록'葡萄綠, '진주홍'珍珠紅도 역시 향기로운 술이다.

「竹葉靑·狀元紅, 俱爲美酒;
　葡萄綠·珍珠紅, 悉是香醪.」

【竹葉靑·狀元紅】두 가지 모두 중국의 명주. '죽엽청'은 지금도 중국의 명주
로 알려져 있으며 晉나라 張華의 〈輕薄篇〉에 "蒼梧竹葉靑"이라 함. 국문학
에도 고려말 〈翰林別曲〉에 그 이름이 등장함. 한편 '장원홍'은 黃酒의 일종
으로 湯顯祖의 《牡丹亭》如杭에 "這酒便是狀元紅了"라 하여 이름이 보임.

【葡萄綠·珍珠紅】'포도록'은 포도주의 일종.(《南部新書》丙) '진주홍'은 唐 李賀의
〈將進酒〉에 "琉璃鐘, 琥珀濃, 小槽酒滴珍珠紅"이라 함.

763

'술 다섯 말이어야 술이 풀린다'五斗解酲는 것은 유령劉伶이 술에 빠졌음을
말하고,
'양 겨드랑이 곁에 바람이 인다'兩腋生風라 한 것은 노동盧仝이 차를 좋아
했음을 말한 것이다.

「五斗解酲, 劉伶獨溺於酒;
　兩腋生風, 盧仝偏嗜乎茶.」

【劉伶】죽림칠현의 하나. 劉伶은 술로 이름을 남겨 《世說新語》 任誕篇에
"劉伶病酒渴甚, 從婦求酒, 婦捐酒毀器, 涕泣諫曰: '君飲太過, 非攝生之道, 必宜
斷之!' 伶曰: '甚善. 我不能自禁, 唯當祝鬼神自誓斷之耳, 便可具酒肉.' 婦曰:
'敬聞命.' 供酒肉於神前, 請伶祝誓. 伶跪而祝曰: '天生劉伶, 以酒爲名; 一飲
一斛, 五斗解酲. 婦人之言, 愼不可聽.' 便引酒進肉, 隗然已醉矣"이라는 기록이
있음.(782 참조)
【盧仝】당나라 시인(약796~835). 그의 〈走筆謝孟諫議寄新茶〉에 "惟覺兩腋習
　習淸風生"이라 함.(511, 649, 789 참조)

764

차를 '명노'酪奴, 또는 '서초'瑞草라 하고,
쌀을 '백찬'白粲, 또는 '장요'長腰라 한다.

「茶曰酪奴, 又曰瑞草;
　米曰白粲, 又曰長腰.」

【酪奴】 차의 다른 이름. 《洛陽伽藍記》에 "茶與酪漿爲奴"라 함.
【瑞草】 역시 차. 杜牧의 〈題茶山〉 시에 "山實東吳秀, 茶稱瑞草魁"라 함.
【白粲】 제일 좋은 백미.(《宋書》 孝義 何子平傳, 杜甫 詩)
【長腰】 쌀. 강남 방언이라 함. 한편 《韻語陽秋》 16에 "長腰梗米, 縮項鯿魚"
라 함.

765

'태갱'太羹, '현주'玄酒도 역시 제사 용품으로 올릴 수 있다지만,
'진반'塵飯, '도갱'塗羹으로 어찌 주린 배를 채울 수 있겠는가?

「太羹·玄酒, 亦可薦馨;
　塵飯·塗羹, 焉能充餓.」

【太羹·玄酒】 ‘太羹’은 ‘大羹’으로도 쓰며, 고기를 넣지 아니하고 끓인 국.
(《禮記》樂記) ‘玄酒’는 물을 뜻함. 고대 堯임금은 술이 없을 때 검은 색을 탄
물을 술로 대신하였다 함. (《禮記》禮運) 고대 모두 제사에 사용함.
【薦馨】 제수용으로 사용함. 제사를 뜻함.
【塵飯·塗羹】 먼지로 밥을 삼고 진흙으로 국을 삼음. 먹을 수 없음. 아이들의
　소꿉놀이를 뜻함.(《韓非子》外儲說左上)

766

술은 두강杜康이 처음 만든 것이요, 두부豆腐는 회남자淮南子가 처음
만든 것이다.

「酒係杜康所造, 腐乃淮南所爲.」

【杜康】 黃帝 때 조리사로 처음 술을 발명하였다 함.(《世本》)《博物志》佚文에
“杜康作酒”라 하였고, 曹操의 〈短歌行〉에 “何以解憂, 惟有杜康”이라 함. 그러나
《戰國策》魏策(2)에는 “昔者, 帝女令儀狄作酒而美, 進之禹, 禹飮而甘之, 遂疏
儀狄, 絶旨酒, 曰: ‘後世必有以酒亡其國者.’”이라 하여 儀狄이 처음 술을 만든
것으로 되어 있음.(《十八史略》도 같음)
【淮南】 두부는 한나라 때 淮南王(劉安, B.C.179~B.C.123)이 처음 만들었다 함.
　(《本草綱目》豆腐)

767

스님들은 생선을 '수사화'水梭花라 하고, 닭고기는 '천리채'穿籬菜라 한다.

「僧謂魚曰水梭花, 僧謂雞曰穿籬菜.」

【水梭花·穿籬菜】 '수사화'는 물 속을 베틀이 북(梭)처럼 왔다갔다하는 물고기(생선)를 꽃에 비유한 것임. '水中梭'라고도 함. '천리채'는 울타리를 뚫고 다니는 채소, 닭(고기)을 가리킴. 혹 '越籬菜', '鑽籬菜'라고도 함. 승려들은 육식을 할 수 없어 빗대어 부른 것. 蘇軾의 《東坡志林》 道釋文 葷食名에 "僧謂酒爲般若湯, 謂魚爲水梭花, 鶏爲鑽籬菜"라 함.

768

못 가에서 고기를 잡고 싶거든 어서 돌아가 그물을 짜느니만 못하고, 끓는 물을 그치게 하자면 불을 빼고 섶을 꺼내느니만 못하다.

「臨淵羨魚, 不如退而結網;
　揚湯止沸, 不如去火抽薪.」

【臨淵羨魚】 《漢書》 董仲舒傳에 "古人有言曰: '臨淵羨魚, 不如退而結網.' 今欲求治, 不如退而更化"이라 함.
【揚湯止沸】 漢나라 董卓의 〈上何進書〉에 "聞之揚湯止沸, 不如去火抽薪"이라 함.

769

양고기에 술 한 잔으로 스스로 위로함은 농촌의 즐거움이요,
실컷 먹고 배를 두드림은 태평성대의 모습이다.

「羔酒自勞, 田家之樂;
　含哺鼓腹, 盛世之風.」

【羔酒自勞】楊惲의 〈報孫會宗書〉에 "臣之得罪, 已三年矣. 田家作苦, 歲時伏臘,
烹羊炰羔, 斗酒自勞. 含哺鼓腹, 注詳地輿"라 함.
【含哺鼓腹】擊壤歌. 배불리 먹고 배를 두드림. 근심 없는 태평성대를 뜻함.
(076 참조)《十八史略》(권1)에 "有老人, 含哺鼓腹, 擊壤而歌曰:「日出而作, 日入
而息. 鑿井而飮, 畊田而食, 帝力何有於我哉!」"라 함.

770

사람이 먹는 것에 탐을 내는 것을 '한갓 먹고 마시기만 한다'徒餔啜라
하고,
　먹여주면서 공경스럽지 못한 것을 '혀를 차면서 와서 먹어라'嗟來食라고
한다.

「人貪食, 曰徒餔啜;
　食不敬, 曰嗟來食.」

【徒餔啜】한갓 먹고 마시기만 함.《孟子》離婁(上)에 “孟子謂樂正子曰: ‘子之
　從於子敖來, 徒餔啜也. 我不意子學古之道, 而以餔啜也.’”라 함.
【嗟來食】齊나라에 기근이 들어 黔敖가 음식을 준비하여 굶는 자에게 나누어
　주면서 “자, 와서 먹어라”라고 불쌍히 여기는 말투로 하자 그 중 하나가
　화를 내며 먹지 않고 굶어죽었다 함.《禮記》檀弓(下)에 “齊大饑黔敖爲食
　於路, 以待饑者而食之. 有饑者蒙袂輯屨貿貿然來. 黔敖左奉食, 右執飮, 曰:
　‘嗟, 來食!’ 揚其目而視之, 曰: ‘予唯不食嗟來之食, 以至於斯也.’ 從而謝焉;
　終不食而死. 曾子聞之曰: ‘微與? 其嗟也可去, 其謝也可食.’”이라 함.

771

많이 먹으면서 싫증을 모르는 것을 일러 ‘도철饕餮 같은 무리’라 하고,
먹을 것을 보고 침을 흘리는 것을 일러 ‘욕자欲炙의 표정’이라 한다.

「多食不厭, 謂之饕餮之徒;
　見食垂涎, 謂有欲炙之色.」

【饕餮】전설 속의 탐식하는 악한 동물. ‘도철’은 쌍성연면어의 物名.《左傳》
　文公 18년에 “縉雲氏有不才子, 貪于飮食, 冒于貨賄, 侵欲崇侈, 不可盈厭, 聚斂
　積實, 不知紀極, 不分孤寡, 不恤窮匱, 天下之民以比三凶, 謂之饕餮. 舜臣堯,
　賓于四門, 流四凶族, 渾敦·窮奇·檮杌·饕餮, 投諸四裔, 以禦螭魅. 是以堯崩
　而天下如一, 同心戴舜, 以爲天子, 以其擧十六相, 去四凶也”라 함.
【欲炙之色】매우 먹고 싶어하는 얼굴 표정. 음식을 보고 침을 흘림. 晉나라
　때 顧榮이 잔치를 벌일 때 고기를 굽는 일을 하는 자가 무척 먹고 싶어하는
　표정을 알아차리고 자신의 몫을 얼른 베어 주었다 함.(《晉書》顧榮傳)

772

함께 먹을 기회를 얻지 못함을 '향우'向隅라 하고, 남이 음식을 내려준 고마움을 '포덕'飽德이라 표현한다.

「未獲同食曰向隅, 謝人賜食曰飽德.」

【向隅】집안 귀퉁이를 향하여 앉아 있음. 얻어먹지 못하고 있는 모습.《說苑》貴德篇에 "故聖人之於天下也, 譬猶一堂之上也, 今有滿堂飮酒者, 有一人獨索然向隅而泣, 則一堂之人皆不樂矣"라 함.
【飽德】음식을 배불리 먹어 주인에게 감사를 표하는 말.《詩經》大雅 旣醉에 "旣醉於酒, 旣飽於德"이라 함.

773

천천히 걷는 것을 수레 타는 것으로 여기고, 늦게 밥 먹는 것을 고기 먹는 것으로 여긴다.

「安步可以當車, 晚食可以當肉.」

【安步·晚食】천천히 걷는 것을 마치 수레를 탄 것처럼 여기고 나중에 천천히 밥을 먹는 것을 고기반찬 먹는 것으로 여김. 욕심이 없음을 뜻함.《戰國策》

齊策(4)에 "願願得歸, 晚食以當肉, 安步以當車, 無罪以當貴, 淸靜貞正以自虞"
라 함. 이에 따라 '安步當車', '晚食當肉'의 성어가 생겼음.

774

먹을 것이 없이 가난한 것을 '반숙불포'半菽不飽라 하고,
큰 은혜를 갚으려 하는 것을 '매반불망'每飯不忘이라 한다.

「飮食貧難, 曰半菽不飽;
　厚恩圖報, 曰每飯不忘.」

【半菽不飽】콩을 반이나 섞은 밥조차 배불리 먹지 못함.《漢書》項籍傳에
"今世饑民貧, 卒食半菽, 軍無見糧"이라 함.
【每飯不忘】밥 먹을 때마다 은혜를 잊지 않음.《史記》張釋之馮唐列傳에
　文帝가 馮唐에게 "高祛爲我言趙將李齊之賢, 戰於巨鹿之下, 今吾每飯, 意未
　嘗不在巨鹿也"라 함

775

폐를 끼친 사람에게 고맙다 할 때는 '병주지요'兵廚之擾라 하고,
대접이 박하여 미안할 때는 '초구지진'草具之陳이라 한다.

「謝擾人, 曰兵廚之擾;
　謙待薄, 曰草具之陳.」

【兵廚之擾】진나라 완적은 죽림칠현의 한 사람이다. 그는 술을 좋아하여 步兵 주방에 술이 3백 곡(斛)이나 저장되어 있다는 말을 듣고 '步兵校尉'라는 직책을 자청하였음.(《晉書》阮籍傳)《世說新語》任誕篇에 "步兵校尉缺, 廚中有貯酒數百斛; 阮籍乃求爲步兵校尉"라 함. '요'(擾)는 '대접을 잘 받다, 폐를 끼치다'(叨擾) 등의 뜻.

【草具之陳】'草具'는 거친 음식을 뜻함. 거친 음식을 차렸음을 말함.《史記》陳丞相世家에 "初以太牢具進, 見羽使佯驚曰: '吾以爲范亞父使, 乃項王使.' 持去, 更以初具進"이라 함.

776

'백반청추'白飯青芻란 손님의 마부와 말에게까지 잘 대접해 주는 것이요, '취금찬옥'炊金爨玉이란 손님에게 잘 해준 주인에게 감사함을 말한다.

「白飯青芻, 待僕馬之厚;
　炊金爨玉, 謝款客之隆.」

【白飯青芻】찾아온 손님의 마부에게도 흰쌀밥을 주고 말에게도 좋은 꼴을 먹임. 손님뿐 아니라 그 부속에게도 잘 대접함. 杜甫의 〈入奏行贈西山檢察使竇侍御〉에 "爲君治酒滿眼酤, 與奴白飯馬青芻"라 함.

【炊金爨玉】옥을 땔감으로 하여 금으로 밥을 지음. 주인의 대접에 감사하는 말로 쓰임. 駱賓王의 〈帝京篇〉에 "平臺戚裡帶崇墉, 吹金爨玉待鳴鐘"이라 함.

777

가난한 집에서 손님을 대접할 때는 '다만 말월비풍抹月批風만 알 뿐'이라 하고,
겨울에 손님을 맞이하는 것을 '이에 고빙자명敲冰煮茗이라 할 뿐'이라 한다.

「家貧待客, 但知抹月批風;
　冬月邀賓, 乃曰敲冰煮茗.」

【抹月批風】달과 바람을 안주로 삼음. 문인이 가난하여 손님을 제대로 대접
　하지 못함을 뜻함. 蘇軾의 〈和何長官六言次韻〉에 "家貧何以娛客, 但知抹月
　披風"이라 함.
【敲冰煮茗】얼음을 깨어 차 끓일 물로 삼음. 손님 대접이 성의 있음을 말함.
　《六帖》에 "王休居太白山, 每冬月, 取溪冰, 煮建茗, 待賓客"이라 함.

778

　임금을 모시고 있는 원신元臣은 마치 술 빚는 데 누룩이 있어야 함과
같은 존재요,
　조정에서의 총재冢宰란 마치 국을 끓이는 데 절인 매실 같은 조미료가
있어야 함과 같다.

「君側元臣, 若作酒醴之麴糱;
　朝中冢宰, 若作和羹之鹽梅.」

【麴蘖·鹽梅】 '麴蘖'(국얼)은 누룩. '鹽梅'는 소금에 절인 매실이니 조미료로
사용함. 모두 음식에 조화를 이루듯이 조정의 신하들은 각기 자신의 업무를
수행하여 나라의 정치를 이끌어 감을 뜻함.《書經》說命에 "若作酒醴, 爾惟
麴蘖; 若作和羹, 爾惟鹽梅"라 함. '元臣'과 '冢宰'는 모두 나라의 重臣을 뜻함.

779

고기를 자르는데 심히 균등하여 진평陳平은 부로父老들의 칭찬을 들었고,
국 솥을 두드리며 더 없다고 보여준 구씨 형수는 한 고조高祖의 마음에
서운함을 주었다.

「宰肉甚均, 陳平見重於父老;
　夏羹示盡, 丘嫂心厭乎漢高.」

【陳平】 한나라 때 진평(?~B.C.137)은 사일의 잔치에 주재자가 되어 고기를
나누어줄 때 매우 균등하게 하여 父老들이 "진평은 주재자가 될 만하다"
(陳平善爲宰)고 하자 "저로 하여금 천하를 주재하게 한다면 이 고기 썰 듯 할
것입니다"(使平得宰天下, 亦如此肉)라 하였다. 뒤에 과연 고조 유방의 재상이
되었음.(《史記》陳丞相世家)
【丘嫂】 한 고조(유방)가 미천할 때 친구들을 이끌고 형수 丘氏(邱氏) 집을
찾았다. 마침 식사 중에 이들을 맞은 형수는 국솥을 두드리며 더 줄 것이
없다고 거절하였다. 뒤에 황제가 된 유방은 그 조카를 '頡羹侯'에 봉하여
버렸다. 원래 '頡羹'은 산이름으로 嫣州에 있으며 '怨嫂夏羹'을 빗대어 조카를
일부러 '뻣뻣한 국'이라는 뜻을 가진 이 땅에 봉한 것이다.(《史記》楚元王
世家) '夏'(알)은 '가볍게 두드리다'의 뜻.

780

필탁畢卓은 이부吏部의 관리로 술을 훔쳐먹었으니 그 흥치가 호탕한
것이요,

월왕越王은 사졸을 사랑하여 술을 물 상류에 부었으니 그들 사기가
백 배나 치솟았다.

「畢卓爲吏部而盜酒, 逸興太豪;

　越王愛士卒而投醪, 戰氣百倍.」

【畢卓】晉나라 시절 吏部郞의 벼슬을 지낼 때 이웃집에 술이 아주 맛있게
익고 있는 것을 알고 밤에 가서 이를 훔쳐 마신 후 그만 취하여 그 술독
옆에 잠이 들고 말았다 함.(《晉書》畢卓傳)
【越王】월왕 勾踐이 吳나라를 칠 때 마침 어떤 자가 좋은 술을 가지고 있었
으나 양이 충분치 못하여 이를 계곡 상류에 부어 그 흐르는 물을 모든 군사
에게 먹도록 하였다 함. 이에 군사들이 감격하여 누구하나 명령에 복종하지
않는 자가 없었다 함.(《黃石公記》)

781

'국물에 데고 나서는 냉채도 불어 먹는다'懲羹吹虀는 것은 지난 경험을
살려 그 다음을 경계함이요,

'술 주머니, 밥 자루'酒囊飯袋란 사람이 배움은 적으면서 먹는 것만 찾는
것을 말한다.

「懲羹吹齏, 謂人懲前警後;
　酒囊飯袋, 謂人少學多餐.」

【懲羹吹齏】뜨거운 국에 덴 자는 뒤에 찬 음식도 불어 먹음. '齏'는 고기와
부추를 섞어 만든 냉채요리를 말함. 唐나라 傅奕은 "국에 덴 자는 냉채도
불어 먹고, 활에 다친 새는 굽은 화살에도 놀란다"(懲熱羹者吹冷齏, 傷弓之
鳥驚曲矢)라 하였고,《楚辭》九章 惜誦에 "懲於羹者而吹齏兮, 何以變此
志也"라 함.
【酒囊飯袋】술 주머니나 밥 자루에 불과함. 아무 하는 일 없이 먹기만 하는
자. 曾慥의《類說》22에 인용된 陶岳의《荊湖近事》에 馬殷(五代 楚나라 군주)
은 사치만 부릴 뿐 文武之事에 아무런 관심도 두지 않자 사람들이 '酒囊
飯袋'라 불렀다 함.

782

은일隱逸의 선비는 돌로 이를 닦고 흐르는 물을 베개로 삼는다.
술에 빠진 사나이는 술지게미를 깔고 앉고 누룩을 베개로 벤다.

「隱逸之士, 漱石枕流;
　沈湎之夫, 籍糟枕麴.」

【漱石枕流】晉나라 孫楚(子荊)는 은거할 뜻이 있음을 두고 王濟(武子)에게
"돌로 이를 닦고 흐르는 물을 베개로 삼으리라"(漱石枕流)라 하자 왕무자가

"'枕石漱流'라 해야지 어찌 반대로 말하는가?"라 하였음.《世說新語》排調篇
에 "孫子荊年少時欲隱, 語王武子曰: '當枕石漱流', 誤曰: '漱石枕流'. 王曰:
'流非可枕, 石非可漱.' 孫曰: '所以枕流, 欲洗其耳; 所以漱石, 欲礪其齒!'"라 함.
【沈湎】술에 절음.《書經》泰誓(上)에 "沈湎冒色"이라 함.
【籍糟枕麴】劉伶〈酒德頌〉에 "奮髥箕踞, 枕麴藉糟. 無思無慮, 其樂陶陶"라 함.
　　(763 참조)

783

아무리 포악하다 해도 걸桀, 주紂는 어찌 주지육림酒池肉林의 짓을 하였으며,
범중엄范仲淹은 고학하느라 반찬은 잘라먹고 죽조차 금을 그어 끼니를
나누었다.

「昏庸桀紂, 胡爲酒池肉林;
　苦學仲淹, 惟有斷虀畫粥.」

【酒池肉林】夏나라 말왕 桀과 商(殷)나라 말왕 紂는 술로 못을 만들고 고기를
　　숲처럼 매달아놓고 사치와 음란을 부렸음.(《史記》夏本紀, 殷本紀,《說苑》,
　　《新序》,《韓詩外傳》,《列女傳》, 435 등 참조)
【苦學仲淹】송나라 재상 범중엄이 젊은 시절 長白山 절에서 공부할 때 가난
　　하여 죽을 끓여 이를 식힌 다음 칼로 4부분으로 금을 그어 나눈 다음
　　어머니와 하나씩 두 번 끼니로 삼았다. 또 절인 부추 반찬(虀)도 칼로 잘라
　　나누어 먹으며 3년을 공부했다 함.(《湘山野錄》, 220, 402, 425 참조)

▶ 增文

784

종부산鍾阜山에 은거한 주옹周顒의 집에는 적미赤米가 있었으니 이는 은사의 좋은 먹을 거리였고,

한단邯鄲의 주막에서 노생盧生이란 사람은 기장밥이 되는 동안 신선 세계에 영화를 누리는 꿈을 꾸었다.

「鍾阜山莊赤米, 隱士加餐;
　邯鄲旅邸黃粱, 仙人入夢.」

【鍾阜山莊赤米】南齊 周顒이 鍾阜山에 은거할 때 王儉이 찾아와 "이 산 속에 무슨 먹을 것이 있소?"(卿山中何所食)라고 묻자 주옹이 "붉은 쌀, 흰 소금, 그리고 푸른 아욱, 붉은 비름"(赤米白鹽, 綠葵紅莧)이라 대답함.(《南史》周顒傳, 794 참조)

【邯鄲旅邸黃粱】'邯鄲之夢', '黃粱之夢', '一吹之夢'이라고도 함. 唐 傳奇小說 沈旣濟의 《枕中記》의 故事로 흔히 '邯鄲之夢', '一炊之夢' 등으로 널리 알려져 있음. 盧生이란 자가 邯鄲의 한 주막에서 呂翁이라는 道士를 만나 베개 하나를 얻어 꿈속에 50년 간 온갖 부귀영화를 누리다가 깨어보니 주막에서 짓고 있던 黃粱(기장) 밥이 아직 뜸이 들기 전이었다 함. 비슷한 이야기가 《三國遺事》에 〈調信之夢〉으로 실려 있음. '南柯一夢'과도 비슷한 고사이며 인생이 '一場春夢'의 허무한 꿈이라는 뜻. 《菜根譚》에도 "紅燭燒殘, 萬念自然 灰冷; 黃粱夢破, 一身亦似雲浮"라는 구절이 있음.

785

어린 아이가 벼를 훔치자 공수지孔琇之는 이를 법대로 처리하였으니 그럴 만하였고,

멋대로 뛰는 말이 보리밭을 밟았으니 조조曹操는 스스로 머리를 깎아 벌에 대신하였다.

「小兒盜禾짒, 孔琇之按罪何妨;
　逸馬犯麥田, 曹孟德自刑猶爾.」

【孔琇之】남제 때 令으로 어린 아이가 벼를 훔치는 것을 보고 "十歲尙能爲盜, 長大何所不爲?"라 하며 법대로 처리했다 함.(《南齊書》孔琇之傳)

【曹孟德】삼국시대 위나라 曹操(155~220). 자가 孟德. 아들 曹丕(文帝)가 漢나라를 찬탈하여 魏나라를 건국한 후 아버지 조조를 武帝로 추존함. 조조는 군기를 엄하게 하여 행군할 때 절대로 논이나 밭을 마구 밟지 못하도록 하였으며 이를 어길 때는 참수하였음. 그런데 마침 자신의 말이 놀라 보리밭으로 달아나자 이를 본 부하들이 "이는 고의가 아닙니다"라 하였지만 "나라고 해서 용서가 된다면 어떻게 군사를 관리하겠는냐?"라 하면서 자신의 머리를 자르는 것으로 治罪를 상징했다 함.(《三國志》魏志 武帝紀)

786

'쭉정이를 알곡과 바꾸라' 하였으니 이는 추鄒 목공穆公이 백성을 사랑하는 마음이 절실하였음이요,

'콩 삶는데 콩깍지를 때는구나'라 하였으니 이는 조식曹植의 형제 사랑이
절절함을 표현한 것이다.

「易秕以粟, 鄒侯爲民庶之意拳拳;
　煮豆燃萁, 子建悟兄弟之情切切.」

【易秕以粟】鄒 穆公이 곡식 2섬을 백성의 쭉정이 1섬으로 바꾸게 함.《新序》
刺奢篇(6)에 "鄒穆公有令, 食鳧鴈必以粃, 無得而粟. 於是倉無粃, 而求易於民,
二石粟而得一石粃. 吏以爲費, 請以粟食之. 穆公曰: '去, 非汝所知也. 夫百姓
飽牛而耕, 暴背而耘, 勤而不惰者, 豈爲鳥獸哉? 粟米, 人之上食, 奈何其以養鳥?
且爾知小計, 不知大會. 周諺曰: 囊漏貯中. 而獨不聞歟? 夫君者, 民之父母,
取倉之粟, 移之於民. 此非吾之粟乎? 鳥苟食鄒之粃, 不害鄒之粟也, 粟之在倉與
在民, 於我何擇?' 鄒民聞之, 皆知私積與公家爲一體也, 此之謂知富邦"이라 함.
【煮豆燃萁】콩을 삶는데 콩깍지를 땔감으로 사용함. 형제 사이에 서로 못살게
괴롭힘을 뜻함. 魏 文帝 曹丕가 아우 曹植을 지극히 미워하여 "일곱 걸음
안에 시를 완성하지 않으면 죽이겠다"라고 하자 조식이 "煮豆燃豆萁, 豆在
釜中泣. 本是同根生, 相煎何太急"이라 하여 〈七步詩〉를 지음.(《世說新語》
文學, 298, 510, 1002, 1308 참조)

787

적산逖山의 고기 덩이는 잘라먹어도 곧바로 다시 생겨난다 하였고,
청전青田의 씨 항아리는 술을 따라 먹고 나면 다시 넘쳐난다 하였다.

「逖山之肉, 旋割旋生;
　青田之壺, 愈傾愈溢.」

【逖山】 逖山이라는 곳에 있는 괴수는 고기 살점에 눈이 있으며 이를 베어
내어도 계속 눈이 생겨난다고 함.《山海經》海外南經에 "逖山有視肉"이라
하고 注에 "形如牛肝, 有兩目, 食之無盡, 尋復更生如故"라 함.
【青田】 烏孫이라는 나라 青田園이라는 곳에 있는 큰 나무의 씨는 물을 부
으면 즉시 술로 변하여 무려 20여 명이 마실 수 있다 함. 아무리 부어도
계속 술로 변하되 단 즉시 물을 부어야지 오래있다 부으면 써서 마실 수
없다 함. 이를 '青田酒'라 한다 함.(崔豹《古今注》草木)

788

'나는 거위 새끼를 보면 노랗기가 술과 같다' 하였으니 그 아취가 가히
감정을 편안하게 하고,
　'사람들은 꾀꼬리 새끼를 두고 부드럽기가 솜과 같다' 하였으니 가장
입에 맞는 것이로다.

「我愛鵝兒黃似酒, 雅可怡情;
　人言雀子軟如綿, 最堪適口.」

【鵝兒】 오리 새끼. 노란 색이 술을 연상한다 함. 杜甫의 〈舟前小鵝兒〉라는
시에 "鵝兒黃似酒, 對酒愛新鵝"라는 구절이 있음.
【雀子】 黃雀(꾀꼬리) 새끼. 안주 요리로 만든 듯함. 소식의 〈送牛尾狸與徐使君〉
시에 "通印子魚猶帶骨, 披綿黃雀漫多脂"라 함.

789

재주 많은 선비는 차를 보내준 것이 고마워 나에게 좋은 노래를 보내
주었고,
호기심 많은 사람은 술을 가지고 가서 어려운 글자를 물었다 한다.

「多才之士, 謝茶而贈我好歌;
　好事之徒, 載酒而問人奇字.」

【多才之士】 盧仝(511, 649, 763 참조)의 〈謝孟諫議惠茶歌〉에 "日高丈五睡正濃,
　誰人叩門驚周公. 口云諫議送書信, 白絹斜封三道印. 開緘宛見諫議面. 手閱
　月團三百斤"이라 함.
【好事之徒】 한나라 揚雄은 박학다식하였지만 집이 가난하여 찾아오는 사람
　이 적었다. 그러자 어떤 호기심 많은 자가 술을 들고 찾아가 어려운 글자를
　질문하곤 하였다 한다.(《漢書》 揚雄傳)

790

동해물을 퍼다가 술로 삼아 높은 회포를 풀고 싶고,
구슬 나무 가지를 꺾어 안주로 삼아 아름다운 뜻을 편안히 펴고 싶다.

「挹東海以爲醴, 庶暢高懷;
　折瓊枝以爲饈, 可舒雅志.」

【挹東海】 동해 바다 물을 술로 삼아 가슴속의 회포를 다 풀고 싶음. 曹植의
〈致季重書〉에 "擧泰山以爲肉, 挹東海以爲醴"라 함.
【折瓊枝】 옥수의 가지를 안주로 삼음. 屈原의 《離騷》에 "折瓊枝以爲羞兮,
精瓊靡以爲粮"이라 함.

791

운모 가루 같은 흰 쌀밥은 두보의 시에도 언급하였고, '월아갱'月兒羹이
란 국은 유공권柳公權이 문장으로 황제에게 중시를 받은 것이다.

「雲子飯可入杜句, 月兒羹見重柳文.」

〈杜甫〉《晚笑堂畫傳》

【杜句】 杜甫의 〈與鄂縣源大少府宴渼陂〉에 "飯抄
雲子白, 瓜嚼水晶寒"이라 함. '雲子'는 운모를 부
순 것. 흰 쌀밥을 비유함.
【柳文】 당나라 문종이 '剪刀麵'과 '月兒羹'이라는
식사를 하고 있을 때 마침 柳公權(510, 619 참조)
이 〈錦樣書(龍城記)〉라는 글을 바치러 나타나자
그에게도 이를 먹도록 하였음.(《雲仙記》)

792

구운 거위고기를 멋대로 먹고 나서도 거위 발이 넷이었으면 하고,

자라탕으로 실컷 배를 채우고서도 자라의 치맛살이 둘이었으면 하고
바란다.

「燒鵝而恣朵頤, 且願鵝生四掌;
　炮鱉而充嗜欲, 還思鱉著兩裙.」

【鵝掌】거위 발바닥. 이는 매우 맛있는 부분으로 구운 거위요리를 먹을 때면
오리 다리가 넷이었으면 한다 함. '朵頤'는 음식을 먹는 것.《周易》頤卦에
"觀我朵頤"라 함.
【鱉裙】자라 甲殼의 가장자리 부분이 치마처럼 생겨 '鱉裙'이라 함. 가장 맛
있는 부위로 역시 자라탕을 먹을 때면 그것이 둘이었으면 한다 함.《五代
史補》後周에 僧 光謙이 절에서 酒肉을 즐기면서 "願鵝生四掌, 鱉著兩裙"
이라 하였고, 宋代 사람들은 "白鵝存掌鱉留裙"이라 하였다 함.

793

기장을 심고 메조는 심지 말도록 한 것은 도연명陶淵明이 술로써 팽택령
彭澤令을 지낸 것이요,
　곡식을 숨기고 보물은 숨기지 않았다는 것은 임씨任氏가 먹을 것을
하늘로 삼은 것이다.

「種秫不種粳, 陶公若以酒爲命;
　窖粟不窖寶, 任氏則以食爲天.」

【陶公】東晉 陶淵明이 팽택령으로 있을 때 아내에게 공전 3백 무 중 50무는 秫(기장, 차조)을 심고 나머지 250에만 粳(메벼)을 심도록 하여 기장은 술 빚는 데 쓰겠다고 함.(《晉書》陶潛傳, 020, 533, 614 참조)

【任氏】진나라 말기 천하에 대란이 일어나자 부호들은 금은재화를 감추었지만 임씨라는 사람만은 곡식만 모아 숨겨두었다. 뒤에 楚漢戰으로 滎陽에 농사를 지을 수 없어 식량 값이 폭등하자 부호들이 금은재화를 들고 와 곡식과 바꾸어 가 임씨는 큰 부자가 되었다 함.(《史記》貨殖列傳)

【以食爲天】《漢書》酈食其傳에 "王者以民爲天, 而民以食爲天"이라 함.

794

붉은 비름나물, 자줏빛 가지를 오흥태수吳興太守 채준蔡撙은 텃밭에 가득 심었고,

푸른 아욱, 비취빛 염교를 종부산鍾阜山의 주옹周顒은 그 터에 가득 번식시켰다.

「紅莧紫茄, 種滿吳興之圃;

　綠葵翠薤, 殖盈鍾阜之區.」

【吳興之圃】梁나라 蔡撙이 吳興太守로 있으면서 관저 텃밭에 白莧菜(비름)와 가지 등 채소를 심어 황제에게 표창을 받았다 함.(《南史》蔡撙傳)

【鍾阜之區】주옹(周顒)이 鍾阜山에 살면서 綠葵(푸른 아욱), 翠薤(염교라는 채소, 薤頭, 莜子라고도 함) 등을 심어 맑게 살았음.(784 참조)

◉ 참고

〈飮食〉편 '續增'8聯

○「南人多食米, 北人多食麥.」

○「兩餐三餐, 俗例不同; 一粥一飯, 來處不易.」

○「陸羽著茶經, 嗜茶成癖; 隨園編食譜, 品食獨詳.」

○「東坡肉傳東坡集, 火候足時;
　女兒酒駐女兒顔, 桃花映色.」

○「飮料如武夷茶, 普洱茶, 六安茶, 龍井茶, 皆稱佳品;
　食物含有糖質, 小粉質, 脂肪質, 蛋白質, 均足養生.」

○「水應求潔, 積垢則害人; 酒以合歡, 多飮則傷腦.」

○「食品易腐, 霉菌不可不防; 食味須調, 烹飪尤所宜學.」

○「飽菜足終年, 勿求盛饌; 衛生在潔食, 豈必西餐.」

21. 궁실宮室

❋ 본 장은 가옥과 각종 건축물에 대한 유래와 그에 관련된 일화, 고사 등을 모아 설명하고 있다.(총 34연)

〈朱雀燈〉 서한 山西 출토

795

아주 오랜 상고시대에는 들에 살고 굴에 살았으나,
유소씨有巢氏 이후로 위에는 대들보를 얹고 아래는 방을 만들었다.

「洪荒之世, 野處穴居;
　有巢以後, 上棟下宇.」

【洪荒】 상고시대. 쌍성연면어.
【有巢】 처음으로 집을 짓기 시작한 집단. 씨족. '大巢氏'라고도 함.(《韓非子》
　五蠹) 한편 《周易》 繫辭(下)에 "上古穴居而野處, 後世聖人易之以宮室, 上棟
　下宇, 以待風雨"라 함.

〈有巢氏敎民架屋〉

796

'죽포송무'竹苞松茂는 집을 지으면서 길이가 재는 대로 딱 맞음을 말하는 것이요,

'조혁휘비'鳥革翬飛란 집을 지으면서 최선을 다함을 말한다.

「竹苞松茂, 謂制度之得宜;
　鳥革翬飛, 謂創造之盡善.」

【竹苞松茂】《詩經》 小雅 斯干에 "如竹苞矣, 如松茂矣. 如鳥斯革, 如翬斯飛"라 하여 周 宣王이 궁실을 지으면서 노래한 것이라 함. 대나무 소나무처럼 번성하기를 바라며 새가 날개를 펼친 모습(革)처럼, 날아가는 모습처럼 웅장하고 화려하게 지었다는 뜻.

797

조정을 '자신'紫宸이라 하고, 궁궐문을 '청쇄'青瑣라 한다.

「朝廷曰紫宸, 禁門曰青瑣.」

【紫宸】 고대 황제가 거하는 곳을 紫(紫微星)에, 그리고 임금의 위치를 宸(北極星)에 비유하여 이렇게 이름을 지음.(《唐會要》) 이에 따라 황제의 궁궐을 '紫禁城', 황제의 조서를 '紫誥', 황제의 전용도로를 '紫陌'이라 함.
【青瑣】 고대 궁궐의 대문 위를 장식하고 푸른색을 칠하였음.(《漢書》 元后傳)

798

재상은 임금의 명령과 말을 관장하는 것으로 '황각'黃閣 안에서 일하고, 백관은 법률과 상소문을 갖추어 올리므로 '단지'丹墀에서 지어서 바친다.

「宰相職掌絲綸, 內居黃閣;
　百官具陳章疏, 敷奏丹墀.」

【絲綸】 옷감의 날줄과 씨줄로 임금의 명령이나 조서를 뜻함. '綸音'과 같음. (146 참조)
【黃閣】 재상이 임금의 조서를 초안하고 업무를 보던 관서. 황제의 붉은 색과 구별하기 위하여 노란 색을 칠하였음.(《漢舊儀》 卷上)
【章疏】 법률과 주소문 따위. 공문.
【敷奏丹墀】 '敷奏'는 진술하여 상세하게 설명함. '丹墀'(단지)는 고대 궁전 앞의 돌계단을 붉게 도색하여 이를 '단지'라 하였음.

799

‘목천서’木天署는 한림학사가 모이는 곳이요,
‘자미성’紫微省은 중서성의 관리가 정사를 돌보는 곳이다.

「木天署, 學士所居;
　紫微省, 中書所蒞.」

【木天署】 한림학사가 모이는 장소. 당나라 때는 궁중 도서관(秘書閣)이 넓고
공간이 높아 이를 ‘木天’이라 불렀음.(《唐六典》)
【紫微省】 ‘中書省’을 唐 開元 초년에 ‘자미성’으로 이름을 고쳤다가 다시 원래
대로 환원함.(《新唐書》 百官志)
【蒞】 ‘莅’(리)로도 쓰며 ‘臨’과 같음. 임하여 정사를 돌봄.

800

‘금마’金馬와 ‘옥당’玉堂은 한림원의 건물을 말하고,
‘백대’柏臺와 ‘오부’烏府란 어사대의 대문을 말한다.

「金馬·玉堂, 翰林院宇;
　柏臺·烏府, 御史衙門.」

【金馬玉堂】한림원의 다른 이름. 金馬門이 있었으며 玉堂은 당 태종이 사액을
  내려 이름을 부른 것.(186 참조)
【柏臺·烏府】어사대의 별칭. 한나라 때 이곳에는 잣나무가 많았고 그곳에
  까마귀들이 서식하여 이름을 '柏府', '柏署', '烏府', '烏臺' 등으로 불렀다 함.
  (《漢書》朱博傳, 1144 참조)

801

포정사布政司를 달리 '번부'藩府라 부르고,
안찰사按察司는 이에 '얼사'臬司라고도 한다.

「布政司, 稱爲藩府;
　按察司, 係是臬司.」

【布政司】藩侯를 가리킴. 그 부서를 '번부'라 함.
【按察司】한 省의 사법을 맡았던 관서. 이를 '臬司'(얼사)라 하였으며 '臬'은
  해시계의 기둥으로 시간 계산의 기준이 되므로 법을 상징함.(이상 175 참조)

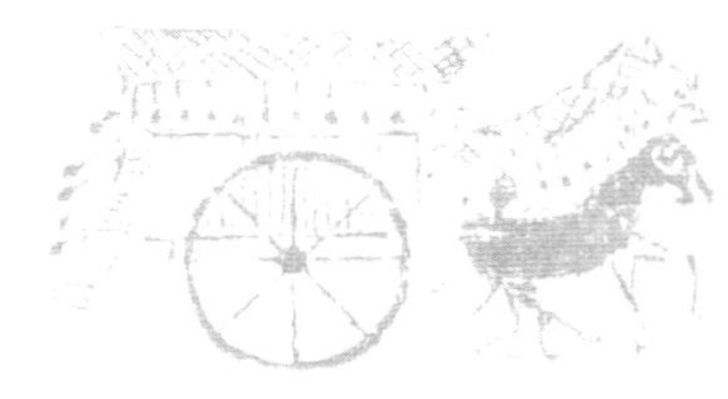

802

반악潘岳이 온 고을에 복숭아나무를 가득 심어 그곳을 '화현'花縣이라
불렀고,
　복자천宓子賤이 거문고를 울리며 그 읍을 다스려 '금당'琴堂이라 불렀다.

「潘岳種桃於滿縣, 故稱花縣;
　子賤鳴琴以治邑, 故曰琴堂.」

【潘岳】 반악이 세금 대신 복숭아를 심도록 하여 그 고을이 꽃으로 덮여
'花縣'으로 불렀다 함.(203 참조)
【子賤】 공자 제자 宓子賤이 선보(單父)를 다스릴 때 거문고나 타면서 뜰
아래는 내려오지 않아도 잘 다스려졌다 함.(《呂氏春秋》察賢,《韓詩外傳》권2,
《說苑》政理篇)

803

'담부'潭府는 벼슬아치의 집을 말하는 것이요, '형문'衡門이란 은일하는
자의 집을 일컫는 말이다.

「潭府是仕宦之家, 衡門乃隱逸之宅.」

【潭府】좋은 저택, 혹은 남의 저택을 높여 부르는 말. '潭第'라고도 함. 韓愈의
〈符讀書城南〉에 "一爲公與相, 潭潭府中居. 問之何因爾, 學與不學歟. 新凉入
郊墟, 燈火稍可親"이라 함.
【衡門】나무로 대강 빗장을 만든 문. 가난하고 누추한 집을 뜻함. 《詩經》
陳風 衡門에 "衡門之下, 可以棲遲"라 함.

804

남에게 축하할 일이 있을 때 '문란애서'門闌藹瑞라 하고,
　남이 나의 집을 방문해 주었을 때 '봉필생휘'蓬蓽生輝라 고마움을 표현
한다.

「賀人有喜, 曰門闌藹瑞;
　謝人過訪, 曰蓬蓽生輝.」

【門闌藹瑞】집 대문에 상서로운 기운이 서림. 杜甫의 〈李監宅〉에 "門闌多喜色"
이라 함.
【蓬蓽生輝】쑥과 콩대로 덮은 누추한 자신의 집에 손님이 와서 빛이 나게
되었다는 뜻. 찾아온 손님에게 감사히 여기며 자신의 집을 낮추어 부르는 말.
'蓬蓽增輝'라고도 함.(王之道의 〈和富公權宗丞〉 시)

805

'미환미륜'美奐美輪이란 《예기》에서 집의 화려함을 칭송하는 말로 쓰였고,
"긍구긍당"肯構肯堂이란 《서경》에서 부자가 뜻을 같이 함을 기록한
것이다.

「美奐美輪, 禮稱屋宇之高華;
　肯構肯堂, 書言父子之同志.」

【美奐美輪】 아름답고 화려한 집. 《禮記》 檀弓(下)에 晉 獻文子가 집을 짓자
　張老가 "美哉輪焉, 美哉奐焉"이라 칭송함
【肯構肯堂】 아들이 아버지 집 짓는 일을 이어받듯이 아버지 사업을 계승함.
　《尙書》 大誥에 "若作考室, 旣底法, 厥子乃弗肯堂, 矧肯構"라 함.(256 참조)

806

집을 지으려고 토목공사를 막 시작함을 '경시'經始라 하고, 벌여놓은
일을 이미 다 마침을 '낙성'落成이라 한다.

「土木方興曰經始, 創造已畢曰落成.」

【經始】집을 짓기 위해 측량하고 시작함.《詩經》大雅 靈臺에 “經始靈臺,
    經之營之”라 함.
【落成】일을 끝냄.《시경》小雅 斯干의 鄭玄 序에 “宣王於是築宮廟群寢, 旣成
    而釁之, 歌斯干之詩而落之”라 함.

807

높은 누각을 두고 가히 ‘별을 딸 수 있을 정도’라 하고, 집이 너무 작을 때
‘겨우 무릎을 수용할 정도’라 한다.

「樓高可以摘星, 屋小僅堪容膝.」

【摘星】별을 딸 수 있을 정도로 높은 건물. 宋代에 楊憶은 태어나 몇 살이
    되도록 말을 하지 못하였다. 그러던 어느 날 그를 데리고 높은 누각에
    오르다가 머리가 부딪치자 돌연 말문이 트여 “危樓高百尺, 手可摘星辰.
    不敢高聲語, 恐驚天上人”이라는 시를 읊었다 함.(周紫芝《竹坡詩話》)
【容膝】무릎을 겨우 용납할 정도의 좁은 방. 빈한하나 편안한 자신의 집을
    뜻함.《韓詩外傳》권9에 “今如結駟列騎, 所安不過容膝; 食方丈於前, 所甘
    不過一肉. 以容膝之安, 一肉之味, 而殉楚國之憂, 其可乎?”라 하였고, 陶淵明
    〈歸去來辭〉에 “引壺觴以自酌, 眄庭柯以怡顏. 倚南窗以寄傲, 審容膝之易安;
    園日涉以成趣, 門雖設而常關; 策扶老以流憩, 時矯首而遐觀. 雲無心而出岫,
    鳥倦飛而知還; 景翳翳以將入, 撫孤松而盤桓”이라 함.

808

구래공寇萊公의 정원은 너무 좁아 겨우 꽃 몇 송이 심을 수 있었고,
이문정李文靖의 집 대청 앞은 겨우 말을 돌릴 수 있을 정도였다.

「寇萊公庭除之外, 只可栽花;
　李文靖廳事之前, 僅容旋馬.」

【寇萊公】 송대 재상 寇準.(139, 215, 458, 509, 585, 659, 727 참조) 구준은 재상
　이면서도 그의 집은 매우 협소하여 정원에 몇 그루 꽃을 심을 수 있을
　정도였다 함.(《宋史》 寇準傳)
【李文靖】 송대 승상을 역임한 李沆(947~1004). 그의 집은 매우 작아 대청
　앞에서 겨우 말을 돌릴 수 있다 하였음. 항상 백성의 편을 들어 황제에게
　간언을 하여 당시 '聖相'이라 불렸다 함. 시호는 文靖. (《宋史》 李沆傳)

809

집이 완성됨을 축하할 때 '연하'燕賀라 하고, 자신의 집이 아주 작음을
겸손히 말할 때 '와려'蝸廬라 한다.

「恭賀屋成曰燕賀, 自謙屋小曰蝸廬.」

【燕賀】 큰 집을 새롭게 낙성하자 제비와 참새도 날아와 축하함.《淮南子》
說林에 "大廈成而燕雀相賀"라 함.
【蝸廬】 달팽이 집처럼 좁고 협소함. '蝸舍'라고도 함. 삼국시대 魏나라 隱士
焦先과 楊沛가 둥근 집을 지어 모양이 달팽집과 같아 '와려'라 함.(《三國志》
魏志 管寧傳)

810

백성이 사는 집을 일러 '여염'閭閻이라 하고, 귀족의 집을 일러 '벌열'
閥閱이라 한다.

「民家名曰閭閻, 貴族稱爲閥閱.」

【閭閻】 원래는 모두 시골 평민들이 사는 골목의 문.《公羊傳》成公 2년에
"相與踦閭而語"라 함.
【閥閱】 원래 벼슬하는 집의 대문에서 왼쪽 기둥을 '閥', 오른쪽 기둥을 '閱'
이라 함. 그러나 권세 있는 집안을 가리키는 첩운연면어. 한편 '閱'은 그 집의
공적이나 방을 붙여 이를 '살펴보다'(閱覽)의 뜻으로도 쓰임.(《玉篇》門部,
《說文解字箋注》)

811

'주문'朱門이란 부호의 저택을 뜻하고, '백옥'白屋이란 벼슬없는 자의
집을 뜻한다.

「朱門乃富豪之第, 白屋是布衣之家.」

【朱門】부잣집. 대문은 붉은 색을 칠함.《晉書》麴允傳에 "東開朱門, 北望
  靑樓"라 함.
【白屋】흰 띠로 이엉을 덮은 집. 가난한 서민(布衣)의 집을 뜻함.《漢書》
  吾丘壽王傳에 "三公有司, 或由窮巷, 起白屋, 裂地而封"이라 함.

812

객사를 '역려'逆旅라 하고, 관역館驛을 '우정'郵亭이라 한다.

「客舍曰逆旅, 館驛曰郵亭.」

【逆旅】'逆'은 '迎'과 같음. 쌍성호훈.《商君書》墾令에 "廢逆旅, 則奸僞, 躁心,
  私交, 疑農之民不行"이라 하였고, 李白의 〈春夜宴桃李園序〉에 "夫天地者,
  萬物之逆旅; 光陰者, 百代之過客"이라 함. '객사'는 나그네가 묵어 가는 여인숙.
【郵亭】공문 등을 전달하는 자가 묵을 수 있는 관사.(《後漢書》趙孝傳) '관역'은
  나라의 공문 등을 전달하는 자가 교체하거나 쉬어가는 곳.

813

공부방을 '운창'芸窗이라 하고, 조정을 '위궐'魏闕이라 한다.

「書室曰芸窗, 朝廷曰魏闕.」

【芸窗】학자의 서재나 공부 방. 책에 좀이 쓰는 것을 막기 위해 '芸'(향풀의 일종)을 말려 함께 넣었음. 이에 서적을 '芸編'이라 하고 책방을 '운창'이라 함. 蘇軾의 시에 "芸葉薰香走蠹魚"라 함. 그리고 馮延登의 〈洮石硯〉에 "芸窗盡日 無人到"라 하였고, 《菜根譚》에 "竹籬下, 忽聞犬吠鷄鳴, 恍似雪中世界; 芸窗中, 偶聽蟬吟燕語, 方知靜裡乾坤"이라 함.(1032 참조)
【魏闕】궁문 위의 樓觀을 말하며 그 아래로 법령을 걸어 널리 알림. '위'는 높다(巍)의 뜻. 뒤에 조정을 뜻하는 말로 쓰임. '象魏'와 같음.(1144 참조) 《周禮》天官 大冢宰에 "正月之吉, 始和, 布治於邦國都鄙, 乃縣治象之法於 象魏. 使萬民觀治象, 挾日而斂之"라 하였으며, 《莊子》讓王에 "身在江海之上, 心居乎魏闕之下"라 함.

814

'성균'成均, '벽옹'辟雍이란 모두 국학國學을 일컫는 말이요,
'횡궁'黌宮, '교서'膠序는 향학鄕學을 칭하는 말이다.

「成均·辟雍, 皆國學之號;
　黌宮·膠序, 乃鄉學之稱.」

【成均】周나라 때 대학의 별칭.《周禮》春官에 "大司樂掌成均之法, 以治建國
　之學政"이라 함. 唐 貞觀 연간에 '國子學'을 '國子監'으로 바꾸었다가 다시
　'司成', 그리고 다시 '成均'으로 바꿈.
【辟雍】西周 때 설립한 대학.《禮記》王制에 "大學在郊, 天子曰辟雍, 諸侯曰
　頖宮"이라 함.
【黌宮】고대 향리에 세웠던 교육기관.《後漢書》仇賢傳에 "還就黌學"이라 함.
【膠序】《禮記》王制에 "周人養國老於東膠, 養庶老於虞庠"이라 함. '序'는 고대
　학교의 별칭.《孟子》에 "學校庠序"라 하였고,《漢書》儒林傳序에 "鄉里有敎,
　夏曰校, 殷曰庠, 周曰序"라 함.

815

　건망증이 심한 사람을 놀릴 때 '이사 가면서 아내를 잊고 갔군요'徙宅
忘妻라 하고,
　조심성이 없는 사람을 놀릴 때는 '도둑을 맞으면서 절까지 하는군요'
開門揖盜라 한다.

「笑人善忘, 曰徙宅忘妻;
　譏人不謹, 曰開門揖盜.」

【徙宅忘妻】 이사를 가면서 아내를 데리고 가는 것을 잊음. 건망증이 심한 경우를 비유함.《孔子家語》賢君에 "哀公問於孔子曰: '寡人聞忘之甚者, 徙而 忘其妻, 有諸?' 孔子對曰: '此猶未甚者也, 甚者乃忘其身.' 公曰: '可得而聞乎?' 孔子曰: '昔者, 夏桀貴爲天子, 富有四海, 忘其聖祖之道, 壞其典法, 廢其世祀, 荒於淫樂, 耽湎於酒, 佞臣諂諛, 窺導其心; 忠士折口, 逃罪不言, 天下誅桀而 有其國, 此謂忘其身之甚矣.'"라 함.

【開門揖盜】 문을 열고 도둑에게 읍을 하면서 맞음. 조심성이나 판단력이 없음을 뜻함.《三國志》吳志 孫權傳에 "今奸宄競逐, 乃顧禮制, 是猶開門揖 盜也"라 함.

816

'하씨何氏 집 누각에서 파는 물건'이란 모두 아주 조악한 물건임을 뜻하고, '농단壟斷을 부린다'는 것은 자신만이 이익을 독차지함을 기롱하는 말이다.

「何樓所市, 皆濫惡之物;
　壟斷獨登, 譏專利之人.」

【何樓】 송나라 때 서울 汴京의 何氏는 누각 아래에서 가짜 상품을 많이 팔아 사람들이 그 장소를 '何樓'라 불렀음.(《中山詩話》)
【壟斷】 시장이 잘 보이는 언덕의 높은 곳에 올라 어떤 물건이 가장 이익이 남는가를 확인하여 상품과 이익을 독점함.《孟子》公孫丑(下)에 "古之爲市也, 以其所有, 易其所無者. 有司者治之耳. 有賤丈夫焉. 必求龍斷而登之, 以左右望, 而罔市利, 人皆以爲賤, 故從而征之. 征商, 自此賤丈夫始矣"라 함.

817

'필문규두'篳門圭竇란 가난한 선비가 사는 모습을 표현한 말이며,
'옹유승추'甕牖繩樞란 누추한 집의 모습을 말하는 것이다.

「篳門圭竇, 係貧士之居;
　甕牖繩樞, 皆窶人之室.」

【篳門圭竇】'篳門'은 '蓽門'으로도 쓰며, 가난하고 궁한 사람이 사는 곳.
'圭竇'는 '閨竇'로도 표기하며, 벽을 뚫어 만든 작은 문.《左傳》襄公 10년에
"蓽門閨竇之人"이라 함.
【甕牖繩樞】역시 가난한 사람의 가옥으로 옹기로 창문을 만들고 새끼줄로
門樞(지도리)를 삼아 대강 묶어 만든 것. 賈誼〈過秦論〉에 "然而陳涉甕牖
繩樞之子, 氓隸之人, 而遷徙之徒也"라 함.

818

송나라 구준寇準은 과연 북문을 막는 자물쇠北門鎖鑰라 할 만하고,
단도제檀道濟는 만리장성萬里長城에 비유하여 부끄러울 인물이 아니었다.

「宋寇準, 眞是北門鎖鑰;
　檀道濟, 不愧萬里長城.」

【寇準】송나라 재상.(137, 215, 458, 509, 585, 659, 727, 808 참조). 그가 참언으로 재상직에서 파직당하고 天雄軍으로 출정하자 거란 사자가 "그대는 명망이 높은데 어찌 중서성에 있지 않습니까?"(相公望重, 何不在中書)라 물었다. 그러자 구준이 "황제께서 조정은 무사하나 북문을 채울 자물쇠와 열쇠로 나 준이 아니면 안 된다고 여겼기 때문이오"(皇上以朝廷無事, 北門鎖鑰, 非準不可耳)라 하였다.(《宋史》寇準傳)

【檀道濟】남조 송나라 때의 중신(?~436). 뒤에 송 문제가 그의 재능을 겁내어 살해함. 그가 잡혔을 때 머리띠를 벗어던지며 "그대가 이 만리장성을 허무느냐?(乃壞汝萬里長城耶)라 하여 자신을 만리장성에 비유하였음.(《南史》檀道濟傳)

▶ 增文

819

서까래 몇 개로 집을 지어도 이는 비바람을 막기 위한 것이다.

「榱題一建, 風雨攸除.」

【榱題一建】 서까래 몇으로 집을 지음. 《孟子》 盡心(下)에 "堂高數仞, 榱題數尺, 我得志弗爲也"라 함.
【風雨攸除】 비바람을 막음. 《詩經》 小雅 斯干에 "約之閣閣, 椓之橐橐. 風雨攸除, 鳥鼠攸去, 君子攸芋"라 함.

820

많은 집을 짓고 있으니 주周나라가 이로써 공고해졌고,
중문을 모두 탁 트이게 지으니 송宋나라 궁전이 밝고 환하였다.

「百堵皆興, 周邦鞏固;
 重門洞闢, 宋殿玲瓏.」

【百堵皆興】 많은 집을 지음. 周나라 왕실이 흥성함을 상징함. 《詩經》 小雅 鴻雁에 "似續妣祖, 築室百堵. 西南其戶, 爰居爰處. 爰笑爰語"라 함.
【重門洞闢】 겹겹의 문을 모두 탁 트이게 지음. 宋나라 皇宮을 수축하고 나서

太祖가 "겹문을 모두 트이게 하라. 이는 내 마음과 같으니, 조금이라도 잘못이 있으면 사람들이 다 볼 수 있도록 하라"(重門洞闢, 正如我心. 少有私曲, 人皆見之)라 함.(《三朝聖政錄》)

821

진공晉公 왕우王祐는 뜰에 홰나무 세 그루를 심어 후손이 재상의 지위에 오르리라 기원하였고,

정절공靖節公 도연명陶淵明은 문 앞에 버드나무 다섯 그루를 심어 은사의 풍모를 나타내었다.

「晉公堂下植三槐, 相臣地位;
　靖節門前栽五柳, 隱士家風.」

【晉公】송대 王祐(祜, 佑로 된 판본도 있음. 뒤에 晉公에 봉해짐)가 나라에 큰 공이 있었지만 재상을 하지 못하였다. 이에 그는 자신의 정원에 세 그루 槐(홰나무)를 심어놓고 "내 자손 중에 반드시 삼공이 나오리라"(吾子孫必有爲三公者)라 하였는데 과연 그의 둘째아들 王旦이 재상에 올랐으며 뒤에 魏公에 봉해짐.(《宋史》王旦傳, 1301 참조) 한편 蘇軾은 이를 두고 〈三槐堂記〉를 지었음. 三槐는 삼공을 가리킴.(207 참조)

【靖節】東晋의 陶淵明. 시호는 靖節.(《晉書》, 《宋書》, 《南史》陶潛傳) 그는 집 앞에 버드나무 다섯 그루를 심어놓고 자신을 '오류선생'이라 하였음. 그의 〈五柳先生傳〉에 "先生不知何許人, 亦不詳其姓字. 宅邊有五流樹, 因以爲號焉. 閑靜少言, 不慕榮利. 好讀書, 不求甚解, 每有會意, 便欣然忘食. 性嗜酒, 家貧不能常得"이라 하였음.(《晉書》陶潛傳, 《陶靖節公集》)

822

　송나라 재상 노종도魯宗道는 자신의 집을 '퇴사암'退思嚴이라 하였으니 이는 어두참정魚頭參政이 퇴근하고 사색한 때를 말하는 것이요,
　송나라 왕안석王安石은 자신의 집을 '지망실'知妄室이라 하였으니 이는 반산거사半山居士가 망령된 행동이 무엇인지 알아야 한다는 곳이었다.

「退思嚴, 是魚頭參政退思時;
　知妄室, 乃半山居士知妄處.」

【退思嚴】 宋나라 재상 魯宗道(966~1029)는 집을 지어 '退思嚴'이라 하고 매번 조회에서 물러난 후 홀로 거하면서 처자도 들어오지 못하게 하였다 함.(葉廷珪 《海錄碎事》 臣職 上 宰相) '퇴사'는 '물러나 반성하다'의 뜻. 《左傳》 宣公 12년에 "林父之事君也, 進思盡忠, 退思補過"라 함.

【魚頭參政】 그의 철벽같은 굳은 행정태도를 뜻함. 성씨 魯는 '魚+日'로 되어 있으며 여기서 물고기 머리뼈처럼 곧고 굳센 정치를 했다는 뜻을 가지고 있음.(《宋史》 魯宗道傳, 195 참조)

【知妄室】 송대 王安石(1021~1086)은 호가 半山居士였으며 자는 介甫, 시호는 門. 당송팔대가의 하나임. 그가 집을 지은 다음 '知妄室'이라 하고 스스로 語錄을 지어 "知妄爲妄, 卽妄是眞; 認妄爲眞, 雖眞亦妄"이라 함.

〈王安石(文公)〉《晚笑堂畫傳》

823

'명협'蓂莢이라는 풀은 신기하게 요堯임금의 뜰 아래 자라났고, '의죽'
義竹이라는 대나무는 당 현종玄宗의 궁정 앞에 자라날 만하였다.

「蓂生神堯階下, 竹秀當帝宮前.」

【蓂】堯임금 때 蓂莢이 뜰에 나서 매월 초하루부터는 잎이 하나씩 나고 보름이
지나서 한 잎씩 떨어져 날짜의 흐름을 알 수 있도록 해 주었다 함.(《竹書
紀年》陶唐氏)《十八史略》권1에 "有草生庭, 十五日以前, 日生一葉, 以後日落
一葉, 月小盡, 則一葉厭而不落, 名曰蓂莢, 觀之以知旬朔"이라 함.(1293 참조)
【竹】唐 玄宗이 어릴 때 형제간에 우애가 있었다. 이에 御花園에 있는 많은
대나무를 보고 景宗이 "兄弟相愛, 當如此竹"이라 하여 이를 '義竹'이라
하였다 한다.(《開元天寶遺事》)

824

협마夾馬의 병영에서 송 태조가 태어날 때 기이한 향기가 온 사방에
가득하였고,
남조 송나라를 세운 유유劉裕는 어릴 때 집을 짓고 '반룡'盤龍이라 편액을
걸었더니 상서로운 기운이 항상 모여들었다.

「夾馬營中, 異香遍達;
　盤龍齋內, 瑞氣常臻.」

【夾馬營】송 태조(趙匡胤)가 태어날 때 夾馬의 軍營에서 태어났으며 붉은
빛이 방안 가득하였고 향기가 한 달이나 나서 '香孩兒'라 불렀다 함.(《宋史》
太祖紀)
【盤龍齋】南朝 시대 宋의 개국군주 劉裕는 큰 뜻을 품고 어린 나이에 집을
지은 다음 '盤龍'이라 편액을 써 붙였다 한다. 그러나 《南史》 宋武帝紀
에는 유유가 竹林寺에 있을 때 오색 용무늬가 나타났다고 하였을 뿐 이러한
기록은 없음.

825

집 건물 안에 다시 누대가 들어설 정도로 지어 완성되자 그 아름다움이
더욱 갖추어졌고,
초막에 눈 내린 풍경까지 갖추어놓자 한 점 티끌도 없는 집이 되었다.

「月榭已成, 賸有十分佳景;
　雪巢旣構, 應無半點塵埃.」

【月榭】당나라 裴度는 '綠野堂'이라는 집을 지어놓고 안에 온갖 장치를 다 해
놓았으며 風臺와 月榭(집안에서 이층으로 오를 수 있는 누대) 등을 꾸며놓았다
함.(《舊唐書》 裴度傳) '賸'은 '剩'의 이체자.
【雪巢】宋나라 林景思가 초막을 짓고 雪景을 꾸며놓고 이를 '雪巢'라 이름을
붙이자 楊廷秀가 賦를 지어 "式瑤我室, 式瓊我廡, 絶無一埃, 點我勝槪"라
하였다 함.

826

성제는 '피풍대'避風臺를 지어 조비연의 노래를 드날리게 하였고, 당 태종은 '능연각'凌煙閣을 지어 공신과 재상들의 초상을 그려 걸어놓게 하였다.

「避風臺妃子揚歌, 凌煙閣功臣列相.」

【避風臺】漢 成帝의 후비였던 趙飛燕은 몸이 가벼워 바람을 이길 수 없을 정도였다. 그래서 성제가 그를 위해 七寶로 바람을 피하는 避風臺를 만들어 주자 비연이 피풍대에 올라 〈歸風送遠〉이라는 노래를 불렀다. 마침 바람이 불어오자 비연은 옷깃을 들고 "仙乎, 仙乎"라 하였다 한다.(《飛燕外傳》)
【凌煙閣】唐 太宗이 즉위한 후 '능연각'을 짓고 그곳에 나라를 세우는데 공을 세운 24명의 얼굴을 그려 걸었다 함.(《大唐新語》 褒賜)

827

벽계방碧雞坊 안으로 신선들이 찾아오고, 주작교朱雀橋 주변에는 선비들이 놀이 나오네.

「碧雞坊裡神仙至, 朱雀橋邊士子遊.」

【碧雞坊】 옛날 어떤 方士가 나타나 "金馬와 碧鷄라는 두 신이 있다면서 이 신들에 제사를 올리면 강림할 것"이라 하였다. 漢나라 宣帝 때 王褒를 시켜 어느 곳에 그러한 신이 있는지 찾아보도록 하였다 함.(《漢書》 郊祀志 下) 지금 雲南省 昆明市 동쪽에 金馬山이 있고 서쪽에 碧鷄山이 있으며 산 위에 神祠가 있어 이곳이 바로 그곳이 아닌가 함.

【朱雀橋】 지금의 南京 秦淮河에 있던 다리로 東晉 때 이 다리를 건너 남쪽이 烏衣巷이며 당시 王氏와 謝氏 등 대부호와 명문세족이 모여 살았었음. 그러나 唐나라 때 이미 쇠락하여 劉禹錫 〈烏衣巷〉 시에서 "昔日王謝堂前燕, 飛入尋常百姓家"라 함. 그러나 송명대로 오면서 다시 遊廓으로 번성하여 遊子들이 모이는 곳이 되었다 함.

828

완화계浣花溪의 초당草堂은 두보가 가장 즐겁게 여기던 곳이요,
지도방至道坊의 토굴土窟은 사마광이 승지로 여기던 곳이다.

「浣花溪上草堂, 最是杜公樂地;
　至道坊間土窟, 更爲司馬勝居.」

【浣花溪】 唐代 杜甫(712~770)가 四川省 成都에서 浣花溪라는 곳에 草堂을 짓고 살았음. 지금도 '杜甫草堂'이 있음.
【至道坊】 송대 司馬光이 至道坊이라는 곳에 토굴을 파고 살았었다 함.(《塵史》)

❈ 참고

〈宮室〉편 '續增' 8聯

○ 「湫隘囂塵, 不可以居; 璇室玉門, 抑何其侈.」

○ 「阿房宮, 建章宮, 顯仁宮, 華淸宮, 憶歷朝之斗靡;
　暢春園, 綺春園, 圓明園, 頤和園, 見淸室之趨奢.」

○ 「太液池中, 瀛臺瓊島; 萬生園內, 異卉珍禽.」

○ 「南京本王者故都, 樓臺非舊;
　西湖擅天下名勝, 亭館增新.」

○ 「神有廟, 祖有祠; 報功崇德;
　商有肆, 工有廠, 裕國利民.」

○ 「設寺觀何如設學校, 藉振學風;
　築別墅毋寧築公園, 有當公益.」

○ 「室不求美, 但期空气之流通;
　俗乃好奢, 爭效洋樓之建築.」

○ 「高明之家, 須防鬼瞰; 環堵之室, 惟在德馨.」

22. 기용 器用

✱ 본 장은 각종 기구와 그릇, 사람이 쓰는 온갖 물건에 대한 상식과 발명, 전고, 일화, 고사 등을 모아 설명한 것이다.(총 46연)

〈四龍四鳳四鹿方案器座〉

829

한 사람이 쓰는 물건이지만 백 사람 공인의 손을 거친 것이다.

「一人之所需, 百工斯爲備.」

【百工】 한 사람이 쓰는 물건이지만 실제로 수많은 사람의 노력과 공작을 거쳐 이루어진 것임. 《孟子》 滕文公(上)에 "一人之身, 而百工之所爲備. 如必自爲而後用之, 是率天下而路也"라 함.

830

오직 쓰이는 곳으로는 각기 그 적용되는 곳이 있지만, 그 이름으로는 각기 다른 명칭이 있다.

「但用則各適其用, 而名則每異其名.」

【各適其用】 모든 물건은 각각 그 용도가 있고 그에 따라 각각 이름이 있음. 《論語》 爲政篇 '君子不器'의 朱熹 주에 "器者, 各適其用, 而不能相通"이라 함.

831

'관성자'管城子, '중서군'中書君이란 모두 붓을 두고 하는 말이요,
'석허중'石虛中, '즉묵후'卽墨侯란 모두가 벼루를 두고 칭하는 말이다.

「管城子·中書君, 悉爲筆號;
　石虛中·卽墨侯, 皆爲硯稱.」

【管城子·中書君】 모두 붓의 이칭. 秦始皇 때 대장군 蒙恬이 中山을 벌하면서
毛氏族(토끼)을 포위하고 그 털을 뽑고 毛穎을 수레에 싣고 개선하자 진시황
이 그를 管城에 봉하였으며 뒤에 여러 차례 中書令의 벼슬을 지내어 이를
빗대어 한 말. 이에 몽염이 처음 붓을 만든 것으로 전해짐. 韓愈 〈毛穎傳〉에
"戰國時, 有毛公毛遂, 獨中山之族, 不知其本所出, ……及蒙將軍拔中山之豪,
始皇封諸管城, 世遂有名而姬姓之毛無聞, 穎始以俘見, 卒見任使, 秦之滅諸侯,
穎與有功, 賞不酬老, 以老見疏, 秦直小恩哉"라 함.(1091 참조)
【石虛中·卽墨侯】 모두 벼루에 대한 별칭. 宋나라 사람이 한유의 〈모영전〉을
모방하여 〈石虛中傳〉을 지어 "石虛中字居黙, 南越高要人, 器度方圓, 封卽
墨侯. 與宣城毛元銳(筆)字文峰, 燕人易玄光(墨)字處昧, 華陰楮知白(紙)字守玄,
皆同出處"라 하여 筆墨紙硯을 연관시켜 擬人傳을 씀.

832

먹은 '송사자'松使者라 하고, 종이는 '저선생'楮先生이라 한다.

「墨爲松使者, 紙號楮先生.」

【墨】唐 玄宗이 어느 날 자신의 책상 위의 먹에 파리 크기 만한 작은 도사가
걸어가고 있는 것을 보았더니 그가 "臣, 墨之精, 墨松使者也"라 하였다 함.
(《雲仙雜記》一) 먹은 소나무 관솔의 끄름을 모아 만든 것이어서 '松使者'
(소나무 사신)라 한 것임.
【紙】韓愈의 〈모영전〉에 "毛穎(筆)與絳人陳玄(墨), 弘農陶泓(硯), 會稽楮先生
(紙)友善, 出入必偕"라 하여 종이는 닥나무(楮)로 만들어 '楮先生'이라 한
것임.

833

종이는 '섬등'剡藤, 또는 '옥판'玉版이라 하고,
먹은 '진현'陳玄, 또는 '용제'龍劑라고도 한다.

「紙曰剡藤, 又曰玉版;
 墨曰陳玄, 又曰龍劑.」

【剡藤·玉版】절강성 剡溪에서 나는 등나무로 만든 종이가 가장 아름다워
종이라는 뜻으로 쓰임. '玉版'은 '玉板箋'으로 광택이 나고 면이 고른 白綿紙
라 함. 蘇軾의 〈六觀堂老人草書〉에 "剡藤玉版開雪膚"라 함.
【陳玄·龍劑】'진현'은 먹의 별명. 앞장 '紙' 참조. '용제'는 당 현종이 자신이
사용하던 먹을 '龍香劑'라 불렀음.(《雲仙雜記》一)

834

붓과 벼루를 함께 쓰며 공부한 자들끼리 '동창'同窓이라 하고,
스승이 자신이 쓰던 옷과 밥그릇을 넘겨줌을 '전도'傳道라 한다.

「共筆硯, 同窓之謂;
　付衣鉢, 傳道之稱.」

【同窓】'同硯'이라고도 하며 한 스승 밑에서 함께 배운 사람.(呂祖謙 與朱侍
講序)
【衣鉢】禪宗에서 袈裟(승복)와 鉢盂(스님의 식기)를 넘겨받은 제자가 그 禪統을
이어받는 것으로 여김.(《傳燈錄》, 358 참조)

835

독실한 뜻으로 과거에 끝까지 도전함을 '마천철연'磨穿鐵硯이라 하고,
　글 배우기를 포기하고 바꾸어 병법을 배우는 것을 '안용모추'安用毛錐
라 한다.

「篤志業儒, 曰磨穿鐵硯;
　棄文就武, 曰安用毛錐.」

【磨穿鐵硯】五代 때 桑維翰이 여러 차례 과거에 낙방하면서도 자꾸 응시하자 시험관이 그의 성씨(桑은 喪과 같음)와 이름만 들어도 싫어하여 결국 급제하지 못하자 〈日出扶桑賦〉(해가 扶桑에서 솟듯 자신도 성씨가 桑으로 성공하리라는 뜻)라는 글을 써서 자신의 의지를 밝힘과 아울러 철로 벼루를 만들어 "이것이 다 닳아 구멍이 뚫려야 내 이 학업을 그만두겠다"(硯穿則改業)라고 함. 뒤에 과연 進士에 합격하여 관직이 樞密使에까지 올랐다 함.《新五代使 桑維翰傳)

【安用毛錐】학업보다는 무예를 배우기에 힘씀. 五代 史弘肇는 "나라를 구하는데 칼이 우선 급하지 언제 털송곳(글)으로 어찌 가능하겠는가"(安朝廷, 定禍亂, 直須長峰大劍, 毛錐子安足用哉)라 함.《新五代史》史弘肇傳) '毛錐(子)'는 털송곳, 즉 붓을 뜻함.

836

칼에는 '간장'干將과 '막야'鎮鋣의 명칭이 있고,
부채로는 '인풍'仁風과 '편면'便面의 이름이 있다.

「劍有干將·鎮鋣之名;
　扇有仁風·便面之號.」

【干將·鎮鋣】둘 모두 명검으로 '간장'(陽)과 '막야'(陰, 鎮鋣, 莫邪, 莫耶·鎮鋣)의 두 칼. 원래 칼을 만드는 楚나라 대장장이 부부의 이름으로 초왕이 강제로 만들도록 하였다 함.《搜神記》(11) '三王墓' 및 《吳越春秋》,《列士傳》에 이에 대한 일화가 실려 있음.

【仁風】부채에 대한 이칭. 晉나라 袁宏이 東陽太守로 부임할 때 謝安이 부채를
  선물하자 원굉이 "마땅히 어진 바람을 일으켜 백성을 위로하라는 뜻으로
  알고 받들겠습니다"(卽當奉揚仁風, 慰彼黎庶)"라 함.(《續晉陽秋》)
【便面】漢나라 張敞은 章臺街(遊廊, 기생 골목)에 갈 때면 꼭 부채로 얼굴을
  가렸다 함.(《漢書》張敞傳)

837

무엇을 '삽'箑이라 하는가? 이 역시 부채에 대한 이름이다.
무엇을 '뢰'籟라 하는가? 소리가 남을 말한다.

「何謂箑? 亦扇之名;
 何謂籟? 有聲之謂.」

【箑】'箑脯', '箑莆'라고도 하며 고대 전설 속의 서초. 요임금 때 주방에 자라나
  그 잎이 부채처럼 바람을 일으켜 임금의 음식을 식혀주었다 함.(揚雄《方言》)
  한편 서쪽 방향으로 접히는 것을 '扇'이라 하고 동쪽 방향으로 접히는 것을
  '삽'이라 한다 함.(1094 참조)
【籟】우주 공간의 온갖 소리. 공중을 향해 나는 만물의 소리를 '萬籟'라 하며,
  특히 《莊子》齊物論에 "汝聞人籟而未聞地籟, 汝聞地籟而未聞天籟夫"라 하여
  '天籟', '地籟', '人籟'가 있다 하였음.

838

작은 배를 '책맹'蚱蜢이라 하며, 커다란 배를 '몽충'艨艟이라 한다.

「小舟名蚱蜢, 巨艦曰艨艟.」

【蚱蜢】 원래는 메뚜기이나 이처럼 작은 배를 뜻함. 일반적으로 '舴艋'으로 표기함. 李賀의 〈南園〉에 "曲岸回篙舴艋遲"라 함.

【艨艟】 巨艦. 戰艦 따위의 큰 배.(《舊五代史》何瓌傳) '艟'은 注에 '충'(艟音冲)으로 읽도록 되어 있음. '蒙衝', '艨衝'으로도 씀. 첩운연면어의 物名.《後漢書》禰衡傳에 "黃祖在蒙衝船上, 大會賓客"이라 하였고, 朱熹 〈觀書有感〉에 "昨夜江邊春水生, 艨艟巨艦一毛輕"이라 함.

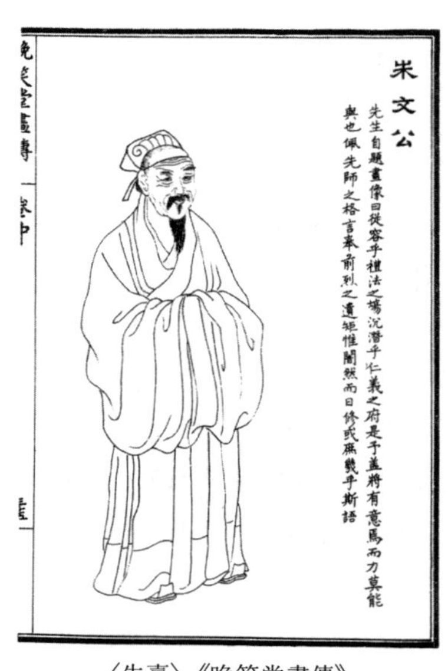

〈朱熹〉《晚笑堂畫傳》

839

‘금근’金根은 황후皇后의 전용 수레를 말하며, ‘능화’菱花란 부인들이 쓰는 거울을 말한다.

「金根是皇后之車, 菱花是婦人之鏡.」

【金根】 ‘金根車’. 황후의 전용 수레로 황금으로 장식하였었음.(《後漢書》興服志)
【菱花】 ‘菱花鏡’. 마름 풀 꽃(菱花) 무늬의 광채가 나게 조각했다 함.(《埤雅》
　釋草)

840

은으로 만든 ‘착락’鑿落은 원래 술그릇이었으며, 옥으로 만든 ‘참치’參差는 퉁소의 이름이었다.

「銀鑿落原是酒器, 玉參差乃是簫名.」

【銀鑿落】 은으로 만든 鑿落. ‘착락’은 술그릇, 술잔. 첩운연면어의 물명.(《海錄
　碎事》)

【玉參差】옥으로 만든 參差(참치). '참치'는 '篸差'로도 쓰며 퉁소의 일종.
舜임금이 처음 만들어 이를 불자 봉황이 나타나 '參差不齊'의 모습으로
날개를 펼쳐 춤을 추었다 함. 역시 쌍성첩운어의 물명.(《風俗通》)

841

'각주구검'刻舟求劍은 고집만 있어 변통이 없음을 말하며,
'교주고슬'膠柱鼓瑟이란 어떤 일에 얽매어 변화를 모르는 경우를 말한다.

「刻舟求劍, 固而不通;
　膠柱鼓瑟, 拘而不化.」

【刻舟求劍】고집에 묶여 변통이 없음을 뜻함. 어떤 사람이 배로 물을 건너다
칼을 빠뜨리자 뱃전에 표시를 해두고 "나중에 배가 얕은 곳으로 가면 이
표시를 따라 들어가 건지리라"함.(《呂氏春秋》察今)
【膠柱鼓瑟】거문고의 오리발은 위치를 움직여 음을 조절한다. 그런데 이것을
아교로 고정시키면 더 이상 음을 맞출 수 없게 된다. 변통을 모름을 뜻함.
《史記》廉頗藺相如列傳에 趙나라 왕이 趙括을 장수로 삼으려 하자 인상여
가 한 말. "王以名使括, 若膠柱鼓瑟, 括徒能讀其父書, 不知合變也"라 함.(723
참조)

842

‘두소’斗筲란 사람의 그릇됨이 작음을 말하고,
‘양동’梁棟이란 사람이 큰 재목감이 됨을 말한다.

「斗筲, 言其器小;
　梁棟, 謂是大材.」

【斗筲】 소견이 좁고 지식이 얕은 자를 뜻함. 《論語》子路篇에 “今之從政者
　何如?’ 子曰: ‘噫! 斗筲之人, 何足算也?’”라 하였고, 朱熹 注에 “斗, 量名, 容
　十升. 筲, 竹器, 容斗二升. 斗筲之人, 言鄙細也”라 함.(931 참조)
【梁棟】 ‘棟梁’, ‘棟樑’과 같음. 대들보처럼 중한 인물.《晉書》和嶠傳에 “和嶠
　有盛名, 庾亮見而嘆曰: ‘嶠, 森森如千丈松, 若施之大廈, 爲梁棟之材.’”라 함.

843

납으로 만든 무딘 칼이라 해서 한 번 자르는 이익도 없겠는가? 강한
활은 ‘백석’百石이라는 이름을 가지고 있다.

「鉛刀無一割之利, 强弓有百石之名.」

【鉛刀】납으로 만든 무딘 칼.(748 참조) 본장의 뜻은 반어법으로 말한 것임.
【百石】石은 고대 무게의 단위로 30斤이 1鈞이며 4균이 1석이었다 함. 여기
서는 좋은 활을 뜻함.(《精註雅俗故事讀本》下)

844

　지팡이의 명칭에 비둘기鳩가 들어가는 것은, 비둘기는 먹이가 목에
걸려 넘기지 못하는 경우가 없기 때문이요,
　자물쇠에 물고기 문양이 있는 것은, 물고기는 눈을 뜨고 자기 때문에
항상 깨어 있어야 함을 취한 것이다.

「杖以鳩名, 因鳩喉之不噎;
　鑰同魚樣, 取魚目之常醒.」

【杖以鳩名】고대에 비둘기는 먹이를 먹어도 목이 메지 않는다고 믿어 70세
이상의 노인들이 음식을 편히 먹고 건강하게 장수하라는 뜻에서 지팡이에
비둘기를 조각하여 나라에서 하사했다 함. 혹은 楚漢戰에서 劉邦이 項羽의
군사에게 쫓겨 풀 속에 숨었을 때 추격한 군사들은 그곳에서 비둘기가 우는
소리만 듣고 의심 없이 되돌아갔다고 하며, 뒤에 유방이 제위에 올라 그
새를 神鳥라 여겨 이를 조각한 지팡이를 노인들에게 하사하였다 함. 이를
'鳩杖'이라 함.(《後漢書》禮儀志, 1093 참조) 한편 고대 스님의 지팡이는 짚는
부분이 자주 닳아 이곳에 주석을 붙인 것을 '錫杖'이라 하고(혹은 위에 주석
방울을 달았기 때문이라고도 함), 무게를 덜기 위해 명아주 대궁으로 만든
지팡이를 "藜杖"이라고 함.

【鑰同魚樣】옛날 자물쇠의 모습을 물고기 형상으로 만들었음. 周 穆王이 처음 만들었다고 알려져 있음. 물고기는 눈을 감지 않아 밤에도 잘 지켜낼 것이란 (盡夜不瞑目, 取守夜之義也) 믿음에서 비롯된 것이라 함.(丁用晦《芝田錄》, 1093 참조)

845

'두무'兜鍪는 투구를 말하며, '파라'叵羅는 술그릇을 말한다.

「兜鍪係是頭盔, 叵羅乃爲酒器.」

【兜鍪】투구. '兜牟'로도 쓰며, 첩운연면어의 물명. '頭盔'. 고대에는 '冑'라 하였음.(《後漢書》袁紹傳)
【叵羅】술을 담는 그릇. 주전자의 일종. 첩운연면어.(《北齊書》祖珽傳) 한편 李白이 시에 "葡萄酒, 金叵羅, 吳姬十五醇馬駄"라 함.

846

단검의 이름으로 '비수'匕首라는 것이 있고, 양탄자의 이름으로는 '구유' 氍毹라는 것이 있다.

「短劍名匕首, 氍毹曰氍毹.」

【匕首】길이가 아주 짧은 칼. 숟가락만 하다 하여 붙인 이름.(《通俗文》)
【氍毹】서역에서 털로 짠 담요나 양탄자. 쌍성연면어.(《南史》 西域傳 高昌,
 1097 참조)

847

거문고는 '녹의'綠綺와 '초동'焦桐이라 부르며,
활은 '오호'烏號와 '번약'繁弱이라 부른다.

「琴名綠綺·焦桐;
 弓號烏號·繁弱.」

【綠綺】옛날 훌륭한 악기인 琴. 傅玄의 〈琴賦序〉에 "齊桓公有鳴琴曰號鐘,
 楚莊有鳴琴曰繞梁, 中世司馬相如有綠綺, 蔡邕有焦尾, 皆名器也"라 함.
【焦桐】'焦尾琴'을 말함. 후한 때 채옹이 어느 날 길을 가다가 오동나무를
 땔감으로 때어 타는 소리를 듣고 천하에 귀한 琴의 재료임을 알고 타다
 남은 꼬리로 만들었다 하여 이름을 '焦尾琴'이라 하였음.(《後漢書》 蔡邕傳)
 《搜神記》(13) '焦尾琴'에 "漢靈帝時, 陳留蔡邕, 以數上書陳奏, 忤上旨意,
 又內寵惡之, 慮不免, 乃亡命江海, 遠跡吳會. 至吳, 吳人有燒桐以爨者, 邕聞火
 烈聲, 曰: '此良材也.' 因請之, 削以爲琴, 果有美音. 而其尾焦, 因名'焦尾琴'."
 이라 함.

【烏號】 자수(柘樹, 산뽕나무의 일종)는 가지가 길어 많은 까마귀들이 앉았다가
한꺼번에 날아오를 때 그 탄력이 까마귀를 쳐 까마귀가 놀라 부르짖는다 함.
이에 이 나무로 만든 좋은 활을 '오호'라 함.(《古史考》) 한편 고대 黃帝가
신선이 되어 승천할 때 떨어뜨리고 가자 사람들이 부르짖어 '오호'라 하였다
고도 한다.《十八史略》(1)에 "黃帝采銅鑄鼎, 鼎成, 有龍垂胡髥下迎. 帝騎龍
上天, 羣臣後宮從者七十餘人, 小臣不得上, 悉持龍髥, 髥拔, 墮弓, 抱其弓
而號. 後世名其處曰鼎湖; 其弓曰烏號"라 함.
【繁弱】 고대 좋은 활이 산출되던 곳으로 활의 별칭으로 쓰임.《荀子》性惡에
"繁弱鉅黍, 古之良弓也"라 함.

848

향로는 '보압'寶鴨이라 하고, 촛대는 '촉노'燭奴라 한다.

「香爐曰寶鴨, 燭臺曰燭奴.」

【寶鴨】 오리 모습으로 만든 향로. 孫魴의 〈夜坐〉 시에 "坐久煙消寶鴨香"라
하였고, 古詩에 "寶鴨焚爛爐, 金貌噴麝煤"라 함.
【燭奴】 당나라 때 申王이 龍檀木으로 촛불을 받치고 있는 동자상을 만들어
녹색 옷을 입혀 연회 때 손님들 곁에 하나씩 두고 붉을 밝히도록 하였다 함.
이에 이를 '촉노'라 불렀음.(《開元天寶遺事》燭奴)

849

‘용연’龍涎, ‘계설’鷄舌은 모두 향 이름이며,
‘익수’鷁首, ‘압두’鴨頭는 배의 또다른 이름이다.

「龍涎·鷄舌, 悉是香名;
　鷁首·鴨頭, 別爲船號.」

【龍涎】 아주 귀한 향. 고대 大食國에서 나는 ‘龍涎香’. 고래의 창자에 있는 일부 액을 용의 침으로 여겼음.(《稗史匯編》)
【鷄舌】 ‘丁香’의 다른 이름. 라이락 향을 말함.(《本草綱目》)
【鷁首】 고대 鷁이라는 새는 바람의 방향을 알뿐더러 물 속의 괴물이 무서워 한다고 여겨 이를 조각하거나 그림으로 그려 뱃머리에 붙임. 뒤에 배를 뜻 하는 말로 쓰임. ‘艦艚’로도 표기함. (《淮南子》本經)
【鴨頭】 역시 배를 뜻하며 삼국 시대 吳나라 諸葛恪이 이 오리 모양의 배를 처음 만들었다 함.(《太平御覽》에 인용된 《風土記》)

850

‘수광객’壽光客이란 화장대의 티끌 없는 거울이요,
‘장명공’長明公이란 불당에 켜놓는 꺼지지 않는 등불이다.

「壽光客, 是妝臺無塵之鏡;
　長明公, 是梵堂不滅之燈.」

【壽光客】거울 이름. 隋나라 王度에게 좋은 거울이 있었으니, 마침 그 지역에 역질이 번졌을 때, 왕도가 그 거울로 병에 걸린 사람을 비춰주자 사람마다 치유가 되었다고 한다. 이에 왕도는 〈古鏡記〉라는 글을 지었고 사람들은 그를 '壽光先生'이라 불렀다 한다.(《太平御》覽에 인용된 〈古鏡記〉)
【長明公】'長明燈'을 말함. 절에서 불상 앞에 켜두는 등불. 後魏 때 楊穆이 昭應寺라는 절에서 공부할 때 어떤 붉은 치마를 입은 여자가 나타났다. 여자에게 그 성씨를 물었더니 "나의 원조는 宋無忌(고대 역귀)이며 불교를 선양하기 위하여 長明公을 봉하여 개원 때 경당을 세우고 나를 長明夫人(西明夫人)에 봉하였다"(遠祖名無忌, 姓宋, 因顯揚釋敎, 封長明公, 開元中立經幢, 封妾爲西明夫人)라 하여 찾아보았더니 경당 앞에 세워둔 등불이었다고 한다.(《異聞錄》)

851

'길고'桔槹는 농촌의 수차水車요 '발석'襏襫은 농부들이 입는 우비이다.

「桔槹是田家之水車, 襏襫是農夫之雨具.」

【桔槹】논밭에 물을 퍼 올려 주기 위해 만든 기구. 쌍성연면어. '吊桿'이라고도 함.《莊子》天運에 "且子獨不見夫桔槹者乎? 引之則俯, 舍之則仰"이라 함.
【襏襫】연면어. 비를 피하기 위해 입는 도롱이.《國語》齊語에 "今農夫首戴茅蒲, 身衣襏襫, 以旦暮從事于田野"라 함.(1099 참조)

852

'오금'烏金은 숯을 아름답게 칭한 말이요,
'망귀'忘歸란 화살의 별명이다.

「烏金, 炭之美譽;
　忘歸, 矢之別名.」

【烏金】 검은 금. 즉 숯(석탄)을 말함. 일상생활에 매우 중요하여 금과 같다는
뜻.(1098 참조) 于謙의 〈詠煤炭〉에 "鑿開混沌得烏金"라 하였고, 孟郊의 시에
"靑山白屋有仁人, 贈炭價重雙烏金"이라 함.
【忘歸】 화살을 뜻함. 시위를 떠나면 다시 돌아오지 못함. 稽康의 〈贈秀才入軍〉
에 "左攬繁弱, 右接忘歸"라 함.

853

　밤에는 칠 수 있고 아침에는 밥을 짓는데 쓸 수 있는 것은 군에서 쓰는
국자기斗요,
　〈운한도〉를 보고 덥다고 하고 〈북풍도〉를 보고 춥다고 하였으니 유포
劉褒의 그림은 대단하였다.

「夜可擊, 朝可炊, 軍中刁斗;
　雲漢熱, 北風寒, 劉褒畫圖.」

【刁斗】 고대 군대에서 사용하던 자루가 달린 긴 국자. 급하면 무기로 사용할
수 있도록 만들었다 함.《史記》李將軍列傳에 "不擊刁斗以自衛"라 함.
【劉褒畫圖】 동한 劉褒가 〈雲漢圖〉를 그리자 이를 본 사람들이 한 여름을
연상해 덥다고 하였고, 〈北風圖〉를 그리자 겨울을 떠 올려 춥다고 여겼다 함.
(《博物志》佚文)

854

남을 더욱 발분하도록 힘쓰게 할 때는 '맹저조편'猛著祖鞭이라 하고,
　남에게 너그러이 죄를 용서해 달라고 할 때는 '행개탕망'幸開湯網이라
한다.

「勉人發憤, 曰猛著祖鞭;
　求仁宥罪, 曰幸開湯網.」

【祖鞭】 '先鞭'으로도 말하며 '먼저 나섬, 좋은 일에 경쟁함'을 뜻함. 晉나라
劉琨과 祖逖은 함께 망한 진나라를 구하겠다고 결심을 하였다. 그런데 조적이
새벽닭이 울면 일어나 무술을 연습할 정도로 부지런함(聞鷄起舞)을 보고
유곤이 친구에게 보낸 편지에서 "나는 창을 베고 잠을 자며 나라를 구할
생각뿐이다. 그러나 항상 조적이 나보다 먼저 채찍을 들고 나설까 걱정을
하고 있다(吾枕戈待旦, 志梟逆虜, 常恐祖生先吾著鞭"라 하였다.(《晉書》劉琨傳)

【湯網】 탕임금이 밖에 나가 그물로 새를 잡는 것을 보고 한 곳은 열어두어
빠져나갈 새는 빠져나가도록 하라고 일러주자 많은 사람들이 그 덕에
감동했다 함.(《史記》 殷本紀) 《十八史略》(1) "湯出, 見有張網四面而祝之曰:
'從天降, 從地出, 從四方來者, 皆罹吾網.' 湯曰: '嘻! 盡之矣.' 乃解其三面, 改祝
曰: '欲左左, 欲右右. 不用命者, 入吾網.' 諸侯聞之曰: '湯德至矣, 及禽獸.'"라
함.(1249 참조)

855

적군의 깃발을 뽑고 아군의 깃발을 세우니 한신韓信의 계책은 심히
기묘하였고,
'초나라에서 잃은 활이니 초나라 사람들이 주워갖겠지' 한 것은 초왕
楚王의 식견이 그리 크지 않음을 뜻한다.

「拔幟立幟, 韓信之計甚奇;
　楚弓楚得, 楚王所見未大.」

【韓信】 韓信이 趙나라를 칠 때 우선 정병 2천 명을 매복시켜놓고 자신은 공격
에 나섰다가 거짓으로 물러서자 조나라 군사들이 이를 추격하는 사이 매복
했던 군사들이 조나라 성으로 들어가 조나라 흰 깃발을 내리고 자신들의
붉은 깃발로 바꾸어버렸다. 그러자 조나라는 자신들의 성이 함락된 것으로
알고 혼란 끝에 대패함. 이를 '拔幟立幟', '拔幟易幟'라 함.(《史記》 淮陰侯列傳)
【楚王】 楚 共王이 사냥을 가서 烏號라는 좋은 활을 잃어버리고 말았다.
신하가 이를 찾으려 애쓰자 "초나라 사람이 잃은 것을 초나라 사람이 주워
가질 텐데 뭘 그리 꼭 찾겠다고 하는가?"(楚人失弓, 楚人得之, 又何求焉)라

하였다. 이를 들은 孔子가 "惜乎其不大也, 不曰人遺弓, 人得之乎? 何必楚乎?"
라 함.(《說苑》至公,《呂氏春秋》貴公,《孔子家語》好生,《呂氏春秋》貴公,《公孫
龍子》迹府)

856

　동안우董安于는 성질이 너무 느려 항상 활줄을 차고 다니면서 서두를
줄 알고자 하였고,
　서문표西門豹는 성격이 너무 급해 항상 다듬은 가죽을 차고 다니며
당기면 늘어날 줄 알고자 하였다.

「董安于性緩, 常佩弦以自急;
　西門豹性急, 常佩韋以自寬.」

【董安于·西門豹】 동안우는 춘추시대 趙나라 대부로 趙武의 가신이었음. 뒤에
모함을 입자 자결함. '弦'(활줄)은 늘 팽팽하고 긴장해야 하기 때문에 이로써
자신의 느린 성격을 경계하고자 한 것임. 한편 西門豹는 전국 초 魏나라
文侯에게 신임을 얻어 鄴縣의 현령이 되어 미신을 타파하고 생산을 늘려
많은 공적을 거둔 인물. 성격이 대단히 급했다고 함. '韋'는 두드려 말린
쇠가죽으로 어느 쪽으로 당겨도 늘어날 뿐 찢어지지는 않음. 이로써 자신의
급한 성격을 경계한 것. 《韓非子》觀行에 "西文豹之性急, 故佩韋以自緩;
董安于之性緩, 故佩弦以自急"이라 하였고, 《文苑》에 "西文豹, 范丹皆性急,
佩韋以自戒; 宓子賤, 董安于皆性緩, 佩弦以自警"이라 함.

857

한漢나라 맹민孟敏은 시루를 깨뜨리자 뒤도 돌아보지 않았으니 소용 없음을 알기 때문이었고,

송宋나라 태조太祖는 법을 어기면 칼을 들이대리라 한 것은 법의 위엄을 바로 세우기 위함이었다.

「漢孟敏嘗墮甑不顧, 知其無益;
　宋太祖謂犯法有劍, 正欲立威.」

【孟敏】東漢 때 인물로 어느 날 가지고 가던 시루를 그만 떨어뜨려 깨뜨리고 말았다. 그런데 그는 뒤도 돌아보지 않고 가던 길을 가는 것이었다. 친구가 묻자 "이미 깨진 것을 돌아본들 무슨 소용이 있겠는가?"(甑已破矣, 視之何益)라 하였다.(《後漢書》 郭泰傳, 《世說新語》에 인용된 《郭林宗別傳》) 이를 흔히 "瓦甑旣墮, 反顧何爲"라 함(《增廣賢文》)

【宋太祖】宋 太祖(趙匡胤)가 後唐의 관리를 지냈던 李承進에게 "後唐 莊宗은 천하에 뛰어난 군주였는데 어찌 망하였는가?"라고 묻자 "상벌에 신중하지 않았기 때문"이라 하였다. 이에 태조는 "내 지금부터 작위를 내리는 데 인색하지는 않겠지만 대신 법을 어기는 자에게 칼을 들이대는 일도 마다하지 않겠다"(朕今撫養士卒, 固不吝爵賞, 苟犯吾法者, 朕惟有劍已耳)라 결심하였다 한다.

왕연王衍이 청담淸談을 늘어놓을 때는 항상 주미塵尾를 지니고 있었고,
횡거橫渠가 《주역》周易을 강의할 때는 매번 고비皐比를 깔고 앉았었다.

「王衍淸談, 常持塵尾;
　橫渠講易, 每擁皐比.」

【王衍】 자는 夷甫(256~313)로 西晉 玄學의 대가. 淸談에 뛰어났었음. 청담은
玄談, 淸言, 玄言이라고도 하며 당시 老莊과 周易을 중심으로 한 玄學을
토론함을 말함. 당시 이를 논할 때면 흔히 사슴
꼬리털로 만든 총채 같은 것(이를 '塵尾'라 함)을
들고 고담준론을 펴는 것이 유행이었음. 《世說
新語》 容止에 "王夷甫容貌整麗, 妙於談玄; 恒捉
白玉柄塵尾, 與手都無分別"이라 함.(896 참조)
【橫渠】 張載(1020~1078). 北宋의 理學家로 關學의
영수. 鳳翔縣 橫渠鎭에 살아 '橫渠先生'이라 부르
며 《주역》에 대한 깊은 연구로 이름이 났었음.
'皐比'는 호랑이 가죽. 그는 항상 이 虎皮를 깔고
앉아 《주역》을 강의했다 함.(《宋代名臣言行錄》)

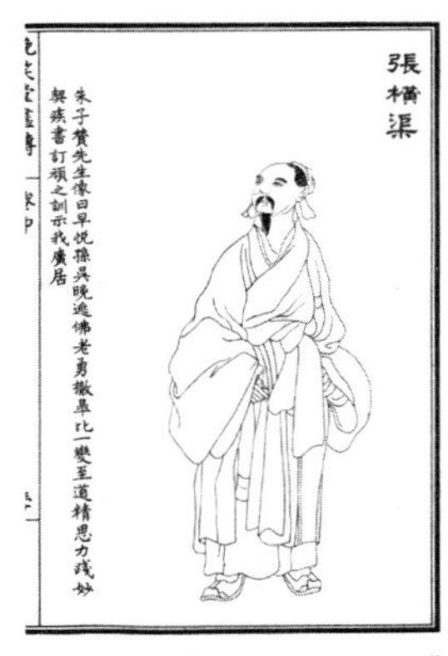

〈張載(橫渠)〉《晚笑堂畫傳》

859

미생尾生은 다리 난간을 껴안고 물에 빠져죽었으니 고집불통이었고,
초楚 소왕의 비는 부절을 가지고 오지 않았다는 약속을 지키다가 죽었
으니 그 믿음은 기록할 만하다.

「尾生抱橋而死, 固執不通;
　楚妃守符而亡, 貞信可錄.」

【尾生】 고대에 지나칠 정도로 신의를 지켰던 자이며 동시에 고집불통의 인물
로도 평가됨. 그가 어떤 여자와 다리에서 만나기로 약속을 하였는데 마침
물이 불어나자 그 다리 난간을 붙잡고 기다리다 빠져 죽었다 함.(《莊子》
盜跖) 이를 '尾生守信'이라 함.
【楚妃】 楚 昭王이 밖에 나가면서 부인을 漸臺라는 누각에 남겨놓고 대신
"조금 후 사람을 보낼 때 符(사실을 증명하는 대나무 표)를 들려보낼 테니
그 때 따라오라"고 하였다. 잠시 후 심부름하는 자가 그만 그 부를 잊고
왔다가 다시 이를 가지러 간 사이에 물이 불어 그 점대가 무너지고 말았다.
그러니 부인은 약속을 지키느라 그만 빠져 죽고 말았다. 이에 소왕은 그
신의를 가상히 여겨 貞姜이라 이름을 붙여주었음.(《列女傳》 貞順)

860

온교溫嶠는 일찍이 물소 뿔을 태워 물 속의 괴상한 물체를 비춰보았고,
진시황에게는 이상한 거울이 있어 이것으로 세상 사람의 나쁜 마음을

비춰볼 수 있었다.

「溫嶠昔燃犀, 照見水族之鬼怪;
　秦政有力鏡, 照見世人之邪心.」

【溫嶠】 동진 때 인물로 자는 太眞(288~329. 425, 479, 491 참조). 그가 어느 날
牛渚磯라는 물가를 지날 때 사람들이 모여 물 속에 이상한 괴물이 있다고
하여 이에 물소 뿔에 불을 붙여 살펴보았더니 과연 기이한 물체들이 있었다
함.(《元和郡縣圖志》 권 28) 뒤에 '燃犀'는 '이상한 물건이나 간악한 무리를
살피다'의 뜻으로 쓰임.
【秦政】 진시황. 그에게는 이상한 거울이 있어 이를 궁녀들에게 비추면 사심이
있는 자는 가슴이 뛰었다 함.(《書經雜俎》)

861

'거재두량'車載斗量의 많은 사람이란 셀 수 없을 정도임을 말하는 것이요,
'남금동전'南金東箭의 품질이란 실로 대단히 기이함을 말한다.

「車載斗量之人, 不可勝數;
　南金東箭之品, 實是堪奇.」

【車載斗量】 孫權이 趙咨를 위나라에 사신으로 보내자 위나라 조비가 "오나라
에 그대 같은 자가 얼마나 되오?"라 물었다. 이에 조자는 "특출하게 총명한

자는 80, 90명이나 되며 저 정도의 인물은 수레로 싣고 말로 재어야 할
정도로 헤아릴 수 없습니다"(聰明特達者八丘十人, 如吞之輩, 車載斗量, 不可勝
數)라 함.(《三國志》吳志 吳主孫權傳)
【南金東箭】'동남 지역에는 竹箭이 뛰어나고, 서남쪽에는 金石이 훌륭하다'라
하여 뛰어난 인재를 뜻함.《爾雅》釋地에 "東南之美者, 有會稽之竹箭焉. 西南
之美者, 有華山之金石焉"이라 함. 한편《晉書》顧榮紀瞻賀循薛兼傳論에
"顧紀薛賀等, 並南金東箭, 世冑高門"이라 함.

862

'전격가정'傳檄可定이란 적을 깨뜨리기가 지극히 쉽다는 말이요,
'영인이해'迎刃而解란 일을 아주 쉽게 할 수 있음을 말하는 것이다.

「傳檄可定, 極言敵之易破;
　迎刃而解, 甚言事之易爲.」

【傳檄可定】檄文 한 통만 전달하면 천하가 평안해지고 전란이 평정됨.《史記》
淮陰侯列傳에 "韓信于漢王曰: '大王入關, 秋毫無所犯, 除秦苛法, 秦民無不
欲大王王秦者, 擧兵而東, 三秦可傳檄而定也.'"라 함.
【迎刃而解】'칼날만 들이대면 저절로 갈라짐'의 뜻. 가장 중요한 문제만 해결
되면 나머지는 쉽게 풀린다는 뜻으로 쓰임.《晉書》杜預傳에 "今兵威已振,
譬如破竹, 數箭之後, 皆迎刃而解, 無復著手處也"라 함.(1299 참조)

863

구리로 거울을 삼으면 나의 옷차림을 단정히 할 수 있고,
옛일을 거울로 삼으면 세상의 흥함과 교체의 원리를 알 수 있다.

「以銅爲鑑, 可正衣冠;
　以古爲鑑, 可知興替.」

【以銅爲鑑】 자신에게 直諫을 잘하여 늘 고맙게 여기던 魏徵이 죽고 나자 태종이 "구리거울로는 옷차림을 바르게 할 수 있고 옛일로는 흥망을 알 수 있으며, 사람으로는 나의 잘잘못을 비춰볼 수 있는 것이다. 나는 항상 이 세 가지 거울로 나의 과실을 방비해 왔었는데 지금 위징이 죽고 없으니 이제 하나의 거울을 잃은 것이다"(夫以銅爲鑑, 可整衣冠; 以古爲鑑, 可知興替; 以人爲鑑, 可知得失. 朕常保此三鑑, 以防己過. 今魏徵沒, 朕亡一鑑矣"라 하였다. (《貞觀政要》)
【興替】 세상의 흥함과 쇠함, 세상이나 왕조의 교체됨. 즉 흥망성쇠를 뜻함.

▶ 增文

864

‘측리’側理는 종이의 별호요, ‘현향’玄香은 먹의 아름다운 이름이다.

「側理爲紙別號, 玄香乃墨佳名.」

【側理】 바닷가 사람들이 김(苔)으로 종이를 만들어 이를 ‘苔紙’, 혹은 ‘側理’라 하니 무늬와 결이 종횡으로 斜側을 이루고 있다 함. 晉 武帝가 이 종이를 張華에게 주어 《博物志》를 쓰도록 하였다 함. 이것이 한나라에 들어와 ‘陟厘’로 잘못 발음되어 ‘陟厘紙’라 한다 함.(《拾遺記》)
【玄香】 먹의 별칭.(《本草綱目》 土 墨)

865

　벼루의 광채가 선명함에 대하여 유공권柳公權은 일찍이 ‘욕안’鵒眼이라 품평하였고,
　붓끝이 질기고 빳빳함을 좋아하여 종요鍾繇는 항상 쥐 수염털鼠鬚을 사용하였다.

「硯彩鮮明, 公權曾評鵒眼;
　筆鋒勁健, 鍾繇慣用鼠鬚.」

【鴝眼】鸜鴝(鴝鵒, 九官鳥, 八哥) 새의 눈. 唐나라 柳公權의 〈論硯〉에 "貯水處有赤白黃色點者, 號鴝鵒眼, 最佳"라 하였음. 그리고 端溪에서 나는 돌 중에 구관조 눈과 같은 무늬의 돌이 있어 이를 벼루로 만들면 가장 아름다워 살아 있는 눈과 같다 하였음.(《硯譜》, 《文房四譜》)

【鼠鬚】鼠鬚筆. 쥐 수염 털로 만든 붓. 삼국시대 유명한 서예가 鍾繇(151~230)는 이 붓으로 글씨를 써서 그 글자가 매우 억세고 힘이 있었다 함. 그 외 王羲之의 《筆經》에는 종요와 張芝 등이 모두 이 붓을 즐겨 썼다 했음.

866

비수匕首가 드러나자 진왕秦王이 놀랐고, 모호蝥弧라는 깃발을 들고 성에 오르자 적국이 항복하였다.

「匕首一見驚秦王, 蝥弧先登降敵國.」

【秦王】전국 말 燕나라 太子 丹이 荊軻를 시켜 진시황을 죽이려고 할 때 형가가 진왕 앞에서 지도를 펴면서 그 속에 감추어 두었던 비수가 나타나자 혼비백산하여 피하였으며 결국 형가는 뜻을 이루지 못하고 죽임을 당했음. (《戰國策》燕策 3, 《燕丹子》)

【蝥弧】깃발 이름. 춘추시대 鄭나라가 許나라를 치면서 潁考叔이 제일 먼저 이 모호를 들고 성에 오르자 허나라가 항복함.(《左傳》隱公 11년)

867

‘하모’蛇矛, ‘용순’龍盾을 태을太乙의 단상에 올려놓아 무력을 천하에 드날렸고,

‘자전’紫電, ‘청상’青霜은 그 날카로움이 곤오昆吾의 칼에 비길 만하였다.

> 「蛇矛・龍盾, 聲雄太乙之壇;
> 紫電・青霜, 銳比昆吾之劍.」

【蛇矛・龍盾】 모두 옛날 병기 이름, ‘蛇矛’는 긴 창. ‘龍盾’은 용무늬를 넣은 방패.

【太乙】 ‘泰一’로도 쓰며, 고대 天神으로 출정 전에 단을 만들어 그 위에 무기를 진열하고 제를 올려 승리를 기원하였다 함. 《兵法》에 “古者出師, 必列武備, 祭於太乙之壇. 龍盾蛇矛”라 함.

【紫電・青霜】 모두 옛날 명검 이름.(《中華古今注》, 《西京雜記》)

【昆吾】 ‘琨珸’로도 표기하며 산 이름. 이곳에서 나는 구리로 훌륭한 명검을 얻는다 함. 《山海經》 中山經 “昆吾之山, 其上多赤銅”의 郭璞 주에 “此山出名銅, 色如火, 以之作刃, 切玉如割泥也”라 하였음. 그러나 광석을 뜻하는 것으로 보기도 함. 《河圖》에 “流州多積石, 名琨珸石, 煉之成鐵, 以作劍, 光明如水精”이라 함.

868

밥을 지을 때는 반드시 '토좌'土銼라는 솥을 사용하고, 우물물을 길을 때는 '녹로'轆轤라는 도르래를 사용한다.

「爲炊必用土銼, 汲井應藉轆轤.」

【土銼】 질그릇으로 만든 작은 솥. 杜甫의 〈聞斛斯六官未歸〉에 "土銼冷疏煙"
  이라 하였고, 《高士傳》에 "王褒家甚貧, 終日土銼無煙"이라 함.
【轆轤】 우물 물을 길어 올리는 두레박줄을 돌게 하는 도르래. 쌍성연면어의
  물명. 張籍의 〈楚妃怨〉에 "梧桐葉下黃金井, 橫架轆轤牽素綆"이라 함.

869

잠 잘 때 산호珊瑚로 만든 베개의 파인 부분을 좋아함은 사람마다 똑같은 것이요, 호박琥珀 술잔으로 술을 마시고 싶어하기는 나도 또한 마찬가지.

「睡愛珊瑚枕上凹, 人情乃爾;
  飮憐琥珀杯中滑, 我意猶然.」

【珊瑚枕·琥珀杯】 산호로 만든 베개와 호박 구슬로 만든 술잔. 唐詩에 "飮憐
  琥珀杯中滑, 睡愛珊瑚枕上凹"라 함.

870

석숭石崇은 자리에 앉을 때면 다섯 가지 향기를 넣은 자리에 앉았고,
이태백은 누울 때 칠보의 침상에 누웠다.

「石季龍坐五香席上,
　李太白臥七寶床中.」

【石季龍】 진나라 대부호 石崇(자는 季龍)은 앉는
　자리 속에 온갖 향내나는 자료를 넣고 비단으로
　장식하여 손님에게 앉도록 하였다 함.(《鄴中記》)
【李太白】 당 현종이 이백을 처음 초청할 때 金鑾
　殿에서 七寶床을 준비하여 앉도록 하였다 함.
　(李陽冰 〈李太白集序〉)

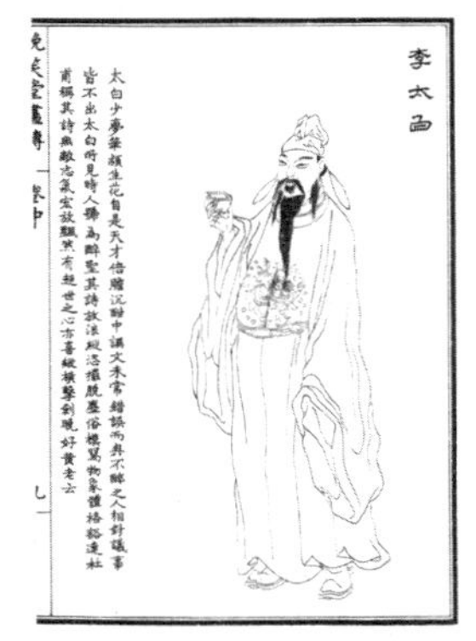

〈李白(太白)〉《晚笑堂畫傳》

871

구름이 광려산匡廬山을 감싸더니 갈현葛玄의 책상이 노루로 변하여
날아가버렸고, 파도가 뒤집힌 뇌택雷澤에서 도간陶侃이 주워온 북梭이
용으로 변하여 승천하였다.

「雲繞匡廬, 案化葛仙之麀;
　浪翻雷澤, 梭飛陶母之龍.」

【匡廬】산 이름. 廬山을 가리킴. 옛날 방사 葛玄이 廬山(《神仙傳》에는 女几山
　으로 되어 있음)에 은거하면서 오동나무로 几案(책상)을 만들었는데 어느 날
　이것이 노루(麋)로 변하여 바람을 타고 사라졌다 함.(《神仙傳》)

【雷澤】晉나라 陶侃이 어릴 때 雷澤이라는 못에서 고기를 잡다가 떠내려 온
　북(梭)을 하나 주워 이를 집에 가지고 와서 벽에 걸어두었더니 비바람이
　치고 우레가 울자 용으로 변하여 날아갔다 함.(《晉書》陶侃傳) 여기서 어머니
　의 일로 한 것은 오류임.

872

　유량庾亮이 늙어 호상胡床을 가지고 와 담소하며 시를 읊자 함께 한
자들이 모두 즐거워하였고,
　제갈공명이 깃으로 만든 부채를 들고 병사를 지휘하니 삼군이 모두
그 명령을 따랐다.

「庾老據胡床談咏, 諸佐皆歡;
　孔明執羽扇指揮, 三軍用命.」

【庾老】동진의 庾亮(289~340)을 가리킴. 그가 武昌 태수였을 때 가을밤에
　누대에 올라 노래하는 자들을 보고 그 흥에 참가하였더니 모두가 흩어지려
　함에 胡床(북쪽 이민족의 가구로 등받이가 없는 의자)을 내어놓으면서 "이
　늙은이와 함께 합시다"라 하며 붙들어 밤을 새웠다 함.《世說新語》容止에
　"庾太尉在武昌, 秋夜氣佳景淸, 佐吏殷浩·王胡之之徒登南樓理詠, 音調始遒;
　聞函道中有屐聲甚厲, 定是庾公. 俄而, 率左右十許人步來, 諸賢欲起避之. 公徐
　云:「諸君少住, 老子於此處興復不淺!」因便據胡牀, 與諸人詠謔, 竟坐甚得任樂"
　이라 함.

【孔明】제갈공명이 작전을 지휘할 때면 葛巾에 羽扇(깃털로 만든 부채)을 들고
儒雅하고 淸逸한 모습이었다 함.《語林》

873

성현이 지팡이를 짚고 나서도 이것이 도리어 아홉 가지 병기를 들고
군대를 다스리는 것보다 낫고,
　인과 의로 검봉劍鋒을 삼으면 칠성백인七星白刃보다 더욱 나은 법이다.

「以聖賢爲拄杖, 卻優於九節蒼藤;
　用仁義作劍鋒, 絶勝於七星白刃.」

【九節蒼藤】병기나 형법으로 위세를 세움.《新語》輔政)
【七星白刃】북두칠성을 조각해 넣은 훌륭한 보검. 무인의 위세를 말함.

874

종요가 임금의 사랑을 받으니 이미 그 높음이 어깨에 메는 수레를 타고
조정에 들어와도 될 정도임을 알겠고,
　왕탄지는 영웅다운 기세가 적어 가지고 있던 수판手版을 떨어뜨릴 정도
였으니 안타깝도다.

「上公膺寵命, 已知高坐肩輿;
　末士少豪雄, 可惜倒持手版.」

【上公】 鍾繇를 가리킴. 그가 태부로 있을 때 황제가 그를 매우 총애하여 어깨에
　메는 가마(肩輿)를 타고 조정에 들어올 수 있도록 특별히 허락하였다 함.
　(《三國志》魏志 鍾繇傳)
【末士】 王坦之(330~375)를 가리킴. 晉나라 桓溫이 모반을 일으키려고 먼저
　짐짓 謝安과 왕탄지('江東獨步'로 불렸음)를 초청하여 놓고 이를 죽이려 함.
　이에 그 자리에서 왕탄지는 주위에 자신을 죽이려는 군사가 매복하고 있는
　것을 보고 무서워 옷에 땀이 흥건하여, 가지고 있던 手板(지금의 수첩과 같음)을
　떨어뜨렸지만 사안은 태연자약하게 말을 이어나갔다 함.《晉書》謝安傳)

❀ 참고

〈器用〉편 '續增' 7聯

○ 「工欲善事, 必先利器; 器非求舊, 惟在從新.」

○ 「中國之器, 因陋而就簡; 西國之器, 日異而月遷.」

○ 「汽車專行陸, 汽船專行水, 縮地不煩費長房;
　　電報能傳信, 電話能傳言, 馳驛無需飛鳥使.」

○ 「鐘表可計時, 遠勝銅壺之滴漏;
　　槍炮足却敵, 寧容火箭之夸奇.」

○ 「有顯微望遠諸鏡, 離婁可作, 不足恃其明;
　　有風雨寒暑諸表, 管輅復生, 無所施其技.」

○ 「駕飛行機以御空, 不啻王喬之駕鶴;
　　乘潛水艇以入海, 恍疑河伯之乘龍.」

○ 「斯皆利器之著名, 餘難悉數;
　　所冀吾華之仿造, 急起直追.」

23. 진보珍寶

✸ 본 장은 인간이 귀하게 여기는 각종 진기한 보물에 대한
전고와 유래, 그리고 그에 얽힌 일화와 고사 등을 모아
설명하고 있다.(총 35연)

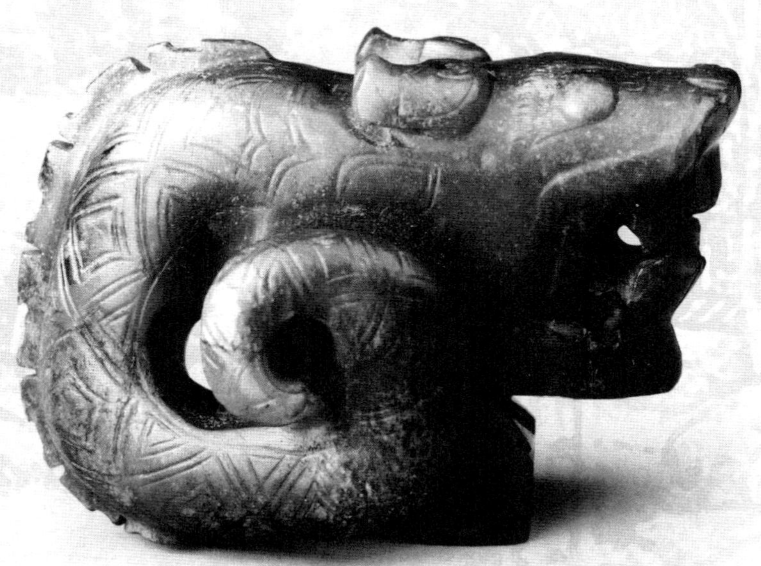

〈玉龍〉(商) 1976 河南 安陽 婦好墓 출토

875

산천의 정기 중에 겉으로 흘러나온 것이 지극한 보물이 되는 것이요,
천지의 서기가 응결하여 이것이 진기한 보물이 되는 것이다.

「山川之精英, 每洩爲至寶;
　乾坤之瑞氣, 恒結爲奇珍.」

【精英·瑞氣】 산천의 정기. 그리고 하늘과 땅 만물의 상서로운 기운. 옛사람
들이 이것이 모여 진귀한 보물이 된다고 믿었음.

876

　그러므로 옥은 족히 오곡을 보호해주고, 구슬은 화재를 막아주는
것이다.

「故玉足以庇嘉穀, 珠可以禦火災.」

【嘉穀】 사람이 필요로 하는 오곡. 옥은 곡식을 보호해주고 진주는 화재를
막아준다고 여겼음. 《國語》 楚語(下)에 "圉聞國之寶六而已. 聖能制議百物,
以輔相國家, 則寶之; 玉足以庇陰嘉穀, 使無水旱之災, 則寶之; 龜足以憲

臧否, 則寶之; 珠足以禦火災, 則寶之; 金足以禦兵亂, 則寶之; 山林藪澤足
以備財用, 則寶之. 若夫嘩囂之美, 楚雖蠻夷, 不能寶也"라 함

877

물고기 눈동자는 그 기이함이 구슬과 혼동하게 하지만, 무부硍砆가
어찌 옥과 혼란을 일으키게 할 수 있겠는가?

「魚目奇可混珠, 硍砆焉能亂玉.」

【魚目】물고기 눈과 진주를 혼동함.《參同契》(卷上)에 "魚目豈爲珠, 蓬蒿不
成檟"라 함.
【硍砆】'武夫', '硍玞'로도 쓰며 약용의 광물질. 얼핏 보아 옥돌과 구분이 쉽지
않다 함. 첩운연면어.《博物志》卷4에 "武夫怪石似美玉; 蛇床亂蘼蕪; 薺苨
亂人蔘; 杜衡亂細辛; 雄黃似石流黃; 鯔魚相亂, 以有大小相異; 敵休亂門冬;
百部似門冬; 房葵似狼毒; 鉤吻草與菫菜相似; 拔揳與萆薢相似, 一名狗脊"이라
하였고,《山海經》南山經에 "會稽之山, 其下多砆石"의 郭璞 주에 "砆, 武夫,
石似玉. 赤地白文, 生蘢蔥不分明"이라 함.

878

황금은 여수麗水에서 나고, 백은白銀은 주제朱提에서 난다.

「黃金生於麗水, 白銀出自朱提.」

【麗水】《韓非子》內儲說 七術에 "麗水之中生黃金"이라 하였으며, 麗水(麗江)는
지금의 雲南의 '金沙江'이라 함.《千字文》에도 '金生麗水'라 하였음.
【朱提】雲南에 있는 산 이름으로 은이 많이 산출된다 함.(《漢書》地理志)

879

'공방'孔方이니 '가형'家兄이니 하는 것은 모두가 동전을 두고 하는 말이요,
'청부'青蚨니 '아안'鵝眼이니 하는 것도 역시 동전의 다른 이름이다.

「曰孔方, 曰家兄, 俱爲錢號;
　曰青蚨, 曰鵝眼, 亦是錢名.」

【孔方·家兄】동전을 가리킴. '공방'은 가운데 구멍을 네모로 만들어 이렇게
이름이 붙여진 것이며 '가형'은 동전을 희화하여 부른 것. 魯褒의 〈錢神論〉에
"親愛如兄, 字曰孔方. ……洛中朱衣, 當到學士, 見我家兄 不敢仰視"라 하였음.
(《晉書》魯褒傳, 896 참조)
【青蚨】'파랑강충이'라는 곤충으로 '魚伯'이라고도 하며, 전설에 이의 어미와
새끼를 잡아 그 피를 동전에 발라 시장에서 쓰고 나면 그 돈이 다시 날아
집으로 온다 함. 이에 '青蚨還錢'이라는 말이 있음.《搜神記》권13에 "又名
青蚨. 形似蟬而稍大, 味辛美, 可食. 生子必依草葉, 大如蠶子. 取其子, 母卽
飛來, 不以遠近. 雖潛取其子, 母必知處. 以母血塗錢八十一文, 以子血塗錢
八十一文. 每市物, 或先用母錢, 或先用子錢, 皆復飛歸, 輪轉無已. 故《淮南子術》
以之還錢, 名曰'青蚨'."라 함.

【鵝眼】 아주 조악하게 만든 동전. 왕권이 약할 때면 권문 호족이 직접 돈을 私的으로 만들어 매우 얇고 조악하며 폭리를 취했다 함. 남조 宋 沈慶之의 私錢은 千錢을 쌓은 높이가 3촌이 되지 않아 거위 눈처럼 얇다는 뜻으로 '鵝眼錢'이라 불렀다 함.(《南史》 顔竣傳)

880

귀하게 여길 만한 것으로는 '명월'明月, '야광'夜光이라는 구슬이 있고,
진귀하게 여길 만한 것으로는 '번여'璠璵, '완염'琬琰이라는 옥이 있다.

「可貴者, 明月夜光之珠;
　可珍者, 璠璵琬琰之玉.」

【明月夜光】 '夜明珠'라고도 하며 밤에 빛을 내는 구슬.《拾遺記》에 "有獸狀
　如豕, 銜夜明之珠, 其光如燭"이라 함.
【璠璵琬琰】 임금이 차는 구슬.《左傳》定公 5년에 "季平子行東野, 還, 未至,
　丙申, 卒於房. 陽虎將以璵璠斂"이라 하였고, 杜預 주에 "璵璠, 美玉, 君所佩"라
　함. '琬琰'은 圭笏로 사용하는 옥.《書經》顧命에 "弘璧琬琰在西序"라 함.

881

송宋나라 어떤 사람은 연석燕石을 옥인 줄 알고 몇 겹의 비단으로 싸서
갈무리하였고,
　초왕楚王은 옥돌 원석을 돌로 여겨 변화卞和의 다리를 두 번이나 잘랐다.

「宋人以燕石爲玉，什襲緹巾之中；
　楚王以璞玉爲石，兩刖卞和之足.」

【燕石】燕山에서 나는 돌. '礜石'이라고도 하며 옥과 비슷하다 함. 《山海經》北山經에 "北百二十里曰燕山, 多礜石"이라 함. 송나라 어떤 어리석은 사람이 이 연석을 하나 주워 귀중한 보물인 줄 알고 이를 화려한 궤짝에 열 겹의 비단으로 싸서 갈무리하였음. 이를 들은 어떤 사람이 보고 싶어하자 이레 동안 재계하고 정복으로 갈아입은 다음 이를 열어 보여주었다. 그러자 그가 웃으며 "아니, 이는 연석이잖아. 기와조각 옹기조각과 다를 것이 없다"라 하자 이를 믿지 않고 화가 난 그는 더욱 깊이 감추었다 한다.(《太平御覽》 51에 인용된 《闕子》)

【璞玉】초나라 卞和라는 사람이 荆山에서 좋은 옥의 원석(璞石)을 구하여 이를 잘 다듬으면 훌륭한 보물이 될 것이라 하여 임금에게 바쳤으나 속인다고 여긴 왕이 세 번이나 그의 팔다리를 자른 일. 뒤에 이는 과연 천하에 이름을 떨친 和氏之璧이 되었음. 《韓非子》 和氏篇에 "楚人和氏得玉璞楚山中, 奉而獻之厲王. 厲王使玉人相之. 玉人曰: '石也.' 王以和爲誑, 而刖其左足. 及厲王薨, 武王卽位. 和又奉其璞而獻之武王. 武王使玉人相之. 又曰: '石也.' 王又以和爲誑, 而刖其右足. 武王薨, 文王卽位. 和乃抱其璞而哭於楚山之下, 三日三夜, 泣盡而繼之以血. 王聞之, 使人問其故, 曰: '天下之刖者多矣, 子奚哭之悲也?' 和曰: '吾非悲刖也, 悲夫寶玉而題之以石, 貞士而名之以誑, 此吾所以悲也.' 王乃使玉人理其璞而得寶焉, 遂命曰: '和氏之璧.'"이라 함.

882

위나라 혜왕惠王은 구슬을 자랑하여 그 야광 빛이 수레 몇 대의 길이를 비출 수 있다 하였고,
　변화의 화씨지벽和氏之璧은 그 가치가 성 몇 개와 바꾸자고 할 정도였다.

「惠王之珠, 光能照乘;
　和氏之璧, 價重連城.」

【惠王】전국시대 魏 惠王이 齊 威王에게 야광주를 자랑한 사건.《史記》田敬
仲完世家에 "威王二十三年, 與趙王會平陸. 二十四年, 與魏王會田於郊. 魏王
問曰: '王亦有寶乎?' 威王曰: '無有.' 梁王曰: '若寡人國小也, 尙有徑寸之珠
照車前後各十二乘者十枚, 奈何以萬乘之國而無寶乎?' 威王曰: '寡人之所以
爲寶與王異. 吾臣有檀子者, 使守南城, 則楚人不敢爲寇東取, 泗上十二諸侯皆
來朝. 吾臣有盼子者, 使守高唐, 則趙人不敢東漁於河. 吾吏有黔夫者, 使守徐
州, 則燕人祭北門, 趙人祭西門, 徙而從者七千餘家. 吾臣有種首者, 使備盜賊,
則道不拾遺. 將以照千里, 豈特十二乘哉!' 梁惠王慙, 不懌而去"라 함.
【和氏之璧】전국시대 趙 惠文王이 화씨벽이 있었는데 秦 昭王이 이를 취하
고자 15개 성과 바꾸자고 제의하여 이를 가지고 간 인상여가 그 속임을
물리친 사건. 이 사건으로 '完璧歸趙', '刎頸之交', '怒髮衝冠', '價重連城' 등의
고사가 생겼음.(《史記》廉頗藺相如列傳, 373, 529, 738, 888 참조)

883

　남쪽 바닷가 교인鮫人은 눈물을 진주로 바꾸고, 송나라 사람은 옥을
깎아 닥나무 잎 모양을 조각하였다.

「鮫人泣淚成珠, 宋人削玉爲楮.」

【鮫人】남해에 눈물이 변하여 구슬이 된다는 전설 속의 민족.《博物志》(2)에
"南海之外有鮫人, 水居如魚, 不廢織績, 其眼泣則能出珠.라 함.(《搜神記》,
《述異記》,《藝文類聚》,《太平御覽》 등에 널리 실려 있음.)

【削玉爲楮】옛날 송나라 어떤 사람이 3년 동안 옥으로 닥나무 잎을 조각하여 이를 진짜 닥나무 잎에 놓았더니 구분할 수 없었다 함.《列子》說符에 "宋人有爲其君以玉爲楮葉者, 三年而成. 鋒殺莖柯, 毫芒繁澤, 亂之楮葉中而不可別也"라 함.

884

어진 이는 나라의 보배요, 학자는 모임의 자리에서의 보배이다.

「賢乃國家之寶, 儒爲席上之珍.」

【賢乃國家之寶】秦나라가 楚나라를 치기 위해 초나라 보물을 살펴보도록 사람을 보내자 초나라 奚恤이 "초나라에서 보물로 여기는 것은 현인이다. 그대 나라에 보여줄 것은 이뿐이다"(楚之所寶, 乃賢人也. 惟大國之所觀)라 하였다 함.(《漢詰纂疏》) 그리고 《禮記》 儒行篇에 「哀公命席, 孔子侍曰: "儒有席上之珍以待聘, 夙夜講學以待問, 懷忠信以待擧, 力行以待取."」라 함. 한편 이 구절은 아주 널리 퍼져 《增廣賢文》에는 "賢乃國之寶, 儒爲席上珍"이라 함.

885

왕이 어진 이를 초빙할 때는 비단에 구슬을 얹어 선물하였고,
진짜 선비는 도를 안고 있기를 구슬을 품고 꼭 쥐고 있는 듯이 한다.

「王者聘賢, 束帛加璧;
　眞儒抱道, 懷瑾握瑜.」

【束帛加璧】옛날 왕이 현인을 불러서 만날 때는 반드시 속백(비단)과 벽(옥기)을
선물로 주어 예를 차렸다 함.《漢書》에 "武帝使使以束帛加璧, 以蒲裹車輪
　而迎申公"이라 함.
【懷瑾握瑜】옥 같은 순결한 마음을 품음.《楚辭》九章 懷沙에 "懷瑾握瑜兮,
　窮不知所示"라 함.

886

　양옹백楊雍伯은 기이한 인연으로 남전藍田에 옥을 심어 아름다운 부인을
얻었고,
　강태공姜太公은 기이한 만남이 있어 위수渭水에서 황옥璜玉을 낚아
문왕文王을 만나게 되었다.

「雍伯多緣, 種玉於藍田而得美婦;
　太公奇遇, 釣璜於渭水而遇文王.」

【雍伯】楊雍伯이 옥을 심어 훌륭한 신부를 얻은 고사.(420 참조)
【太公】강태공이 위수 가에서 잉어를 잡았는데 그 뱃속에 璜玉이 들어
　있었다. 거기에 "周나라(姬氏)가 천명을 받았으니 昌(西伯, 文王)을 도울 것"
　(姬受命, 昌佐之)이라는 글자가 새겨져 있었다 함.(《書經》中侯)

887

　자신의 배를 갈라 구슬을 감추는 것은 재물만 아낄 줄 알고 자신의
생명은 아낄 줄 모르는 짓이요,
　기생이 노래 값으로 받은 비단을 머리에 두르는 것은 춤과 교태를 더
부리려는 모습이다.

「剖腹藏珠, 愛財而不愛命;
　纏頭作錦, 助舞而更助嬌.」

【剖腹藏珠】당 태종이 신하들에게 "듣기로 서역의 胡人 장사꾼 중에 옥을
　감추려 자신의 배를 갈라 그 속에 넣었더니 사람들이 몸을 옥보다 아낄 줄
　모르는 자라 비웃었다더라"(吾聞西域賈胡得美珠, 剖腹藏之, 人皆笑彼之知愛珠,
　而不知愛其身也)고 함.(《資治通鑑》唐太宗貞觀元年)
【纏頭作錦】고대 가무(혹 기생)하는 여자들이 노래 부른 값으로 받은 비단을
　무대에서 머리에 둘러 자랑하며 애교를 부린다 함.(462 참조)

888

　맹상孟嘗이 청렴하고 깨끗하게 정치를 베풀자 합포合浦의 진주가 다시
돌아왔고,
　인상여藺相如의 용맹과 충성은 진나라에게 빼앗길 뻔하였던 화씨지벽을
온전하게 조나라로 되돌려오게 하였다.

「孟嘗廉潔, 克俾合浦還珠;
　相如勇忠, 能使秦廷歸璧.」

【孟嘗】漢나라 시절 남쪽 바닷가 合浦에는 진주만 나고 쌀이 나지 않아 백성
들은 진주 조개잡이로 살아가고 있었다. 그런데 태수가 탐욕을 부리자 그
진주조개들은 모두 먼 交趾(월남)로 옮겨가고 말았다. 이에 孟嘗이 새로
태수로 부임하여 덕정을 베풀자 멀리 떠났던 진주가 다시 돌아왔다고 한다.
(《後漢書》循吏 孟嘗傳)
【相如】藺相如의 충성과 용맹을 뜻함. '完璧歸趙'를 가리킴.(373, 529, 738, 882
참조)

889

옥비녀가 제비가 되어 날아갔으니 이는 한나라 궁중의 기이한 사건이요,
황금동전이 나비가 되어 춤을 추었으니 이는 당나라 창고의 기이한
전설이다.

「玉釵作燕飛, 漢宮之異事;
　金錢成蝶舞, 唐庫之奇傳.」

【玉釵】漢 成帝가 趙飛燕에게 옥으로 된 비녀를 선물하자 이것이 제비가
되어 날아갔다 함.(《太平御覽》712에 인용된 《洞冥記》) 漢 武帝가 李夫人에게
한 일과 같음.(617 참조)

【金錢】당나라 穆宗 때 어화원에 모란꽃이 만발하자 수만 마리의 나비들이 날아왔다. 목종이 이를 잡아오도록 하여 살펴보았더니 수백 마리 모두가 국고에 저장해 두었던 금돈이었다 함.(《杜陽雜編》)

890

많은 돈은 귀신과도 통할 수 있으나, 이익을 도모한다고 해도 안 되는 일은 귀신의 웃음만 살 뿐이다.

「廣錢固可以通神, 營利乃爲鬼所笑.」

【廣錢】唐나라 시절 張延賞이 사건을 판결할 때 그는 어느날 책상에 "삼만 관의 돈을 드릴 테니 죄를 묻지 말아주십시오"(錢三萬貫, 乞不問此獄)라는 쪽지가 놓여 있는 것을 보고 노하여 땅에 던져버렸다. 그런데 이튿날 다시 "십만 관입니다"(奉錢十萬貫)라 되어 있자 "십만 관이면 귀신도 통할 수 있다. 되돌릴 수 없는 일이란 없다"(錢十萬, 可通神矣, 無不可回之事)라 하면서 죄를 묻지 않았다 함.(《幽閑鼓吹》권52) 이에 '錢可通神'의 고사가 생겨남.
【營利】남조 송나라 劉伯龍이 여러 해 벼슬을 하였지만 도무지 집안의 가난함을 면할 길이 없었다. 이에 자신이 따로 장사를 하여 이익을 도모(營利)하려 하였더니 옆에 귀신이 하나 나타나 비웃고 있었다. 그래서 "가난도 운명이 있는 것인데 공연히 귀신의 비웃음만 샀구나"(貧窮固有命, 今日乃爲鬼所笑)라 하였다.(《南史》劉伯龍傳) 《增廣賢文》에는 "好義固爲人所欽, 貪利乃爲鬼所笑"라 하였다.

891

작은 것으로 큰 것을 끌어들이는 경우를 '포전인옥'抛磚引玉이라 하고,
천한 것을 탐내다가 귀한 것을 잃는 경우를 '매독환주'買櫝還珠라 한다.

「以小致大, 謂之抛磚引玉;
 貪賤失貴, 謂之買櫝還珠.」

【抛磚引玉】기왓장을 던져 옥을 유인함. 자신의 의견이나 글을 통해 남의
고견을 들을 때 쓰는 謙辭.《五燈會元》권4 南泉願禪師法嗣에 "師曰: '比
來抛磚引玉引得個墼子.'"라 함. 한편 唐나라 趙嘏가 吳에 이르자 그의 시에
대한 명성을 알고 있던 常建이 그에게 靈巖寺를 유람시켜 주면서 먼저 2 句를
지어 趙胡가 잇도록 하여 사람들이 이를 '抛磚引玉'이라 하였다 함.
【買櫝還珠】옥을 담은 상자를 사고 옥은 되돌려 줌. 楚나라 어떤 상인이
鄭나라에 가서 좋은 상자(櫝)에 진주를 담아 내놓았더니 정나라 사람들이
상자를 탐내며 진주는 귀한 것인 줄 모르는 채 이를 사서 진주는 돌려주고
상자만 가져갔다 함.(《韓非子》外儲說左上)

892

어진 자나 그렇지 못한 자나 모두 재앙에 걸려드는 것을 '옥석구분玉石
俱焚과 같다'라 하고,
　탐욕과 인색함에 싫증을 모르는 것을 '비록 치수錙銖의 작은 단위도
반드시 계산한다'라 한다.

「賢否罹害, 如玉石俱焚;
　貪吝無厭, 雖錙銖必算.」

【賢否罹害】 어진 이나 그렇지 못한 이나 모두가 재앙에 걸려듦.《莊子》漁父에
"不擇善否"라 함.
【玉石俱焚】 옥이나 돌이나 모두 불에 타서 없어짐.《書經》胤征에 "和炎崑崗,
　玉石俱焚"이라 함.
【錙銖必算】 '錙'와 '銖'는 모두 古代의 아주 작은 양이나 무게를 재는 단위.
　매우 극소함을 뜻함. '錙銖必較'라고도 하며 지극히 인색하거나 탐람한
　사람을 뜻함.(《明史》湯開遠傳)

893

　최열崔烈이 돈으로 관직을 사자 사람들이 모두 그 구리 냄새가 역겹
다고 하였고,
　소진蘇秦의 형수가 감히 시숙을 쳐다보지도 못하면서 스스로 돈이 많기
때문에 두려워한다고 하였다.

「崔烈以錢買官, 人皆惡其銅臭;
　秦嫂不敢視叔, 自言畏其多金.」

【崔烈】 漢 靈帝가 鴻都門을 열어놓고 공개적으로 官爵을 팔자 崔烈이라는
　사람은 원래 冀州의 명사였으나 결국 5백만 전으로 관직을 사서 司徒의
　지위에 올랐음. 이에 그가 아들 崔鈞에게 "아버지가 드디어 삼공의 지위에

올랐다. 그런데 밖에서 나의 평판이 어떻더냐?”라 묻자 아들이 “사람들이 아버지에게 구리 냄새가 난다고 혐오하더이다”(論者, 嫌其銅臭耳)라 함.(《後漢書》崔駰傳)

【秦嫂】전국시대 소진이 고생을 할 때 형수는 밥도 차려주지 않았으나 그가 성공하여 고향을 방문하자 포복하며 감히 접근하지도 못하였음. 이에 그 이유를 묻자 돈이 많고 지위가 높기 때문이라 대답하였다.(《史記》蘇秦列傳) 《戰國策》秦策(1)에 “蘇秦路過洛陽, 父母聞之, 清宮除道, 張樂設飮, 郊迎三十里. 妻側目而視, 傾耳而聽; 嫂蛇行匍伏, 四拜自跪而謝. 蘇秦曰: ‘嫂, 何前倨而後卑也?’ 嫂曰: ‘以季子之位尊而多金.’ 蘇秦曰: ‘嗟乎! 貧窮則父母不子, 富貴則親戚畏懼. 人生世上, 勢位富貴, 蓋可忽乎哉!’라 함. 이에 따라 ‘前倨後恭’(前倨後卑), ‘畏其多金’(位尊多金), ‘負郭二頃’ 등의 고사성어가 생김.

894

웅곤熊袞은 부친이 사망하자 하늘이 동전을 비처럼 내려주어 장례에 쓰도록 하였고,
웅중유翁仲儒가 너무 가난하게 살자 하늘이 금을 내려주어 가난에서 벗어나도록 하였다.

「熊袞父亡, 天乃雨錢助葬;
　仲儒家窘, 天乃雨金濟貧.」

【熊袞父亡】唐나라 熊袞은 御史大夫를 지내면서 지극히 청렴하여 부친상을 당했을 때 장례 비용도 없었다 함. 이에 밤낮으로 울자 하늘이 돈 10만 전을 비처럼 내려주었다 함.

【仲儒家窘】옛날 翁仲儒라는 사람이 너무 가난하게 살자 하늘이 10斛의 금을 쏟아 부어주어 王侯와 富를 다툴 정도였다고 함.(《述異記》)

895

한漢나라 양진楊震은 사지四知를 두려워하여 황금을 사양하였고, 당唐 태종太宗은 탐욕스런 신하를 징벌하려고 대신 비단을 하사하였다.

「漢楊震畏四知而辭金, 唐太宗因懲貪而賜絹.」

【楊震】'四知'로 널리 알려진 고사. 東漢 楊震의 추천으로 昌邑의 縣令이 된 王密이 마침 양진이 그 창읍을 경유할 때 밤에 숙소로 황금을 싸들고 와서 "아무도 보는 자가 없습니다"(暮夜無知者)라 하였다. 이에 양진은 "하늘이 알고 신이 알고 내가 알고 그대가 아는데 어찌 아무도 모른다 하느냐?"(天知神知我知子知. 何謂無知?)라고 함.(《後漢書》楊震傳)

〈楊震의 四知〉

【唐太宗】唐 太宗 때 長孫 順德이 비단을 뇌물로 받았음이 발각되자 이를 안 태종이 다시 그에게 비단 열 필을 내려주었다. 胡寅이 "죄를 묻지 않고 도리어 상을 내리시니 어찌된 일입니까?"(不治罪而復賜之, 何也)라 하자 "그 성품으로 보아 내가 내리는 비단이 형을 받는 것보다 더 부끄럽게 여길 것이다"(彼有人性, 得絹之辱, 甚於受刑)라고 태종이 대답하였다 함.(《舊唐書》長孫順德傳)

896

진晉나라 노포魯褒는 〈전신론〉錢神論을 지어 돈을 공방형孔方兄이라
여겼고,
　왕연王衍은 입에 '돈'이라는 말을 올리지 않으려고 '이 물건'阿堵物이라
불렀다.

「晉魯褒作錢神論, 嘗以錢爲孔方兄;
　王夷甫口不言錢, 乃謂錢爲阿堵物.」

【錢神論】 晉나라 魯褒가 쓴 글.(《晉書》 魯褒錢, 879 참조)《蒙求》에도 실려
　있음.
【王夷甫】 진나라 王衍(夷甫, 858 참조)은 직접 '돈'이라는 말을 입에 내는 것을
　천하게 여겨 '阿堵物'이라 하였음.《世說新語》 規箴에 "王夷甫雅尙玄遠, 常嫉
　其婦貪濁, 口未嘗言'錢'. 婦欲試之, 令婢以錢繞牀, 不得行. 夷甫晨起, 見錢閡行,
　謂婢曰: '擧阿堵物却!'"이라 함. '阿堵物'에서 '阿堵'는 '이, 이것'을 뜻하는
　당시 백화어. 여기서는 '이 물건', 즉 돈을 말함.

897

그러나 머리맡에 돈이 바닥나고 나면 아무리 장사라도 얼굴빛이 사라
지고,
　주머니에 돈이 떨어지고 나니 완부阮孚도 썰렁한 심사를 금치 못하였다.

「然而床頭金盡, 壯士無顔;
　囊內錢空, 阮郞羞澁.」

【床頭金盡】머리맡에 돈이 다 떨어지고 나면 아무리 장사라도 안색이 서지 않음. 〈古詩〉에 "床頭黃金盡, 壯士無顔色"이라 하였으며, 唐 張籍의 〈行路難〉 시에 "君不見床頭黃金盡, 壯士無顔色?"이라 함. 《增廣賢文》에 "榜上名揚, 蓬門增色; 床頭金盡, 壯士無顔"이라 함.
【阮郞】晉나라 때 阮孚가 검은 주머니 하나를 가지고 會稽 땅으로 가자 어떤 이가 무엇이 들었느냐고 물었다. "단지 한 푼의 돈밖에 들은 것이 없소. 대단히 썰렁하지요"(但有一錢守囊, 恐其羞澁)라 하였다.(《韻府群玉》陽韻 一錢囊) 이에 자신이 돈이 없음을 표현할 때 '阮囊羞澁'이라 함.

898

단지 필부匹夫는 구슬을 가지고 있어서는 안 된다 하였지만, 사람으로 태어나 누군들 재물을 좋아하지 않는 이 있겠는가!

「但匹夫不可懷璧, 人生孰不愛財.」

【懷璧】'서민이 옥을 품고 있으면 화가 된다.' 周나라 때의 속담이다. 춘추시대 虞叔이라는 사람이 옥을 가지고 있었는데 虞公이 달라고 할 때 주지 않았다가 즉시 후회하고 "주나라 속담에 필부가 璧을 지니고 있으면 죄가 된다 했으니 어찌 이로써 화를 부를 수 있으랴!" 했다 함. 《左傳》桓公 10년에 "初, 虞叔有玉, 虞公求旃, 弗獻. 旣而悔之, 曰: '周諺有之, 匹夫無罪, 懷璧其罪. 吾焉用此, 其以賈害也?' 乃獻之. 又求其寶劍. 叔曰: '是無厭也. 無厭, 將及我.' 遂伐虞公. 故虞公出奔共池"라 함.

▶ 增文

899

‘반반’斑斑은 아름다운 옥의 이름이요, ‘슬슬’瑟瑟은 영험한 구슬의 이름
이다.

「斑斑美玉, 瑟瑟靈珠.」

【斑斑·瑟瑟】 모두 훌륭한 옥과 구슬의 이름.《事文類聚》에 “斑斑, 玉名;
瑟瑟, 珠名”이라 함.

900

유리병琉璃瓶은 재상을 선택하는 최적의 그릇이었고, 호박잔琥珀盞은
손님을 모시는 훌륭한 술잔이로다.

「琉璃瓶最宜卜相, 琥珀盞尤可酌賓.」

【琉璃瓶】 唐 廢帝가 재상을 고를 때 좌우가 盧文紀와 姚顗이 모두 훌륭하다
하여 결정을 할 수 없게 되자 두 사람 이름을 써서 유리병에 넣고 하늘에
기도를 한 후 젓가락으로 꺼내보니 노문기였다 함.(《新五代史》周書 盧文紀傳)
【琥珀盞】 호박으로 만든 술잔.《博物志》 권4에 “神仙傳云: ‘松柏脂入地千年,
化爲茯苓; 茯苓千年, 化爲琥珀.’ 琥珀一名江珠. 今泰山出茯苓而無琥珀; 益州
永昌出琥珀而無茯苓”이라 함.

901

계속하여 부자가 되려니 울던 비둘기가 금 허리띠의 고리로 변하고,
벼슬길이 아직 높지 않으니 날던 까치가 옥무늬의 도장으로 변하였다.

「嗣續將盛, 鳴鳩化金帶之鉤;
　爵祿彌高, 飛鵲幻玉紋之印.」

【鳴鳩】 옛날 張氏라는 사람이 자신의 품에 날아온 비둘기가 금으로 변하여
큰 부자가 되었다. 그런데 이를 훔쳐간 자는 도리어 가난해져서 되돌려 주었다.
이를 '張氏傳鉤'라 함.《搜神記》권9에 "京兆長安, 有張氏, 獨處一室. 有鳩自
外入, 止於牀. 張氏祝曰:'鳩來, 爲我禍也, 飛上承塵, 爲我福也, 卽入我懷.' 鳩飛
入懷. 以手探之, 則不知鳩之所在, 而得一金鉤. 遂寶之. 自是子孫漸富, 資財
萬倍. 蜀賈至長安, 聞之, 乃厚賂婢. 婢竊鉤與賈. 張氏旣失鉤, 漸漸衰耗. 而蜀
賈亦數罹窮厄, 不爲己利. 或告之曰:'天命也, 不可力求.' 於是賫鉤以反張氏,
張氏復昌. 故關西稱'張氏傳鉤'云"이라 함.《法苑珠林》70,《太平廣記》139,
463, 그리고《藝文類聚》92,《北堂書鈔》132 등에 아주 널리 실려 있음.
【飛鵲】 옛날 張顥가 산까치가 떨어뜨린 돌을 깨어보았더니 '忠孝侯印'이라는
도장이 새겨져 있었다. 이후 장호는 태위에 오르는 영광을 누렸다 함. 역시
《搜神記》권9에 "常山張顥, 爲梁相. 天新雨後, 有鳥如山鵲, 飛翔入市, 忽然
墜地, 人爭取之, 化爲圓名. 顥椎破之, 得一金印, 文曰:'忠孝侯印.' 顥以上聞,
藏之秘府. 後議郎汝南樊衡夷上言:'堯舜時舊有此官. 今天降印, 宜可復置.' 顥後
官至太尉"라 하였다. 그 외《博物志》卷7 異聞,《後漢書》靈帝紀 注,《太平
廣記》461,《藝文類聚》90,《初學記》卷5, 卷26 등에도 널리 실려 있음.

902

위박魏博은 철을 녹여 줄도 하나 만들지 못함을 애석히 여겼고,
　장설지張說之에게는 기억을 담아두는 구슬이 있어 또렷하게 다시 기억이
살아나게 하였다 한다.

「魏博鐵鑄錯, 猶惜不成;
　張說記事珠, 忽然頓悟.」

【魏博】唐末 羅紹가 魏州, 博州 등 큰 지역을 할거하며 세력을 떨쳤으나 병사
와 백성들을 너무 괴롭히다가 그만 朱溫(五代 後梁의 개국군주 朱全忠)에게
제압당하여 망하고 말았다. 이에 나소는 크게 후회하면서 "여섯 주 마흔세 개
현의 그 많은 철로 하나의 줄도 만들지 못하였구나"(聚六州四十三縣鐵, 鑄一
個錯不成)라 하였다. '錯'은 銼刀(줄), 톱이나 칼을 날카롭게 다듬는 기구.
이는 자신의 과오를 한탄한 말임.(《資治通鑑》 唐哀帝天佑三年)
【張說】당나라 재상을 지낸 張說之(667~731). 문장에도 뛰어났으며 燕國公에
봉해짐. 그에게는 기억을 되살리는 구슬이 있었다. 그가 잊어버린 일이 있을
때마다 손으로 이 구슬을 쓰다듬으면 또렷하게 기억이 다시 떠올랐다 함.
(《開元天寶遺事》)

903

하나라 걸桀왕은 혼암한 임금으로 나라에 요대瑤臺라는 누각을 지었고,
곽황郭況은 귀하기가 왕의 인척으로 집에 금이 많아 '금혈'金穴이라 불렸다.

「夏桀乃昏庸主, 國有瑤臺;
　郭況是貴戚卿, 家多金穴.」

【瑤臺】夏나라 마지막 왕 桀은 末喜를 위해 온갖 구슬로 장식한 瑤臺와 瓊宮
　을 지어 사치를 부렸다 함.(《史記》夏本紀,《淮南子》本經)
【郭況】동한 光武帝의 처남으로 총애를 입어 많은 황금을 하사받았으니 당시
　그 집을 '金穴'이라 불렀다 함.(《後漢書》郭皇后紀)

904

　한언韓嫣이 한 번 나서면 아이들이 푸른 들에서 그가 쏜 황금 탄알을
줍느라 따라 나섰고,
　한 고조가 이미 풀려 사라지면 범증范增은 홍문鴻門에서 옥두玉斗를
내동댕이쳐 버렸다.

「韓嫣一出, 兒童覓綠野之金丸;
　漢祖旣還, 亞父撞鴻門之玉斗.」

【韓嫣】서한 때 인물로 새를 잡을 때 황금 총알을 사용하여 많은 아이들이
　그 황금 총알을 주우려 다투어 따라다녔다 함.《西京雜記》(4)에 "韓嫣好彈,
　常以金爲丸. 所失者日有十餘. 長安爲之語曰: '苦飢寒, 逐金丸.' 京師兒童每
　聞嫣出彈, 輒隨之, 望丸之所落, 輒拾焉"이라 함.
【亞父】范增(B.C.277~B.C.204). '亞父'라 불렀음. 咸陽에 먼저 들어온 高祖
　(유방)가 項羽를 두려워하여 우선 물러났다가 鴻門에서 항우를 맞아 잔치를

열었을 때 당시 항우의 부하였던 범증이 항우에게 유방을 죽이도록 눈짓을
보냈으나 항우가 차마 죽이지 못하여 결국 유방은 벗어나고 말았다. 이에
범증은 유방이 선물로 주고 간 玉斗를 땅에 놓고 칼로 부수며 항우에게
"아! 바보 녀석과는 모책을 세울 수 없다. 천하는 유방이 차지할 것이다"
(唉! 竪子不足與謀. 奪項王天下者, 必沛公也)라 함.(《史記》項羽本紀)

905

민희岷姬의 모습을 옥으로 조각하였으니 색을 좋아하는 자로서 그럴 만
하고,
범려范蠡의 모습을 황금으로 만들어 세웠으니 어진 이를 존경함이 이와
같았던 것이다.

「刻岷姬之形以玉, 好色惟然;
　鑄范蠡之像以金, 尊賢乃爾.」

【岷姬】夏나라 桀王이 岷山을 정벌하자 민산의 임금이 미녀 둘(琬, 琰)을
바치자 걸왕은 이들을 받아 자신의 苕華之玉에 이름을 새겼다 함.(《敦煌記年》)
【范蠡】춘추 말기 越나라 중신. 그가 吳나라와의 원한을 승리로 씻어내고
五湖에서 뱃놀이를 한다고 하고는 없어지자 월왕 勾踐이 그의 모습을 황금
으로 만들어 존경을 표했다 함.(《吳越春秋》) 범려는 뒤에 산동의 陶 땅으로
옮겨 큰 부자가 되었으며 이 때 陶朱公이라 함. 뒤에 둘째아들의 죄를 구해
내려 한 일 등 유명한 고사를 많이 남김.(《史記》越王勾踐世家, 922, 348 참조)

906

산호수珊瑚樹 그와 같은 것이 석숭石崇의 집에 가득하였고,
마노반瑪瑙盤은 배행검裵行儉의 집 병사가 놓쳐서 깨어지고 말았다.

「珊瑚樹, 塞滿齊奴之室;
　瑪瑙盤, 捧來行儉之家.」

【珊瑚樹】東晉 때 王愷와 石崇이 부와 사치를 다툰 이야기. 晉 武帝가 왕개 편을 들어 궁중의 산호수까지 내주어 석숭에게 맞서게 하자 이를 본 석숭은 그 자리에서 부수어 버림. 그리고는 그보다 큰 산호를 내주었으며 그 외에도 많은 산호수를 보여줌.《世說新語》汰侈에 “石崇與王愷爭豪, 並窮其麗, 以飾輿服. 武帝, 愷之甥也; 每助愷, 嘗以一珊瑚樹, 高二尺許賜愷, 枝柯扶疏, 世罕其比. 愷以示崇. 崇視訖, 以鐵如意擊之, 應手而碎. 愷旣惋惜, 又以爲疾 己之寶, 聲色方厲. 崇曰:‘不足恨, 今還卿.’ 乃命左右悉取珊瑚樹有三尺四尺, 條榦絶俗, 光采溢目者六七枚; 如愷許比者甚衆. 愷惘然自失”이라 함.

【瑪瑙盤】당나라 裵行儉(619~682)은 長安令, 吏部侍郎 등을 지낸 인물로 초서에도 뛰어났다 함. 그에게는 아주 좋은 마노 쟁반이 있었으나, 그 부하 병졸이 그만 이를 놓쳐 깨뜨리고 말았다. 이에 부하 병졸이 어쩔 줄 몰라 하자 배행검은 “이는 너의 잘못이 아니다”라면서 태연자약하여 많은 사람 들이 그의 도량에 감탄했다 함.(《舊唐書》裵行儉傳) ‘瑪瑙’는 石英, 蛋白石, 玉髓 등의 혼합물로 고운 적갈색, 혹은 백색을 띠며 세공, 조각 따위에 쓰는 귀한 紋石임.

907

연燕 소왕昭王의 시원함을 내뿜는 양주凉珠는 찌는 여름에도 더위를
모르게 하였고,
　부여국扶餘國에서 보내온 화옥火玉은 따뜻한 온기를 내뿜어 추위를
모르게 해 주었다.

「燕昭王之凉珠, 炎蒸無暑;
　扶餘國之火玉, 冽冱無寒.」

【燕昭王】 전국시대 연나라 소왕에게 외국에서 흑방주(黑蚌珠)를 보내왔다.
여름에 이를 몸에 지니고 있으면 아주 시원하다 하여 이를 ‘招凉珠’라 불
렀다 함.(《拾遺記》)
【扶餘國】 唐 武宗 때 扶餘國에서 ‘火玉’을 보내왔다. 겨울에 이를 방안에
두면 난로를 피운 것처럼 따뜻했다 함.(《宣室志》)

908

‘금범’錦帆, ‘금장’錦帳은 남의 이목을 휘둥그렇게 하는 것이요,
‘금날’金埒, ‘금오’金塢는 우리의 견문을 의심케 하는 것들이다.

「錦帆·錦帳, 炫人耳目;
　金埒·金塢, 駭我見聞.」

【錦帆】隋 煬帝는 뱃놀이를 좋아하였다. 그런데 그는 배의 돛과 돛줄을 모두 값비싼 비단으로 만들었다 함.(《隋書》煬帝紀, 939 참조)
【錦帳】'錦幛'이라고도 하며, 진 나라 石崇이 王愷와 부를 다투면서 비단 장막을 수십 리 두름.(《世說新語》汰侈, 603, 906 참조)
【金埒】진 나라 王濟(武子)는 말을 기르면서 마장의 낮은 담장(埒)을 돈을 엮어 둘러쳤다 함.《世說新語》汰侈에 "王武子被責, 移第北芒下; 于時人多地貴, 濟好馬射, 買地作埒, 編錢布地竟埒, 時人號曰'金溝'."라 함.
【金塢】東漢 말에 권신 董卓(?~192)이 郿 땅에 있는 큰 창고의 둘레에 언덕 (塢)을 쌓으면서 그 담 높이를 長安城과 같게 하고 황금 수십만을 저장하여 당시 사람들이 이를 '金塢'라 부름.(《後漢書》董卓傳, 936 참조)

909

내 좋아하는 일을 즐기면 그뿐, 어찌 부귀를 구한다고 될 일이겠는가?
운명이 정해진 것이 있으니 탐욕을 부리지 않음을 보배로 삼으련다.

「從吾所好, 豈曰富而可求;
　有命存焉, 當以不貪爲寶.」

【從吾所好】내 좋아하는 일에 종사함.《論語》述而篇에 "子曰:「富而可求也, 雖執鞭之士, 吾亦爲之. 如不可求, 從吾所好."라 함.
【有命存焉】춘추시대의 송나라 자한에게 어떤 사람이 귀한 옥을 바치자 "그대는 옥을 보물로 삼고 나는 不貪을 보물로 삼으니 서로의 보물을 그대로 간직하자"라 한 고사.《新序》刺奢篇에 "宋人有得玉者, 獻諸司城子罕, 子罕不受. 獻玉者曰: '以示玉人, 玉人以爲寶, 故敢獻之.' 子罕曰: '我以不貪爲寶, 爾以玉爲寶. 若與我者, 皆喪寶也, 不若人有其寶.'"라 하였으며《左傳》襄公 15年,《呂氏春秋》異寶篇,《韓非子》喩老篇,《淮南子》精神訓 등에 널리 실려 있음.

〈珍寶〉편 '續增' 6聯

○「金玉非寶, 忠信爲寶.」

○「世至治則不貴異物, 俗好奢則競尙珍奇.」

○「垂棘璧, 屈産乘, 虞公所以致亡;
　琥珀釧, 九鸞釵, 潘妃因之覆國.」

○「明之貪無如王振, 金銀滿六十餘庫, 反致滅家;
　淸之侈莫若和珅, 珍玩値數百兆金, 終遭籍沒.」

○「儲寶盈笥, 孝欽后何好珍飾;
　絡珠成帳, 太平酋卒死驕奢.」

○「物以希爲貴, 故金剛石爲近世之珍;
　廉者無所求, 故古君子棄千金之璧.」

임동석(茁浦 林東錫)

慶北 榮州 上茁에서 출생. 忠北 丹陽 德尙골에서 성장. 丹陽初中 졸업. 京東高 서울
敎大 國際大 建國大 대학원 졸업. 雨田 辛鎬烈 선생에게 漢學 배움. 臺灣 國立臺灣師範
大學 國文硏究所(大學院) 博士班 졸업. 中華民國 國家文學博士(1983). 建國大學校
敎授. 文科大學長 역임. 成均館大 延世大 高麗大 外國語大 서울대 등 大學院 강의.
韓國中國言語學會 中國語文學硏究會 韓國中語中文學會 會長 역임. 저서에《朝鮮
譯學考》(中文)《中國學術槪論》《中韓對比語文論》. 편역서에《수레를 밀기 위해 내린
사람들》《栗谷先生詩文選》. 역서에《漢語音韻學講義》《廣開土王碑硏究》《東北
民族源流》《龍鳳文化源流》《論語心得》〈漢語雙聲疊韻硏究〉 등 학술 논문 50여 편.

임동석중국사상100

유학경림 幼學瓊林

程登吉 撰·鄒聖脈 註 / 林東錫 譯註
1판 1쇄 발행/2010년 11월 11일
발행인 고정일
발행처 동서문화사
창업 1956. 12. 12. 등록 16-3799(윤)
서울강남구신사동540-22 ☎546-0331~6 (FAX)545-0331
www.epascal.co.kr
잘못 만들어진 책은 바꾸어 드립니다.

*

*

사업자등록번호 211-87-75330
ISBN 978-89-497-0628-3 04080
ISBN 978-89-497-0542-2 (세트)